MOHAMMAD SARHANGI

Jahre der Angst, Momente der Hoffnung

Eine Gefühlsgeschichte der Migration

S. FISCHER

MIX
Papier | Fördert gute Waldnutzung
FSC® C083411

Erschienen bei S. FISCHER

Satz: Fotosatz Amann, Memmingen
Druck und Bindung: CPI books GmbH, Leck
ISBN 978-3-10-397514-7

Für Sarah und Musa

Historiker (jedenfalls die, an denen ich mich orientiere) wollen Abstand gewinnen, sie neigen dazu, auf Meinungen nicht allzu viel zu geben und sie versuchen, das Eigentümliche des Moments durch ein Netz von Vergleichen zu identifizieren. Denn das ist der historische Vergleich: das wichtigste Instrument, um Unterschiede, Besonderheiten, Einmaligkeiten herauszuarbeiten, selbst da, wo er dazu führt, das gar nicht so Neue, vielmehr Altbekannte einer Erscheinung bewusst zu machen. In dieser Spannung zwischen dem, was neu ist, und dem, was sich fortsetzt und wiederholt oder nur variiert wird, bewegt sich geschichtliche Betrachtung.

Gustav Seibt

Um sein Leben zu schreiben,
bedarf es großer Originalität;
oder großer Trivialität.

Imre Kertész

Inhalt

Prolog *11*
Emotionen der Ausgrenzung *19*
Wir tragen Geschichte im Körper *39*
Von Flucht und Migration erzählen *63*
Soziale Exklusion *89*
Hoffnung *109*
Geborgenheit *139*
Intermezzo *173*
Wut, Zorn und Ressentiment *199*
Ein kurzes und persönliches Kapitel über Angst *233*
Kalkulierte Kälte *247*
Epilog *267*

Anmerkungen *277*
Literaturverzeichnis *308*

Prolog

An den Krieg kann ich mich nicht erinnern.[1] Obwohl er begann, als ich wenige Monate alt war, und noch andauerte, als wir Iran[2] verließen, um nach Deutschland zu migrieren. Vielleicht muss ich etwas präzisieren: Ich kann mich nicht an Gefechtshandlungen, Raketenangriffe oder zerstörte Gebäude erinnern. Was mir jedoch in Erinnerung geblieben ist, sind die Spuren, die der Krieg im zivilen Alltag hinterlassen hatte; die indirekten Auswirkungen des Krieges. Die Ernsthaftigkeit in den Augen meiner Großeltern, die Strenge der Eltern, die zunehmende Traurigkeit in den Straßen, in denen wir Tauben verjagten, der Augenblick, in dem mein Onkel schweigend von der Front heimkehrte und meine Umarmung nicht erwidern konnte, oder die Nächte, in denen wir im Keller des Großelternhauses Schutz suchten.

Eines Nachts fuhren wir mit Familienangehörigen und Bekannten aus der näheren Nachbarschaft im Anhänger des Lastwagens meines Vaters einige Kilometer außerhalb Teherans, um einem möglichen und wahrscheinlich ernst zu nehmenden Luftangriff zu entkommen. Wir blieben einige Tage in einer abgelegenen Steinwüste, wo wir gemeinsam aßen und nachts im Lastwagenanhänger schliefen.

Am Mittag des zweiten Tages lief ich barfuß über den heißen, steinigen Boden, bis ich einen stechenden Schmerz an einem meiner Zehen verspürte. Als ich hinunterblickte, sah ich eine fette Ameise, die sich in meinen großen Zeh festgebissen hatte. Ich brach in Tränen aus und lief humpelnd zu meiner Mutter. Ich flehte sie an, diesen Ort zu verlassen. Mein Vater bemerkte das kleine Drama, woraufhin meine Mutter ihm erklärte, was passiert war. Er schaute mich an, richtete seinen tatarischen Schnurrbart auf meinen Fuß, hievte mich auf die Ladefläche des Anhängers und zerdrückte die Ameise zwischen Daumen und Zeigefinger, ohne ein Wort zu sagen. Der fette kleine Korpus zerplatzte unter dem Druck seiner Finger.

Wenn ich heute an den Krieg denke, erinnere ich mich vor allem an die Ameisenepisode. Diese und ähnliche Erinnerungen teile ich mit vielen Angehörigen meiner Generation. Damit meine ich jene Generation von Iraner*innen,[3] die kurz vor oder kurz nach der Revolution von 1979 auf die Welt gekommen sind und das Glück hatten, sich durch Flucht und Migration[4] ihrer Eltern der brutalen Konsolidierung der Islamischen Republik und den verheerenden Auswirkungen des Krieges entziehen zu können.

Im Juni 1986 reisten wir in den »Geltungsbereich des Asylverfahrensgesetzes« ein, wie es auf dem Bescheid des *Bundesamts für die Anerkennung ausländischer Flüchtlinge (BAFL)*[5] steht, der viele Jahre die Wände meiner wechselnden Arbeitszimmer schmückte, bis ich entschied, dass die Zeit gekommen war, ihn abzuhängen. Diesem Dokument ist zu entnehmen, dass meine Eltern im September 1986 »die Anerkennung als Asylberechtigte« beantragten. Während ihr Antrag im September 1988 bewilligt wurde, lehnte das *BAFL* meinen Antrag (ich war damals acht Jahre alt) und den meines zweijährigen Bruders ab. Die Ablehnung folgte einer bürokratischen Logik. Unsere »Asylanträge stützen sich«, wie es in dem Bescheid heißt, »auf das Verfolgungsschicksal« unserer Eltern und erfüllten daher »nicht die Voraussetzungen des Artikels 16 Abs. 2 Satz 2 des Grundgesetzes (GG)«, wonach nur diejenigen asylrechtlichen Schutz genießen, die gemäß der Genfer Konvention vom 28. Juli 1951 »begründete Furcht vor Verfolgung« aufgrund ihrer »Rasse, Religion, Nationalität, Zugehörigkeit zu einer bestimmten sozialen Gruppe« oder aufgrund ihrer »politischen Überzeugung« haben. Mein zweijähriger Bruder und ich verfügten demnach nicht über ein eigenes Verfolgungsschicksal, und daher drohte uns in unserem Herkunftsland auch keine Gefahr an Leib und Leben oder die Beschränkung unserer persönlichen Freiheit. Die Entscheidung im Wortlaut des Bundesamtes: »Da die Anerkennung eines Ausländers als Asylberechtigter stets eine eigene Verfolgung voraussetzt, kann auch die familiäre Verbundenheit der Antragsteller mit ihren Eltern allein nicht zu ihrer Anerkennung als Asylberechtigte führen.«

Was haben meine Eltern gefühlt, als sie diesen Bescheid erhalten haben? Konnten sie ihn verstehen, oder mussten sie jemanden bitten, ihn zu übersetzen? Woher wussten sie, dass sie dagegen Einspruch erheben konnten? Was sie dann auch taten. Wir zogen nach Hamburg, wohnten in verschiedenen Unterkünften und warteten auf den neuen Bescheid, der im November 1991 eintraf. Die Klage meiner Eltern hatte Erfolg, meinem Bruder und mir wurde die »Rechtsstellung von Asylberechtigten gewährt«. Meine Eltern verbrachten vier Jahre zwischen Angst und Hoffnung. Die Hoffnung auf ein neues, besseres Leben, vor allem für ihre

Kinder, und die Angst davor, dass all ihre Mühen umsonst gewesen sein könnten. Und obwohl die Anerkennung als Asylberechtigte anfangs eine große Erleichterung darstellte, wirkte die Angst fort, denn es bestand die Gefahr, dass wir irgendwann wieder zurückkehren mussten. Angst und Hoffnung begleiten meine Eltern noch heute, obwohl wir alle längst die deutsche Staatsbürgerschaft erhalten haben. Mein Vater gestand mir erst kürzlich, dass sein Magen noch immer »bebt«, wenn er den Briefkasten öffnet. Die Angst hat sich längst in seinen Körper eingeschrieben – mitsamt den anderen in Zusammenhang mit den Migrationserfahrungen stehenden Gefühlen.

Die Regeln der Migration prägen und produzieren die Gefühlswelt und das Gefühlswissen von Migrant*innen auf tiefgreifende Weise. Ich möchte untersuchen, wie sie es tun. Dieses Buch handelt von Gefühlen, die durch die Erfahrungen der Migration, des Exils, der Fremdheit und der Alltagsdiskriminierung geprägt werden. Gefühle, die wir mit Begriffen wie Verzweiflung, Sehnsucht oder Hoffnung zu beschreiben versuchen, jedoch nicht immer fassen können. Gefühle, die häufig als wiederkehrendes Motiv in den Geschichten von Geflüchteten geschildert werden und in literarischen sowie in filmischen Fiktionalisierungen auftauchen, wie etwa in Philippe Liorets Spielfilm *Welcome* aus dem Jahr 2009, in welchem ein 17-jähriger kurdischer Junge mit allen Mitteln versucht, nach England zu gelangen, um mit seiner großen Liebe vereint zu sein. Seine verzweifelte Sehnsucht treibt ihn dazu, durch den Ärmelkanal von Calais nach England zu schwimmen. Einen ähnlichen Zustand beschreibt Tahar Ben Jelloun in seinem Roman *Verlassen*: »Das Land verlassen. Es wurde zu einer Obsession, einer Art

Wahn, der ihn Tag und Nacht beschäftigte. Wie sollte er es schaffen, wie der Demütigung entkommen? Weggehen, die Erde verlassen, die ihre Kinder verstößt, diesem schönen Land den Rücken zukehren […].«[6] Und in Dadaab[7], dem größten Flüchtlingslager der Welt, hat die Realität die Fiktion schon längst eingeholt. Dort haben somalische Geflüchtete für ein komplexes Gefühl den Begriff »Buufis« geprägt.[8] Dieser bezeichnet eine geistige Erschöpfung, mehr noch eine geistige Erkrankung, von der es in Dadaab heißt, dass sie wie HIV sei, du wirst sie nicht mehr los: »Es ist eine Art Depression, die in der unauslöschlichen Hoffnung nach einem Leben anderswo wurzelt und gleichzeitig einen Schatten auf das derzeitige Leben wirft.«[9]

Auf den folgenden Seiten stelle ich, basierend auf Quellen und wissenschaftlichen Publikationen, Mutmaßungen über ein Thema an und entwickle eine Theorie, die nicht »wahrer« oder »richtiger« ist als andere Theorien, die sich auf dasselbe Thema beziehen oder sich daran abgearbeitet haben. Meine Thesen entstanden in einer simulierten Diskussion mit den Arbeiten verschiedener Autor*innen und Forscher*innen. In dieser Hinsicht habe ich dieses Buch nicht alleine geschrieben, sondern beim Schreiben immer wieder auf bereits bestehendes Wissen zurückgegriffen. Ohne dieses Wissen, ohne die Arbeiten von Autor*innen und Wissenschaftler*innen, die mich inspiriert haben, wäre es mir gar nicht erst möglich gewesen, ein eigenes Buch zu verfassen. Wann immer ich auf »fremdes Wissen« zurückgreife, mache ich es im Text kenntlich. Die Leser*innen mögen es mir also verzeihen, dass ich im Text viele Bezüge zu anderen Wissensproduzent*innen herstelle und sehr oft aus ihren Texten zitiere. Zuweilen wird sich mein Buch wie eine Art

Textcollage lesen. Das ist von mir intendiert. Ich möchte, dass die Leser*innen wissen, woher mein Wissen stammt und was ich damit mache bzw. wie ich damit arbeite.

Der vorliegende Text ist ein Versuch im wahrsten Sinne, ein Gedankenexperiment, das in zehn Jahren womöglich anders ausfallen und andere Erkenntnisse hervorbringen würde. Es ist auf einem weißen Blatt entstanden, und wer »vor einem weißen Blatt Papier sitzt«, erklärt der Soziologe Armin Nassehi, »kann eine ganze Welt erschaffen, indem er sie schreibend fixiert«.[10] Die schreibende Person läuft jedoch Gefahr, dem »Irrtum des weißen Blattes« zu erliegen, denn das »weiße Blatt entzieht sich der Komplexität der Welt geradezu, sein Zugzwang ist nicht die Komplexität des Beschriebenen. Die Zugzwänge des Schreibens verlangen eher Geschichten, die aufgehen, und genau deshalb erzeugt die Praxis des Schreibtisches und des Beschreibens des weißen Blattes meistens kohärente Geschichten, die aufgehen in einer inkohärenten Welt, die eben nicht aufgeht.«[11]

Mein Schreiben ist begrenzt, ebenso die Perspektive, aus der heraus ich versuche, eine Gefühlsgeschichte der Migration zu schreiben. Vielmehr handelt es sich hier um eine kleine Teilgeschichte aus der deutschen Migrationsgeschichte. Große, weite Teile dieser Geschichte und den Geschichten werden unerwähnt bleiben, wie z. B. jene der Geflüchteten aus Vietnam oder der »Vertragsarbeiter«, die aus den »Bruderländern« der DDR nach Ostdeutschland migrierten. Der Fokus der Untersuchung wird sich im Verlauf des Buches auf jene Migrant*innen (und ihre Nachfahren) verengen, die aus islamisch geprägten Ländern nach Deutschland migrierten, auf Menschen, die sich selbst als Muslim*innen begreifen und beschreiben, sowie auf all jene, die als »Muslime« wahrgenommen und markiert werden. Über den eigenen Erfahrungsraum ist diese Gruppe auch in migrationsgeschichtlicher Hinsicht von Bedeutung, da sie zum einen die größte Migrant*innen- bzw. Minderheitengruppe darstellt und zum anderen (derzeit) zum größten Feindbild rechter Gruppen, der Neuen Rechten und der in Teilen rechtsextremen Partei Alternative für Deutschland (AfD) gehört. In den vergangenen 60 Jahren haben sie viele Bezeichnungen bekommen: »Gastarbeiter«, »Ausländer«, »Türken«, »Muslime«.

Von ganzem Herzen möchte ich all jenen danken, die den Schreibprozess begleitet und mich unterstützt haben. Mein erster Dank gilt Lisa Volpp und Stefan Hermes. Ohne sie wäre dieses Buch niemals geschrieben worden. Ich danke Ulrike Holler, die an das Projekt geglaubt und das Manuskript mit so viel Feingefühl lektoriert hat. Ich danke der Agentur Copywrite und dem S. Fischer Verlag und all den Mitarbeiter*innen, die dieses Buch Zeit gekostet und denen es Mühen abverlangt hat. Ich danke Uffa Jensen, ohne dessen *Zornpolitik* ich niemals auf die Idee zu meinem Buch gekommen wäre. Und ich danke Stefanie Schüler-Springorum – ohne sie wäre ich beruflich nicht da, wo ich heute bin. Ich danke meiner Mutter, meinem Bruder und meinem Vater, dem ich in den vergangenen Jahren so viel verzeihen konnte. Ich danke meiner großen Familie in Hamburg, Teheran und Spielberg. Ich danke Sarah, die mir beigebracht hat, über Gefühle zu sprechen, die mich immer hinterfragt, meine Launen erträgt und die für meine Arbeit auf so vieles verzichten musste. Ich danke ihr für ihr Vertrauen, für ihre Liebe – und für Musa.

Emotionen der Ausgrenzung

Die Bestimmtheit, mit der Ahmad Hussainy reagierte, überraschte die Interviewerin Charlene Lynch genauso wie seine Antwort auf die Frage, ob er sich eine Zukunft in Deutschland vorstellen könnte. »Niemals!«, sagte Ahmad Hussainy instinktiv,[1] denn die abwehrende, negierende Haltung gegenüber Fragen nach dem Verbleib im Ankunftsland wird nach einer gewissen Zeit zu einem selbstachtungsbewahrenden Instinkt. Im März 2018, also zu der Zeit, als wir das Interview für das *Archiv der Flucht*[2] aufzeichneten, befand sich Hussainy seit etwa drei Jahren in Berlin. Er hatte eine Ausbildung als Hotelfachmann angefangen, lebte in einer Wohngemeinschaft mit seinem besten Freund und kam mehr oder weniger gut zurecht. Die Tatsache, dass nun dieser junge Mann das Land, das er als Ziel seiner Flucht ausgewählt und nur unter großen Strapazen erreicht hatte, wieder verlassen wollte, stieß auf Verwunderung. Daher hakte Charlene Lynch noch einmal nach: Warum möchte er denn nicht in Deutschland bleiben, schließlich durchlaufe er doch hier eine »schöne Ausbildung«, die er bald schon abgeschlossen haben werde? Anschließend könne er doch in einem Hotel arbeiten, Geld verdienen. Ahmad Hussainy schüttelte den Kopf und blieb bei seinem »Niemals!«. Wenig später endete das Interview. Anschließend brachte ich ihn zum Bus und dankte ihm für seine Zeit, für seine Geschichte. Und obwohl seine Antwort auch mich überrascht hatte, ging ich nicht mehr darauf ein. Bald vergaß ich Ahmads »Niemals!« und widmete mich den Vorbereitungen für die nächsten Dreharbeiten der Interviews im Haus der Kulturen der Welt (HKW). Es sollten drei Jahre vergehen, bis ich wieder daran erinnert wurde.

Meine Arbeit am *Archiv der Flucht* begann in einer Zeit des beruflichen Umbruchs und der persönlichen Rückkehr. Anfang 2017 hatte ich meine Dissertation aus Angst vor dem nahenden Auslaufen des Stipendiums innerhalb kürzester Zeit fertiggestellt und eingereicht. Unter dem selbst erzeugten Stress hatte ich mir sogar einen Zahn abgebrochen. Im Anschluss daran stürzte ich mich ins nächste Forschungsprojekt und musste bald feststellen, dass mein Körper komplett leer war, und zwar nicht leer im buddhistischen Sinne, sondern vielmehr so leer wie gegen Ende eines Marathonlaufs. Ich konnte keinen sinnvollen Gedanken mehr fassen. Das alles lag jedoch nicht nur an der Überlastung und der mangelnden Selbstsorge, sondern vor allem am jahrelangen Abarbeiten an einem akademischen Milieu, dem ich so oft den Rücken kehren wollte – aus Kränkung darüber, dass ich mich nie zugehörig gefühlt hatte oder fühlen durfte oder genauer: mir selbst nie erlaubt hatte, mich zugehörig zu fühlen. Es war eine Form der Selbstexklusion. Nun war es an der Zeit, mich auch körperlich von diesem Ort abzugrenzen. Und weil mein Stipendium ausgelaufen war und ich ohnehin eine Finanzierung brauchte, um mein Leben zu bestreiten (ich schämte mich, zum Jobcenter zu gehen), kehrte ich in jenes Milieu zurück, in dem ich neben Schule, Dojo und

Studium die meiste Zeit meines Lebens verbracht hatte und wo ich sozialisiert wurde: in gastronomischen Betrieben. Dieses Bedürfnis konnte ich mir lange nicht erklären, bis ich in Didier Eribons *Rückkehr nach Reims* eine Erklärung dafür fand:

> *Die Spuren dessen, was man in der Kindheit gewesen ist, wie man sozialisiert wurde, wirken im Erwachsenenalter fort, selbst wenn die Lebensumstände nun ganz andere sind und man glaubt, mit der Vergangenheit abgeschlossen zu haben. Deshalb bedeutet Rückkehr in ein Herkunftsmilieu, aus dem man hervor- und von dem man fortgegangen ist, immer auch eine Umkehr, eine Rückbesinnung, ein Wiedersehen mit einem ebenso konservierten wie negierten Selbst.*[3]

Ich begann, als Spüler in jenem Hotel zu arbeiten, in dem Ahmad Hussainy seine Ausbildung begonnen hatte. Dort, in der ewig lauten Spülküche, begegneten wir uns zum ersten Mal und sprachen Farsi. Zu der Zeit wusste ich noch nichts vom *Archiv der Flucht*, und das Haus der Kulturen der Welt (HKW) sagte mir nichts. Auch auf die Gefahr hin, manieriert zu erscheinen, die Arbeit als Spüler, der Kontakt mit Menschen, denen ich mich nahe fühlte – näher als den meisten Kolleg*innen aus Wissenschaft und Kultur –, erfüllte mich mit einem Gefühl des Glücks, das ich schon lange nicht gespürt hatte. Selbstverständlich gehörte ich dort zu den Privilegierten. Ich war ein Arbeitstourist; jemand, der seinen Job theoretisch jederzeit kündigen konnte, um eine besser bezahlte Stelle anzunehmen.

Und dies geschah schließlich wenige Monate später. Durch die Vermittlung der Publizistin Carolin Emcke trat ich die

Stelle als wissenschaftlich-kuratorischer Mitarbeiter im HKW an, wo ich gemeinsam mit ihr und der Migrationsforscherin Manuela Bojadžijev (beide waren die Kuratorinnen des Projekts, das auf eine Idee Carolin Emckes zurückgeht) sowie einigen Kolleg*innen vom HKW am Aufbau des *Archivs der Flucht* arbeitete. Meine Stelle als Spüler behielt ich jedoch noch für eine Weile. Montags bis freitags ging ich ins HKW, samstags (manchmal auch zusätzlich sonntags) ins Hotel. Was vermutlich wie eine doppelte Belastung klingen mag, war tatsächlich eher eine Entlastung. Die Arbeit im Hotel gab mir jedes Wochenende die Gelegenheit, mich von dem intellektuellen Kulturmilieu abzugrenzen. Die inneren Widerstände und das Unbehagen, das ich bereits an der Universität gespürt hatte, erneuerten sich und drangen nun stärker an die Oberfläche. Obwohl ich durch meine Bildung längst Teil dieses Milieus geworden, also »aufgestiegen« war, wollte ich einfach nicht dazugehören. Das lag nicht daran, dass ich mich nicht zugehörig fühlte. Nein, ich wollte mich nicht zugehörig fühlen, ich weigerte mich, zugehörig zu sein. Ich fühlte keine Scham gegenüber meinem Herkunftsmilieu und meiner sozialen Klasse. Ich hatte nicht das Gefühl, mich davon befreien zu müssen. Ganz im Gegenteil, die erneute Nähe befreite einen lange unterdrückten Teil meines Selbst. Ich war stolz auf meine soziale Herkunft, stolz auf meine jahrelange Arbeit in diversen gastronomischen Betrieben. Im Hotel wurde ich wieder zum hart arbeitenden »Ausländerkind«.

Im HKW hingegen pendelte ich zwischen Zorn und Melancholie. Zorn auf ein saturiertes Milieu, das aus meiner damaligen Sicht nur um sich selbst kreist, sich selbst genügt. Die Melancholie schien einen anderen Grund zu haben.

Eine Beschreibung fand ich erneut bei Eribon: »Eine Melancholie, die aus einem ›gespaltenen Habitus‹ erwächst, um diesen schönen und kraftvollen Begriff Bourdieus aufzugreifen.«[4] Es dauerte eine Weile, bis mir bewusst wurde, dass mein starkes Bedürfnis danach, mich abzugrenzen, mich selbst aus den intellektuellen Zirkeln auszuschließen – kurz: meine Selbstexklusion –, auf meinem »gespaltenen Habitus« gründete sowie den Erfahrungen der Exklusion im Zuge der Migrationsrealitäten und der Gefühle, die diese geprägt hatten und fortwährend prägten.[5] Der Zorn und die Melancholie, die ich bereits während meines Studiums und der anschließenden Promotionszeit verspürte, hatten bei genauerer Betrachtung weniger mit den Institutionen selbst zu tun, diese waren lediglich die Orte und Systeme, welche solche Gefühle, die sich zu einem viel früheren Zeitpunkt in meinen Körper eingeschrieben hatten, an die Oberfläche trieben.

Im Herbst 2021 war das *Archiv der Flucht* abgeschlossen und sollte am HKW in Berlin vorgestellt werden – zeitgleich wurde das Online-Portal, auf dem alle 41 Oral-History-Interviews gespeichert sind, freigeschaltet. Im Zuge der Vorbereitungen dieses Events wurden vier Mitarbeiter*innen des Projekts zu einem Interview für das *Süddeutsche Zeitung Magazin* mit Marija Barišić und Lara Fritzsche eingeladen.[6] Die beiden Journalistinnen überraschten mich mit der Frage nach Ahmad Hussainys »Niemals!« und der Aussage, in Deutschland nicht glücklich zu sein, sowie seinem Wunsch, dieses Land wieder verlassen zu wollen. Meine Antwort darauf war unbeholfen. Ich erzählte von seiner schwierigen Beziehung zu den deutschen Vorgesetzten im Hotel und den deutschen Frauen. Im veröffentlichten Interview heißt es:

»Womit Ahmad konfrontiert wurde, war Berührungslosigkeit – in allen Formen. Und dann ist doch klar, dass er sich nicht mehr wohlfühlt.«[7] Ich kann mich gut erinnern, dass ich diesen Satz später bei der Durchsicht des transkribierten Interviews hinzugefügt hatte, weil er zum einen schöner klang und zum anderen das, was ich zum Ausdruck bringen wollte, besser auf den Punkt brachte.

»Berührungslosigkeit« – ein Begriff, der mir zum ersten Mal im Werk des exiliranischen Dichters SAID[8] begegnet ist (»immer dorthin gehen, wo keine berührung möglich ist – ein geborener flüchtling!«[9]) – ist ein anderer, ein poetisierter Begriff für Exklusion. Berührungslosigkeit und Exklusion meinen dasselbe. Sie fassen die Erfahrungen der Migration, des Exils, der Fremdheit, des Ausgeschlossenseins, der Ungleichbehandlung und die Gefühle, die durch diese Erfahrungen geprägt werden, zusammen. Das migrierte und diskriminierte Subjekt lernt mit der Zeit, anders zu fühlen als jene Menschen, die diese Erfahrungen nicht gemacht haben.

Stimmt das? Kann ich das an dieser Stelle so behaupten? Fühlen wir »Ausländerkinder« (oder wenn es einigen lieber ist: wir »Deutsche mit Migrationsgeschichte«; »Deutsche mit inter- oder gar transnationaler Geschichte« spare ich mir, da diese Bezeichnung für jene reserviert sein sollte, die sich diese Bezeichnung ökonomisch und kulturell leisten können) Zorn, Scham oder Trauer anders als unsere deutschen Mitbürger*innen ohne Migrationsgeschichte? Gibt es bestimmte Gefühle, die ausschließlich mit den Erfahrungen der Migration und des Lebens als Migrant* in zusammenhängen? Welche Rolle spielt dabei unsere Klassenzugehörigkeit? Fühlt sich die Scham eines iranischen Arbeiterkindes anders an als die von Kindern türkischer Ärzt*innen oder syrischer Diplomat*innen? Und wie sehr beeinflussen Diskriminierungserfahrungen die Geschichte unserer Gefühle?

Eine migrantische Geschichte der Gefühle?

»In allen Gesellschaften spielen Emotionen eine große Rolle«, konstatiert die Philosophin Martha C. Nussbaum in ihrem Buch *Politische Emotionen*.[10] Und in allen Gesellschaften sind sie, um mit Uffa Jensen zu sprechen, »an vielem, wenn nicht gar an allem beteiligt, was wir Menschen tun«.[11] Das Bewusstsein für die Signifikanz von Emotionen innerhalb gesellschaftspolitischer Entwicklungen nimmt spätestens seit der Jahrtausendwende stetig zu. Und in öffentlichen, feuilletonistischen Debatten nehmen Emotionen immer mehr Raum ein, insbesondere dann, wenn eine Diskussion um sogenannte identitätspolitische Themen, wie z. B. Rassismus, entbrannt ist. Im Sommer 2020, vor dem Hintergrund der *Black Lives Matter*-Proteste in Berlin, beklagte der Journalist Deniz Yücel in seinem Artikel »Kein Mensch ist Müll« – eine Replik auf die Kolumne »All cops are berufsunfähig« der Journalist*in Hengameh Yaghoobifarah,[12] in welcher Yaghoobifarah sich die Polizei auf die Mülldeponie wünscht – die »Wende des Antirassismus zur Identitätspolitik« und die »Verschiebung der politischen Diskussion vom Gedanken zum Gefühl«.[13] Yücels Intervention waren zahlreiche Artikel vorausgegangen, in denen sich Journalist*innen entweder mit Yaghoobifarah solidarisierten oder Kritik übten. Einige Kolleg*innen warfen Yaghoobifarah eine »sprachliche Verrohung«, Gefährdung der Pressefreiheit und Verletzung der Würde der Polizist*innen vor.[14] Andere Journalist*innen hingegen verteidigten Yaghoobifarah mit dem Hinweis auf Yaghoobifarahs Stellung als *PoC (People of Color)* und damit automatisch als diskriminiertes Subjekt, welche eine überzogene Reaktion auf Machtstrukturen erlaube.[15]

Identitätsdebatten wie jene um Yaghoobifarahs Kolumne sind in erster Linie Gefühlsdebatten, in welchen die Gefühle jedoch nicht kritisch reflektiert werden, vielmehr wird ihnen eine eigenartige Evidenz zugesprochen: Gefühle sollen etwas beweisen und letztendlich einer unreflektierten Apologie dienen: auf der einen Seite als Ausrede für ein »Alles ist erlaubt«, wenn du einer diskriminierten Gruppe angehörst, und auf der anderen Seite als Rechtfertigung für die Empörung privilegierter Gruppen, die sich durch glückliche Konstellationen alltäglicher Diskriminierungen (aufgrund von *Race, Gender and Class*) elegant entziehen konnten. In diesen Debatten geht es zuweilen weniger um eine physische Exklusion aus der Gesellschaft, sondern vielmehr um ein gefühltes Ausgeschlossensein auf der Sozialebene. Es geht mir hier nicht darum, diese und ähnliche Phänomene der gefühlten Exklusion geringzuschätzen, ganz im Gegenteil: Ich nehme diese Gefühle durchaus ernst, und ich möchte ihre Ursprünge beleuchten, indem ich sie einer emotionsgeschichtlichen Untersuchung unterziehe. Denn Gefühle sind historisch, und sie verfügen in mehrfacher Hinsicht über eine Geschichte, wie Ute Frevert in ihrem Buch *Mächtige Gefühle* erklärt: Zum einen »wandeln sich die Anlässe und Kontexte, die bestimmte Gefühle hervorrufen«, und zum anderen können sich Gefühle, »die wir heute noch haben, früher anders« angefühlt haben.[16] Gefühle unterliegen historischen, politischen, kulturellen und sozialen Konjunkturen und sind gesellschaftlich gerahmt.[17] Gesellschaften produzieren und prägen Gefühle, die jedes Individuum für sich empfindet. Jede Person hat eigene Gefühle, dennoch, wie Frevert betont, sind sie nicht immer subjektiv oder bloße Privatsache. Vielmehr können sich »gefühlte und Gefühlsgemeinschaften von unterschiedlicher Dauer [bilden], manche wirken in der Erinnerung lebenslang nach«.[18]

Im Januar 2008 entstand unter Ute Frevert am Max-Planck-Institut für Bildungsforschung der interdisziplinäre Forschungsbereich »Geschichte der Gefühle«.[19] Ausgehend von der Annahme, dass »Gefühle – Empfindungen und ihr Ausdruck – kulturell geformt und sozial erlernt werden«, untersuchen zahlreiche Projekte die gesellschaftliche Normierung, historische Variabilität und die »Gefühlsmächtigkeit« von Gefühlen. Uffa Jensen, der lange in diesem Forschungsbereich gearbeitet hat, veröffentlichte rund zehn Jahre später seinen Essay *Zornpolitik*, in welchem er sich der »Verbindung zwischen Vorurteilen und Gefühlen« vor dem Hintergrund gegenwärtiger Debatten um Antisemitismus und Islamfeindlichkeit bzw. antimuslimischen Rassismus widmet und dabei starke »Verneinungsgefühle« wie Zorn, Hass, Ekel und Angst einer emotionshistorischen Untersuchung unterzieht.[20] Wie Jensen gleich zu Beginn erklärt, sind »Gefühlszustände als solche […] zunächst nicht eindeutig in Ekel, Hass, Zorn etc. zu unterscheiden«, denn das, was wir empfinden, wird in der psychologisch-kognitivistischen Forschung als »Grundaffekt« beschrieben, welches sich »grob zwischen stark/schwach und positiv/negativ« unterscheiden lässt.[21] Erst mit der Zeit lernen wir, diesen Grundaffekten einen Begriff zu geben. Genauso wie wir das

Denken lernen, lernen wir auch das Fühlen. Unser Fühlen bzw. unser Gefühlswissen ist von unserem Geschlecht, Alter, der körperlichen und geistigen Befähigung, unserer Zugehörigkeit zu einer bestimmten sozialen Klasse, ethnischen Herkunft und Religion abhängig. Gefühle basieren schließlich, wie Jensen zusammenfasst,

> *auf Übersetzungsleistungen, mit denen wir Stimmungsänderungen, ausgelöst durch bestimmte Gegenstände, Geschehnisse oder Personen, interpretieren. Dabei wenden wir das Wissen über Gefühle an, welches uns zu einem bestimmten Zeitpunkt in einer Gesellschaft zur Verfügung steht.*[22]

Das vorliegende Buch verhält sich in gewisser Hinsicht spiegelbildlich zu Uffa Jensens *Zornpolitik*. Während sich Jensen überwiegend den stark verneinenden Emotionen jener Menschen widmet, von denen diskriminierende Handlungen ausgehen (z. B. Bürger*innen, deren Zorn sich gegen Geflüchtete richtet), möchte ich zum einen die Perspektive drehen: von den Zürnenden und Wütenden auf die Empfänger*innen des Zorns, der Wut und anderer stark negierender Gefühle. Zum anderen möchte ich dabei den Fokus auf die vielfältigen Erfahrungen der Migration legen, die mir selbst seit meiner Kindheit bekannt sind und die meine Gefühle geprägt haben. Diese bestimmten Gefühle beeinflussen noch heute meinen Alltag. Doch meine persönlichen Erinnerungen sollen in dem vorliegenden Buch nicht im Vordergrund stehen, sondern lediglich der Einführung und Einordnung bestimmter Gefühle dienen. Für meine Untersuchungen greife ich sowohl auf die Oral-History-Interviews des *Archivs der Flucht* zurück als auch auf literarische und autobiographische Werke von Autor*innen und Dichter*innen wie z. B. Emine Sevgi Özdamar, Semra Ertan und SAID sowie auf wissenschaftliche Arbeiten aus der Migrationsforschung und der Emotionsgeschichte.

Formen sozialer Exklusion

Ich kann nicht mehr mit Sicherheit sagen, ob es im Jahr 1987 oder 1988 gewesen ist, als wir – meine Eltern, mein jüngerer Bruder und ich – eine befreundete Familie, die wir bei einem unserer Aufenthalte in diversen Heimen und Unterkünften kennengelernt hatten, in ihrer neuen Wohnung besuchten. Woran ich mich jedoch erinnern kann, ist, dass es ein besonderer Anlass gewesen sein muss. Schließlich gehörte der Auszug aus dem Heim und der darauffolgende Einzug in die erste eigene Wohnung zu den ersten Höhepunkten des Einwanderlebens. Nach mehr als dreißig Jahren kann ich mich nicht mehr daran erinnern, wie der Tag abgelaufen ist, nur eine Episode hat in meinem Gedächtnis überdauert. Ich muss mich gelangweilt haben, weil die Familie zu der Zeit entweder noch keine Kinder hatte oder weil ihr Kind sich im Säuglingsalter befunden hat und ich mich daher alleine beschäftigen musste. Ich ging die Wohnung ab und landete am Ende auf dem Balkon, der auf einen Spielplatz zeigte, auf dem einige Kinder meines Alters umherliefen und sich amüsiert rauften. Nach kurzem Zaudern fragte ich sie, ob ich mitspielen dürfte. Die Antwort: »Nein, mit Ausländerkindern spielen wir nicht.«

Ich weiß nicht mehr, was ich damals empfunden habe.

Vielleicht Scham, Traurigkeit oder Zorn? Was ich jedoch heute sagen kann: Es muss sich um die erste Erfahrung sozialer Exklusion gehandelt haben. Denn mir wurde damals klar, dass mein Anderssein, mein Fremdsein der Grund dafür war, dass ich von einer Aktivität und aus einer Gruppe ausgeschlossen wurde. Es muss eines der ersten Erlebnisse gewesen sein, in denen ich – ob nun bewusst oder unbewusst – eine Verbindung zwischen dem Gefühl der Zurückweisung, des Ausschlusses und dem Begriff »Ausländer« hergestellt habe. Künftig würde ich in den Spiegel sehen und einen Ausländer erkennen. Eribon würde dieses Erlebnis mit Rückgriff auf Sigmund Freud als »gesellschaftliches Spiegelstadium« deuten: Bewusstwerdung und »Erkenntnis der Zugehörigkeit zu einem bestimmten Milieu«.[23]

Diese und ähnliche Erfahrungen sind Teil eines Initiationsritus für »Ausländerkinder«. An einem bestimmten Punkt in unserem Leben sagt uns jemand, dass wir anders sind und dass diese Andersartigkeit mit einem großen Makel behaftet ist – so groß, dass andere nicht mit uns spielen oder reden möchten. Ich möchte diese Tatsache vorerst weder bewerten noch normativ einordnen. Viel interessanter und produktiver ist an dieser Stelle die Frage, welche Gefühle aus solchen Erfahrungen entstehen und wie sie sich durch mehrmalige Wiederholung in unseren Körpern festschreiben. Um diese Gefühle und ihren Einfluss auf unseren Habitus ergründen zu können, sind weitere Beispiele nötig. Ich möchte daher ein wenig ausholen und verschiedene Formen sozialer Exklusion zusammentragen und voneinander differenzieren. Beginnen möchte ich mit einer Szene, die mich beim erstmaligen Lesen an die oben geschilderte Balkonepisode erinnerte.

Giorgio Bassanis 1958 veröffentlichter Roman *Die Brille mit dem Goldrand* handelt von den Erfahrungen eines Arztes aus dem Bürgertum, der aufgrund seiner Homosexualität von der faschistischen Gesellschaft Italiens geächtet wird. Bassanis sensibler, jedoch nicht sentimentaler Erzählstil ermöglicht es den Leser*innen, die Erfahrungen des Protagonisten Doktor Fadigati nachzufühlen. Besonders eine Stelle des Romans ist aufgrund der darin beschriebenen Emotionen noch heute von hoher Relevanz. In dieser Szene sitzt Doktor Fadigati, der gezwungen ist, seine Homosexualität zu verbergen, in einem Zug, in dem sich auch der Erzähler des Romans befindet:

> *Blickte man im Vorübergehen auf den haltenden Zug, Abteil um Abteil, entdeckte man plötzlich Doktor Fadigati hinter der dicken Fensterscheibe seines Abteils, wie er die Menschen beobachtete, die über die Gleise liefen und auf die Wagen der dritten Klasse zueilten. Nach dem Ausdruck gramvollen Neids in seinem Gesicht, nach den sehnsüchtigen Blicken, mit denen er der kleinen ländlichen Menge, die uns so unerträglich schien, folgte, hätte man auf einen Häftling schließen können: einen prominenten Verbannten auf dem Transport nach Ponza oder Isole Tremiti, wo er wer weiß wie lange bleiben mußte.*[24]

Das Urteil, das die (damalige) Gesellschaft über ihn, seine Liebe und Sexualität gefällt hatte, zwang ihn, seine Liebe geheim zu halten. In Bassanis Roman ist Fadigati dazu verdammt, mit gramvollem Neid und Sehnsucht auf all jene zu blicken, die in ihrer Liebe frei sind. Habe auch ich damals als Kind vom Balkon aus mit gramvollem Neid und Sehnsucht auf jene Gruppe und Szene geschaut, von der ich ausgeschlossen war? Vermutlich ja, obwohl es nicht meine sexuelle Orientierung war, die mich der Ausgeschlossenheit preisgab, sondern meine ethnische Herkunft. Ich denke jedoch, dass sich die Gefühle – trotz der unterschiedlichen Gründe des Ausschlusses – ähneln oder sogar gleichen.

Wie es sich anfühlt, seine Liebe geheim zu halten, hat auch Bashar Taha erlebt, der 2017 aufgrund seiner Homosexualität aus Kurdistan (Autonome Region Kurdistan, Irak) nach Deutschland geflohen ist. Taha lebte und studierte Schauspiel und Maskenbild in Dohuk (etwa 470 Kilometer von Bagdad entfernt). In seinem Interview für das *Archiv der Flucht* erzählt Taha, wie er und die Liebe seines Lebens sich zwar offen zeigten, jedoch ihre Liebe füreinander in der Öffentlichkeit geheim hielten bzw. maskierten. Sie lebten zusammen und reisten zusammen, jedoch wurden sie als Brüder oder heterosexuelle Freunde wahrgenommen – und, um sich zu schützen, hielten sie dieses Schauspiel in der Öffentlichkeit aufrecht.[25] In Deutschland lernte Bashar Taha eine andere Form der Exklusion kennen, die ihn nicht nur zu einem anderen Umgang zwang, sondern auch andere Emotionen hervorrief. Auf die Frage seiner Interviewerin Carolin Emcke, was das Etikett »Geflüchteter« genau für ihn bedeute, erzählt Taha von seinen Schwierigkeiten auf dem deutschen Wohnungs- und Arbeitsmarkt, ohne sich jedoch in eine Opferrolle stecken zu lassen. Was folgt, ist eine differenzierte Betrachtung der Dynamiken von rassistischen Vorurteilen und Diskriminierungen.[26] »Geflüchteter« oder »Flüchtling« führt Taha weiter aus, sei »kein Name für einen Menschen«, sondern nur eine Bezeichnung für die Unterlagen deutscher Behörden.[27]

Wie sich solche und andere Formen der Exklusion auf den Körper des exkludierten und letztendlich diskriminierten Subjekts auswirken, beschreibt Didier Eribon in seinem Buch *Grundlagen eines kritischen Denkens* anhand einer persönlichen Geschichte. Eines Tages beschließen Eribon und sein Partner eine eingetragene Lebensgemeinschaft einzugehen. Für die Eintragung müssen sie sich zum Zivilgericht begeben und nicht, wie bei Trauungen üblich, zum Standesamt. Diese Trennung – eine politische Entscheidung – sollte, wie Eribon schreibt, von Beginn an verhindern, dass die eingetragene Lebensgemeinschaft homosexueller Menschen »im Entferntesten an die Ehe erinnert«.[28] In Paris, wo sich in vielen Arrondissements die Zivilgerichte im selben Gebäude befinden wie die Standesämter, betraten Eribon und sein Partner das Gericht, gingen die Gänge entlang, vorbei an einer standesamtlichen Trauung – einer »pompösen Feierlichkeit«, wie Eribon schreibt – und gelangten schließlich »zu der Abstellkammer«, in der sie empfangen wurden. Dieser Gegensatz war, wie Eribon weiter ausführt,

> *so krass, dass uns dieses Dekor der zivilen Liturgie auf brutale Weise vergegenwärtigte, worauf wir kein Anrecht hatten und was so viele tapfere Menschen, in ihrem Streben, die Zivilisation zu retten, auf ewig vor unseren Ansprüchen schützen wollten. Ich hatte noch nie Gefallen an Zeremonien gefunden und habe mich auch nie nach dem ganzen Hochzeitstheater gesehnt. Doch für einen kurzen Augenblick haben wir beide die ganze Macht der gesellschaftlichen und rechtlichen Exklusion und ihrer Unterdrückungsmechanismen gespürt.*[29]

Diese rechtliche, institutionelle und architektonische Ausgrenzung ließ Eribon »die allgegenwärtige Gewalt der Exklusion spüren«.[30] Die Erfahrung der Exklusion, das Gefühl, ausgeschlossen zu sein (und schon immer ausgeschlossen gewesen zu sein), schreibt sich schon früh, also mit den ersten Erlebnissen der Exklusion, tief in unseren Körper ein. Es schlummert kaum wahrnehmbar unter unserer Haut und wartet auf eine Gelegenheit, um wieder mit Gewalt an die Oberfläche unseres Bewusstseins zu drängen. Dabei kann meist, wie Eribon schreibt, eine »einzige kurze und unerwartete Szene des Alltagslebens [...] ausreichen, um all das zu erwecken, was in uns schlummert. Sie kann alle Nervenstränge in unserem Körper zum Vibrieren bringen.«[31]

Eine Erfahrung, die auch Dilek Güngör in ihrem Roman *Ich bin Özlem* beschreibt. In einem der dramaturgischen Höhepunkte sitzt die titelgebende Hauptfigur Özlem mit ihrem deutschen Mann und ihren deutschen Freund*innen beim Abendessen, als das Gespräch über die angemessene Schule für ihre Kinder in dem Moment entgleist, als sie auf eine »Brennpunktschule« zu sprechen kommen, in der, wie einer der Freunde erklärt, »›80 Prozent der Kinder [...] nicht deutscher Herkunft [sind] und viele aus schwierigen Familien‹« stammen.[32] Ein Mann namens Ralf äußert sich am lautesten dazu: »›Ja, erst finden es alle ganz klasse, multikulti und so, aber dann, wenn die Kinder in die Schule kommen, ziehen sie weg, dahin, wo die guten Schulen sind‹«. Johanna, die gute Freundin Özlems, ergänzt: »›Wenn die ganze Klasse nur Arabisch und Türkisch spricht, ist es auch nicht so toll für die Kinder‹«.[33]

Nur Özlem bleibt stumm und spricht in sich hinein: »Wieso reden meine Freunde so? Wieso reden sie so, wenn ich mit am Tisch sitze? Statt zu fragen, grolle ich stumm in mich hinein. Ich fühle mich wie versteinert. Mir laufen die Tränen über die Wangen, ich bin unfähig, den Mund aufzumachen.«[34] Die Stimmung kippt vollends, als Özlem versucht, ihre Gedanken und Gefühle zum Ausdruck zu bringen. Ihre Freunde verlieren die Geduld und fühlen sich angegriffen. Sie seien, so ihre Freunde, schließlich keine Rassisten, und sie, Özlem, würde sich als Opfer inszenieren. Özlem muss sich in diesem Moment wie in Treibsand gefühlt haben: Je mehr sie sich bewegt, je unruhiger sie agiert, desto tiefer versinkt sie. Am Ende bleibt nur vibrierende Resignation. Die Freundschaft zwischen ihr und den anderen kühlt im Laufe des Romans ab. Auch ein erneuter Versuch der Klärung, in dem sich Özlem darum bemüht, ihr Gefühl des Fremdseins offenzulegen, bewirkt letztendlich das Gegenteil:

> *›Ich bin die, die nicht dazugehört, die anders ist, die anders aussieht, anders heißt. 39 bin ich jetzt und fühle mich dennoch wie das kleine Mädchen im Kindergarten, das sich nicht verständlich machen kann und nicht mitspielen darf. Das Angst hat, dass es stinkt.‹*[35]

Ihre Freundinnen begegnen ihren Erklärungsversuchen mit Unverständnis: »›Jeder ist doch unsicher und ängstlich. Das geht jedem von uns so, das hat mit deiner Geschichte gar nichts zu tun.‹«[36] Hat es das wirklich nicht? Und können sich die deutschen Freundinnen, die alle *weiß* und bürgerlich (aufgewachsen) sind, auf die gleiche Weise ausgeschlossen fühlen wie Özlem? Lassen sich ihre Kindheitserlebnisse mit denen Özlems vergleichen? Hatten sie auch ein »Balkonerlebnis«, oder wollten Kinder nicht mit ihnen spielen, weil sie »stinken«? Anstatt sofort auf diese Fragen zu antworten, möchte ich zunächst Özlem bzw. Güngör zu Wort kommen lassen:

> *Als Kind hatte ich keinen Namen für das Gefühl, das mich quälte. Ich hielt es für Bauchweh. Es macht tatsächlich Bauchschmerzen. Jetzt habe ich Namen dafür, aber Rassismus und Fremdenfeindlichkeit sind große Worte.*
>
> *Die Scham des Gastarbeiterkindes hat einen festen und gut geschützten Platz in meinem Herzen. Manchmal rührt sie sich Tage nicht, und dann macht sie sich unvermittelt breit und verdüstert alles.*[37]

Özlems Freundinnen mögen auch Erfahrungen des Ausschlusses gemacht haben, z. B. weil sie nicht sportlich genug waren, nicht die angemessene Kleidung oder eine Brille getragen haben. Und natürlich können solche Exklusionserfahrungen schmerzhaft sein und das Selbst in Frage stellen, wie Joan Didion in ihrem Essay »Über Selbstachtung« festgehalten hat. Darin beschreibt sie, was die Nichtaufnahme in eine Studentinnenverbindung mit ihrem neunzehnjährigen Ich gemacht hat: »Ich verlor die Überzeugung, dass die Ampel für mich immer auf Grün springen würde«.[38] Didion wuchs mit einer Selbstverständlichkeit auf, mit der wahrscheinlich auch Özlems Freundinnen aufgewachsen sind, die jedoch Özlem selbst, als Kind aus einer migrantischen Arbeiterklasse, verwehrt geblieben ist: die Überzeugung, dass die Ampeln für sie immer auf Grün springen würden.

Was unterscheidet die geschilderten Exklusionserfahrungen voneinander? Die einfache Antwort: Diskriminierungsrealitäten. Der kleine Junge auf dem Balkon, das kleine Mädchen im Kindergarten, Fadigati und Eribon, sie alle eint die Erfahrung und die Emotion der Exklusion aufgrund ihrer Zugehörigkeit zu einer bestimmten sozialen Klasse (hier Arbeiterklasse), ihrer sexuellen Orientierung und ethnischen Herkunft. Im Gegensatz zu Didion und den Freundinnen Özlems wurden sie im Laufe ihres Lebens immer wieder mit verschiedenen Formen der Diskriminierung konfrontiert – einige seit ihrer Kindheit. Von diesen Erfahrungen erzählt auch die Psychologin Lucía Muriel in ihrem Interview mit Carolin Emcke im *Archiv der Flucht*.[39] Muriel migrierte als Kind mit ihrer Mutter und ihrer Schwester Anfang der 1970er Jahre aus Ecuador in die DDR. Ihre Erinnerungen ähneln den Erzählungen Özlems:

> *Ich war das erste, glaube ich, dunkle Kind weit und breit. Man hat wirklich gar keinen Umgang mit mir gefunden. Die Kinder haben sich alle geweigert, mit mir zu spielen. Sie haben alle, auch Erwachsene, überall, überall, ich kann mich wirklich erinnern, überall haben die Leute, auch auf der Straße sind manchmal die Leute stehen geblieben und haben gesagt: »Du bist aber schmutzig, geh dich mal waschen.« Und ich hab mich immer angeguckt, wo habe ich mich, wo bin ich schmutzig, wo bin ich schmutzig?*[40]

Die Erfahrung und Emotion der Exklusion haben dazu geführt, dass Lucía Muriel als Kind irgendwann und für eine gewisse Zeit ganz damit aufgehört hat, außerhalb der Wohnung, zu sprechen.[41] Im Laufe des Interviews wird immer wieder sicht- und hörbar, wie sehr solche Erfahrungen der

Ausgrenzung, die mit der Migration einhergehen, Muriel geprägt haben – und welch zentralen Platz die Beschäftigung mit rassistischer Diskriminierung in ihrem Leben eingenommen hat.

Von all dem handelt dieses Buch: der Erfahrung sozialer (gefühlter) Exklusion, die von einer Exklusion in der Sachdimension unterschieden wird (dazu später mehr), und von den Gefühlen, die von derartigen Erfahrungen geprägt werden. In den folgenden Kapiteln werde ich zunächst in verschiedene Emotionstheorien einführen, anschließend die Quellen vorstellen, auf die ich im Zuge meiner Untersuchungen und Darstellungen zurückgreifen werde, und schließlich die Begriffe Exklusion und Ausgrenzung näher beleuchten.

Wir tragen Geschichte im Körper

Im Jahr 2017 wurden die *Datteltäter* mit gleich drei Preisen ausgezeichnet, darunter die *Grimme Online Awards* in den Kategorien »Kultur und Unterhaltung« sowie »Publikumspreis«. Auf ihrem *YouTube*-Kanal[1] (und mittlerweile auch auf *funk*[2]) setzt sich die Satire-Gruppe mit zentralen Themen der deutschen Migrationsgesellschaft auseinander, wobei der Alltag in Deutschland lebender Muslim*innen und all jener, die dafür gehalten werden, im Fokus steht. Frei nach Kurt Tucholsky überspitzen, übertreiben und überzeichnen sie in ihren Videos Alltagssituationen, bedienen sich Klischees und Stereotypen und blasen »die Wahrheit auf, damit sie deutlicher wird«[3]. Der Logik postkolonialer Theorien verpflichtet, drehen sie dabei die Perspektive und damit zugleich die Verhältnisse: von jenen, die stets unter Beobachtung stehen, auf die, deren Blicken, Wertungen und Urteilen sie ausgesetzt sind. In ihren Sketchen sind nicht mehr die vermeintlichen Migrant*innen die »Anderen«, sondern die *weiße* deutsche Mehrheitsgesellschaft ohne nennenswerte Migrationserfahrung.[4] Aus ebendieser Perspektive heraus inszenieren die *Datteltäter* in ihrem Video »Battle der Emotionen – Kanak vs. Alman«[5] die Gefühle[6] und Gefühlsausdrücke stereotyper *weißer* Deutscher auf der einen und migrantischer Deutscher auf der anderen Seite.

In drei Clips stellen sie drei verschiedene Situationen dar, auf die »Kanaks« und »Almans« emotional unterschiedlich reagieren: Trennung, Krankheit und gute Nachricht. Die »Almans«, also *weiße* Deutsche ohne Migrationsgeschichte, agieren durchgehend kühl, distanziert und beinahe emotionslos, während die »Kanaks«, *People of Color* bzw. migrantische Deutsche, ihren Gefühlen durch große, zuweilen pathetische Gesten Ausdruck verleihen.[7] In »Die Trennung« beispielsweise beendet ein deutsches Paar seine Beziehung mit geradezu nüchterner Präzision. Sie sprechen über Steuernummern, Anwälte, das Sorgerecht für den Hund und besiegeln schließlich das Ende ihrer gemeinsamen Zeit mit ihren Unterschriften, die sie unter ihre Trennungsverträge setzen, und einem formellen Handschlag: »Alles Gute.« »Dir auch, ’ne.«

Ganz anders wird die migrantische Reaktion auf eine Trennung dargestellt, welche direkt auf die kühle Verabschiedung des Paares folgt. Ein sichtlich leidender Mann berichtet seinem besten Freund von den Gefühlen, die ihn quälen: »Danke, Bro, aber diesmal ist echt zu viel, ey. Ich komme auf den Schmerz nicht klar.« Der Freund schlägt ihm (nach einem redlichen Versuch, ihn mit aufmunternden Worten wieder aufzubauen) vor, seine Trauer in einem Song zu verarbeiten, schließlich schreibe er ja Gedichte auf seinem *Instagram*-Account. Es dauert nur einen Augenblick, und wir befinden uns mitten im Video zu »Ich vermisse deinen Atem«, in dem derselbe Mann mit auffallend langsamen Bewegungen Rosenblüten durch seine Finger gleiten lässt, mit weit von sich gestreckten Armen neben einer Nebelmaschine posiert, an Rosensträuchern riecht und leidvoll in die Kamera blickt. »Battle der Emotionen« bietet jedoch nicht nur kurzweiligen Internetspaß, sondern verweist auf zentrale Themen, Tendenzen und Fragen der Emotionsforschung sowie der Emotionsgeschichte, in die ich im Folgenden anhand von vier Fragenkomplexen knapp einführen werde:

1. **Was sind Gefühle?** Wie entstehen sie? Wie können wir sie voneinander unterscheiden? Benötigen sie immer ein Objekt (Gegenstand / Person), auf das sie sich richten? Oder existieren sie ohne Bezug auf die äußere Welt? Sind Gefühle pankulturell und universell oder kulturell codiert und sozial konstruiert?
2. **Wo werden Gefühle geprägt?** Welche Rolle spielen individuelle Zugehörigkeiten und Erfahrungen auf der einen und soziale Gemeinschaften und Institutionen auf der anderen Seite bei der Prägung unserer Gefühle?
3. **Wo sind Gefühle?** Wo können wir sie im Körper lokalisieren? Wo im Körper wirken sie? Welche Wechselwirkungen gibt es zwischen Gefühl und Körper?
4. **Haben Gefühle eine Geschichte?** Welcher Zeitlichkeit sind Gefühle ausgesetzt? Sind sie wandelbar oder statisch? Haben sie eine Geschichte, oder handelt es sich bei ihnen um anthropologische Konstanten?

Was sind Gefühle? – Vom emotionalen Grundrauschen

In allen drei Clips des Videos »Battle der Emotionen« lässt sich der gleiche emotionale Verlauf erkennen: Eine Situation bzw. ein Objekt löst ein Gefühl aus, worauf eine körperliche Reaktion folgt; also: Objekt, Gefühl, Körper. Hierbei handelt es sich um ein Schema, das unserem Alltagswissen über Gefühle entspricht, demzufolge Gefühle immer ein Objekt benötigen, auf das sie sich beziehen bzw. richten können. Wir lieben eine Person, wir sind wütend auf jemanden, wir haben Angst vor etwas. Der migrantische Deutsche aus dem Trennungsclip beispielsweise ist in Trauer, weil seine Freundin, die er offensichtlich sehr liebt, ihn verlassen hat. Gefühle benötigen jedoch nicht nur ein Objekt, auf das sie sich richten, sondern auch eine Situation, welche sie auslöst, wie die oben genannte Trennung oder, um auch eine bejahende Emotion zu nennen, die Zusage zu einem neuen Job. Bedeutet der Umkehrschluss demnach, dass es keine Trauer ohne Trennung und keine Freude ohne die Aussicht auf einen neuen Arbeitsplatz geben kann? Sind Gefühle immer objekt- und situationsabhängig? Wandern wir also ohne Gefühle durch unseren Alltag und werden ihrer erst gewahr, wenn wir einem Objekt begegnen oder uns in einer Situation wiederfinden, welche sie freisetzt?

Nicht ganz, denn Situationen und Objekte können zwar Gefühle auslösen und verstärken, das bedeutet jedoch nicht, dass wir bis zu diesen Momenten »gefühllos« umherwandern würden. Vielmehr fühlen wir ständig, wie es die Emotionstheorie – *core affect* – der Psycholog*innen

James A. Russell und Lisa Feldman Barrett nahelegt,[8] auf die ich später noch näher eingehen werde, da sie den Kern meiner Arbeitsdefinition von Emotionen bildet. An dieser Stelle soll eine knappe Übersicht genügen. Der *core affect*-Ansatz geht davon aus, dass wir zwar ununterbrochen fühlen, aber nicht immer wissen, was wir fühlen. Wir nehmen eine diffuse, dem Bewusstsein nicht immer zugängliche Stimmung wahr, die sich zwischen angenehm / unangenehm sowie ruhig / unruhig bewegt. Es handelt sich dabei um, wie es Uffa Jensen formuliert, ein »emotionales Grundrauschen«[9], das unsere Wahrnehmung von Situationen und Objekten beeinflussen bzw. emotional »färben« kann. Wir nehmen eine Stimmung bzw. einen Affekt wahr, erfahren eine Intensivierung in eine bestimmte Richtung (angenehm / unangenehm und ruhig / unruhig) und interpretieren dieses Gefühl basierend auf unserem Gefühlswissen, das wiederum auf unserer kulturellen und sozialen Prägung basiert. Dazu später mehr.

James A. Russell leitet seine Studie »Core Affect and the Psychological Construction of Emotion« mit den Worten ein, dass die »meisten wichtigen Themen der Psychologie und alle großen Probleme der Menschheit mit Emotionen zu tun haben«.[10] Dennoch gäbe es, so Russell weiter, noch immer keine eindeutige Antwort auf eine Frage, die der Psychologe und Philosoph William James 1884 aufgeworfen habe: *Was ist Emotion?*[11] Auch heute, fast 150 Jahre nach William James, gibt es keine formalen Kriterien dafür, was Gefühle sind und was nicht. Dabei haben Fragen, was Gefühle eigentlich sind, wie und wo sie wirken, bereits die antike Philosophie beschäftigt. Aristoteles etwa widmet sich in seiner *Rhetorik* ausführlich dem Zustandekommen von Gefühlen wie Zorn, Neid und Scham.[12] In der Neuzeit befasste sich Descartes mit körperlichen Wahrnehmungen von Schmerz, Lust und Leidenschaft, die sich als Gefühle (auch) auf die Seele legen.[13] Zuzeiten der Aufklärung bewegten Emotionen das Denken von David Hume und später die Arbeit von dessen Schüler Adam Smith.[14] In seinem Londoner Exil verfasste Norbert Elias in den vom Nationalsozialismus verdunkelten Jahren seine bahnbrechende und auf ein Verständnis von Gefühlsregulationen (»Affektregulation«) beruhende Gesellschaftstheorie.[15] In der Nachkriegszeit bildete für Judith N. Shklar vor allem ein Gefühl den Kern eines auf Gerechtigkeit basierenden Liberalismus: Furcht.[16] Politische Gefühle stehen ebenfalls bei Martha C. Nussbaum und Eva Illouz im Mittelpunkt ihrer Arbeiten.[17]

Das Interesse der Lebens- und Naturwissenschaften an Emotionen begann mit Charles Darwin. In seinem 1872 gleichzeitig auf Deutsch und Englisch erschienenen Buch *Der Ausdruck der Gemütsbewegungen bei dem Menschen und den Tieren* untersuchte er die Mimik bei Menschen und Tieren und ordnete den verschiedenen Gesichtsausdrücken jeweils eine Emotion zu: Angst, Abscheu, Hass, Zorn, Trauer und Verzweiflung oder Freude, Zuneigung, Liebe, Bescheidenheit und Scham.[18] Die Gefühle und ihre Ausdrücke seien, so Darwin, bei Menschen und Tieren gleichermaßen das Produkt der Evolution und damit angeboren, universell und pankulturell. Damit legte Darwin den Grundstein für ein Gegensatzpaar, das die Emotionsforschung seit dem 19. Jahrhundert polarisiert und in zwei Lager teilt: Universalismus vs. Sozialkonstruktivismus, Natur vs. Kultur.[19] Sind Gefühle »historisch konstruiert, kulturell bedingt, anti-essentialistisch, anti-deterministisch, kulturrelativistisch oder sind sie pankulturell, *hard-wired*, unveränderbar, artenübergreifend, physiologisch, essenziell?«[20] Binäroppositionen sind *per se* vereinfachend und einschränkend, die Unterteilung in universalistisch vs. sozialkonstruktivistisch, die »nicht gerade erkenntnisförderlich«[21] ist, wie Jan Plamper hervorhebt, bildet hier keine Ausnahme. Doch dazu später mehr.

Nur wenige Jahre später widmete sich William James den Emotionen aus psychologisch-philosophischer Perspektive. In *What is an Emotion?* formulierte James eine These, derzufolge Gefühle nicht durch Objekte (wovon Darwin ausging), sondern durch körperliche Veränderungen ausgelöst werden.[22] »Meine These dagegen lautet«, so James, »dass körperliche Veränderungen direkt auf die WAHRNEHMUNG des Reizes folgen, und dass unsere Empfindung dieser Veränderung, während sie noch stattfinden, die Emotion IST«.[23] Erst unser Zittern macht uns bewusst, dass wir Angst haben. Oder in seinen Worten: »Wir sind traurig, weil wir weinen, wir sind wütend, weil wir zuschlagen, wir verspüren Angst, weil wir beben, und eben nicht, ängstlich sind. Ohne Körperzustände, die auf die Wahrnehmung folgen, käme diese Wahrnehmung völlig kognitiv daher, blass, farblos und ohne emotionale Wärme.«[24]

1927 verwarf der Psychologe Walter B. Cannon diese rein physiologische Deutung emotionaler Reaktionsprozesse mit Rückgriff auf Experimente, die an Hunden und Katzen durchgeführt wurden. Die Tiere waren auch nach der operativen Trennung der neurologischen Verbindungen zwischen Gehirn und inneren Organen dazu fähig, Emotionen zu empfinden und emotionale Reaktionen zu zeigen, wie etwa Angst. Cannon erkannte, dass nicht die inneren Organe den zentralen Ort der Gefühle bilden, sondern das Gehirn, genauer der Thalamus, und ebnete damit kognitivistischen

Definitionen den Weg.[25] Schließlich argumentierte der Psychologe, dass eine körperliche Reaktion wie ein Zittern oder ein erhöhter Herzschlag nicht ausschließlich auf Angst hindeuten müssten, sondern durch diverse Emotionen ausgelöst werden könnten, und dass Gefühlsreaktionen gleichzeitig, wenn auch unabhängig voneinander, sowohl physiologisch als auch kognitiv verlaufen würden.

Auf die Theorien von James und Cannon rekurrierend, entwickelten die Psychologen Stanley Schachter und Jerome E. Singer Anfang der 1960er Jahre eine »synthetische kognitiv-physiologische Emotionstheorie«, die auch als »Zwei-Faktoren-Theorie« bekannt werden sollte.[26] Schachter und Singer erkannten, dass es einer kognitiven Übersetzungsleistung bedarf, um physiologische Reaktionen als Gefühl bestimmen und einordnen zu können: »Wut, Neid oder Furcht sind damit keine Körperzustände, sondern erlernte Zuschreibungen, die situativ erfolgen.«[27] Mit anderen Worten: Ich nehme eine Körperreaktion wahr, die ich anschließend, basierend auf dem Wissen, das ich über Gefühle erworben habe (z. B. wenn mein Herz rast, muss es Angst oder Wut sein), interpretiere.[28]

Nachdem Schachter und Singer mit ihrer »Zwei-Faktoren-Theorie« einen Spalt für sozialkonstruktivistische Deutungen geöffnet hatten, schlug der Emotionsforscher Paul Ekman die Tür wieder zu und schob ihr einen absolutistisch anmutenden Universalismus-Riegel vor. Ekman übernahm Darwins pankulturelles Verständnis von Emotionen und reduzierte dessen Ergebnisse auf wenige Basisemotionen bzw. Basalemotionen: Wut, Ekel, Furcht, Traurigkeit, Überraschung und Freude.[29] Zu jedem dieser Emotionen gehöre, so Ekman, ein charakteristischer und universeller Gesichtsausdruck, der überall auf der Welt gleich sei und daher wiedererkannt werden könne. Diese Gesichtsausdrücke, die nicht erlernt und somit frei von kulturellen Einflüssen seien, basierten auf urzeitlich programmierten Reaktionen des Gehirns: Wir haben Angst vor Schlangen, weil unsere Vorfahren Angst vor Schlangen hatten, und diese Angst schützte sie genauso, wie sie uns heute schützt. Dieses »Reiz-Reaktions-Schema«, das auf die Thesen des Experimentalpsychologen Silvan Tomkins zurückgeht, wirke demzufolge noch heute in uns.

In den 1980er und 1990er Jahren fanden Ekmans Thesen viel Beachtung, und zwar nicht nur in der Psychologie, sondern auch vermehrt in den Geisteswissenschaften. Gleichzeitig wurden kritische Stimmen laut, vor allem in der Ethnologie, wo sich die Forscher*innen nicht mit Ekmans universalistischen Erklärungen abfinden wollten, sowie in der Mediävistik, die sich als eine der ersten geschichtswissenschaftlichen Disziplinen für Emotionsforschung und Emotionsgeschichte interessierte. Die Historikerin Barbara H. Rosenwein, die mit ihrer Theorie der »emotionalen Gemeinschaften« die Emotionsgeschichte nachhaltig prägen sollte (und auch in der vorliegenden Untersuchung noch eine herausragende Rolle einnehmen wird), gehörte zu den vehementesten Kritiker*innen Ekmans. In einem Interview mit Jan Plamper sprach sie sich gegen ein pankulturelles »Reiz-Reaktions-Schema« aus:

> *Es stimmt, dass manche Psychologen der Meinung sind, Emotionen seien in der Evolution ›entstanden als Lösungen für Probleme‹. ›Authentische‹ Emotionen seien die Antworten auf diese Probleme. So sei Furcht eine authentische Re-*

aktion auf eine reale Bedrohung. Selbst wenn wir diese Prämisse akzeptieren – aus meiner Sicht ist sie viel zu vereinfacht –, kann nur vermittels der Kultur geklärt werden, was eine Bedrohung darstellt, wie wir unsere Furcht ausdrücken und bewältigen, ob (und wann: ständig oder zeitlich beschränkt?) Furcht oder eine andere Emotion unser Leben in der Gesellschaft beherrscht.
[…]
Kurz: Gefühle kann man nur in ihrem Kontext erfassen. Sie sind abhängig von den Werten und Situationen, die sie auslösen, den Narrativen, mit welchen Menschen sich selbst und die Welt erklären, und den allgemeingültigen oder spezifischen Ausdrucksmodi, mit welchen sie kommuniziert werden.[30]

Gleichzeitig räumte Rosenwein jedoch ein, dass am universalistischen Ansatz »bestimmt nicht alles falsch« sei, da Emotionen durchaus eine »biologische Wirklichkeit« besäßen und in der Tat »mit bestimmten Hirnarealen und Gesichtsmuskeln« verknüpft seien.[31]

Auch in der Psychologie begann sich vereinzelt Widerstand gegen Ekmans Thesen zu regen, wie etwa bei den bereits erwähnten Lisa Feldman Barrett und James A. Russell, die nicht bei ihrer fachinternen Kritik blieben, sondern mit ihrem Aufsatz *Core Affect, Prototypical Emotional Episodes, and Other Things Called Emotion: Dissecting the Elephant*[32] eine eigene Emotionstheorie vorlegten, die sich von der Ekman'schen deutlich abgrenzte. Barretts und Russells *core affect*-Ansatz ist auch in emotionsgeschichtlicher Hinsicht sehr erhellend[33] und für die vorliegende Untersuchung ausgesprochen anschlussfähig. Mit ihrer Theorie des *core affects* verwiesen Barrett und Russell »zunächst alle klar abgrenzbaren Einzelemotionen wie Angst, Wut, Hass et cetera in das Reich populär-psychologischer Verständnisformen« und verabschiedeten sich gleichzeitig »von der Annahme universeller Basisemotionen, gegen die nicht nur die Ethnologie und die Geschichtswissenschaft kulturalistische Einwände formuliert haben, sondern über deren Definition [...] sich letztlich auch in der psychologischen Forschung kein befriedigender Konsens finden lässt«.[34]

Barrett und Russell beschreiben den *core affect* als einen neurophysiologischen Zustand, der zunächst in seiner reinsten Form als eine vage, vorbewusste, unreflektierte, emotionale Grundstimmung wahrgenommen wird, z. B. wachen wir eines Morgens auf und fühlen uns »ohne ersichtlichen Grund fröhlich (oder angespannt oder deprimiert oder entspannt)«.[35] Dieses »emotionale Grundrauschen« kann mit der Zeit an Intensität zu- oder abnehmen und bewegt sich, wie bereits erwähnt, zwischen angenehm / unangenehm *(Valenz)* sowie ruhig / unruhig *(Arousal)*. Wir befinden uns, wie Barrett und Russell erklären, immer in einem Zustand des *core affects*: »Wenn er schwach ist, kann der *core affect* in den Hintergrund des Bewusstseins treten, aber wenn er intensiv ist, kann er überwältigend auffällig sein.«[36] Barrett und Russell beschreiben den *core affect* in seiner reinen Form, also als neurophysiologischen Zustand, als pankulturell, frei schwebend und nicht »notwendigerweise auf ein Objekt gerichtet«.[37] Das schließt jedoch nicht aus, dass es sich auf ein Objekt richten und sich als Gefühl manifestieren kann. Wenn wir morgens angespannt und deprimiert aufwachen, kann das vage Grundrauschen schließlich als Wut, Angst oder Trauer gedeutet und wahrgenommen werden. Welche Bedeutung und Bezeichnung wir dem nun »auffälligen« Gefühl verleihen, hängt von uns und unserem Gefühlswissen ab. Die Interpretation und Bezeichnung bzw. Kategorisierung als ein bestimmtes Gefühl ist in hohem Maße kulturalistisch und sozialkonstruktivistisch.

Ihre Emotionstheorie entwickelte Lisa Feldman Barrett in den folgenden Jahren immer weiter und hielt ihre neuesten Ergebnisse in ihrem erstmals 2017 in den USA erschienenen Buch *How Emotions Are Made* fest. In Deutschland ist dieses Werk erst 2023 übersetzt und veröffentlicht worden.[38] Darin führt sie in ihre »Theorie der konstruierten Emotionen«[39] ein; ein Paradigmenwechsel in der Emotionsforschung. Das »emotionale Grundrauschen«, den *core affect*, bezeichnet Barrett nun als »interozeptive Aktivität« bzw. »Interozeption«.[40] Der neurophysiologische und anschließend interpretatorische Vorgang ist jedoch derselbe wie beim *core affect*:

> *Üblicherweise erleben Sie die Interozeption […] als wenig differenziert: als einfache Stimmungen wie angenehm/unangenehm bzw. Erregung/Ruhe. Manchmal aber erfahren wir intensive interozeptive Empfindungen wie Emotionen. Das ist ein Schlüsselelement der Theorie der konstruierten Emotionen. In jedem wachen Moment schreibt Ihr Gehirn Ihren Empfindungen Bedeutung zu. Einige dieser Empfindungen sind interozeptiver Natur, die zugeschriebene Bedeutung aber macht sie zu einer Instanz von Emotion.*[41]

Also noch mal: Wir nehmen die Intensivierung einer Stimmung in eine bestimmte Richtung wahr, z. B. sehr unangenehm und sehr erregt, und kategorisieren sie als ein Gefühl, wobei wir auf unser Gefühlswissen zurückgreifen, sehr unangenehm und sehr erregt könnte Angst sein, aber ebenso gut könnte es sich hierbei um Wut handeln. Die Interpretation erfolgt durch Differenzierung. Die Einordnung und Benennung des Gefühls sind zum einen kontext- und objektabhängig und zum anderen von unseren verschiedenen Prägungen und Zugehörigkeiten bestimmt. Das führt uns zur nächsten Frage.

Wo werden Gefühle geprägt? – Institutionen und emotionale Gemeinschaften

Die zentrale Aussage des *Datteltäter*-Videos »Battle der Emotionen« lässt sich zunächst auf eine simple Formel bringen: »Almans« fühlen anders als »Kanaks«, und beide Gruppen verleihen ihren Emotionen unterschiedlich Ausdruck. Die Frage ist nun: warum? Wie kommt es zu den voneinander abweichenden Empfindungen und Gefühlsausdrücken? Im vorangegangenen Kapitel habe ich verschiedene Definitionen von Emotion aus biologischer und psychologischer Perspektive vorgestellt und mich anschließend auf eine Arbeitsdefinition für die vorliegende Untersuchung festgelegt, wonach unsere neurophysiologischen Emotionsreaktionen zwar einen universalen, pankulturellen Kern besitzen, der jedoch erst durch kulturelle und soziale Einflüsse individuell sowie gesellschaftlich geformt wird. Wie wir fühlen und unseren Gefühlen Ausdruck verleihen, ist letztendlich von unseren verschiedenen Zugehörigkeiten abhängig. Kurz: Emotionen werden in Institutionen und sozialen Gemeinschaften geprägt (oder genauer: in sozialen Systemen, doch dazu später mehr); hierzu zählen u. a. Schulen, Sportvereine, Kirchen, Moscheen, Synagogen, Freundeskreise oder Familien.[42] Dort wird uns nicht nur Gefühlswissen vermittelt, sondern auch Regeln und Normen, wie Gefühle ausgedrückt werden sollen und dürfen.

Die Familie als emotionslehrende Institution nimmt mit ihrem dialektischen Verhältnis von *drinnen* und *draußen* einen besonderen Platz ein. Hier lernen wir *drinnen* Werte, Regeln und Emotionen, die zunächst der Festigung, dem Zusammenhalt und der Funktion der Familie dienen sollen, jedoch auch *draußen* (also außerhalb der familiären Grenzen) Gültigkeit haben. Inwieweit sich die emotionale Ökonomie des *Drinnen* mit jener des *Draußen* deckt, ist wiederum sowohl von kulturellen und sozialen Zugehörigkeiten abhängig als auch vom Standort (Stadtteil, Dorf usw.). In einer *weißen* deutschen Familie aus dem akademischen Mittelstand beispielsweise dürfte die Differenz zwischen *innen* und *außen* (je nach sozialer Klasse und Ort) wesentlich kleiner sein als bei einer religiös-konservativen iranischen Arbeiterfamilie oder, wie im Fall des in Siegen geborenen Schriftstellers Navid Kermani, bei einer bürgerlichen iranischen Akademikerfamilie. In seinem Buch *Wer ist Wir?* beschreibt er dieses Verhältnis sehr bildlich:

> *Gut kann ich mich an den kleinen Grenzverkehr meiner Kindheit erinnern. Auf dem Berg, auf dem wir lebten, war ich, soweit ich es wahrnahm, der einzige Ausländer. Es gab*

außer meinem Namen und meinen schwarzen Haaren nichts, was mich im Kindergarten oder in der Grundschule, auf der Straße und unter Freunden als Fremden markiert hätte. Sogar mein Deutsch hatte die Melodie und das rollende R unserer Mittelgebirgslandschaft. Wenn ich jedoch nach Hause kam, war es, als ob ich eine Grenze überschritten hätte. Von einem Schritt auf den anderen Schritt wechselte die Sprache, änderten sich meine Verhaltensweisen, folgte ich anderen Benimmregeln und war, ohne es zu reflektieren oder gar als problematisch zu empfinden, umgeben von Formen, Gerüchen, Geräuschen, Menschen und Farben, die es jenseits der Türschwelle nicht gab.[43]

Kermani benennt keine Emotionen, sondern spricht von Normen, Regeln, Geräuschen und Gerüchen. Doch all diese Kategorien sind an unsere Körper gebunden und durch unsere Emotionen gefärbt. Gerüche und Geräusche vermögen es nicht nur, an unseren Erinnerungen zu rühren, sie sind auch immer mit Emotionen verknüpft. Benimmregeln und Verhaltensweisen können ebenfalls an Gefühle gekoppelt sein. Sie sollen bestimmte (oft negierende) Gefühle regulieren und den Ausdruck ebendieser steuern, ihnen Grenzen setzen. Unsere Familien statten uns mit einem »emotionalen Habitus« aus, der die Art und Weise, wie wir fühlen und wie wir unseren Gefühlen Ausdruck verleihen, strukturiert. Ich kann mich beispielsweise gut daran erinnern, dass es mir unter keinen Umständen gestattet war, meinem Vater gegenüber zornig aufzutreten oder ihm gar wütende Widerworte zu geben. Das Gefühl, meinem Zorn keinen Raum geben zu dürfen, konnte ich jahrelang nicht ablegen. Noch heute fällt es mir als Erwachsener zuweilen schwer, meiner Wut offen Ausdruck zu verleihen.

Jede Familie besitzt eigene Gerüche und Geräusche, Regeln und Werte, die sich mehr oder minder von denen anderer Familien unterscheiden. Ganz gleich, ob *weiße* oder migrantische Deutsche. Der Unterschied zeigt sich erst in der Relation zum Draußen. Für Deutsche ist der Übertritt nach draußen bedeutend einfacher als für Migrant*innen. In dem Zuhause, das die nach Deutschland migrierten Eltern für sich und vor allem für ihre Kinder errichtet haben, scheint die Fremdheitserfahrung der Mütter und Väter sowie die Sehnsucht nach ihrer Heimat konserviert zu sein. Es wirkt anfangs wie ein Transitbereich, weder hier noch dort, und wird erst mit der Zeit durchlässiger. Die konservierte Fremde des Elternhauses wirkt jedoch noch lange in uns fort. In seinem Gedicht »Die Fremde ist auch ein Haus« erzählt der türkische Dichter Aras Ören von dieser Erfahrung aus der Perspektive seiner Tochter und lässt sie sagen: »Die Fremde meines Vaters ist meine Heimat geworden. / Meine Heimat ist die Fremde meines Vaters.«[44] Mit diesen Gefühlen, mit der Fremde der Eltern und den Regeln der Migration wachsen ganze Generationen von Migrant*innen auf. Sie nehmen die Gefühle aus dem *Drinnen* ihrer Elternhäuser mit nach *Draußen*, wo sie Teil weiterer, wie die Historikerin Barbara Rosenwein schreiben würde, »emotionaler Gemeinschaften« werden. In ihrem Interview mit Jan Plamper spricht sie ausführlich über diesen von ihr geprägten Begriff:

> *Emotionale Gemeinschaften ›sind genau das gleiche wie soziale Gemeinschaften (Familie, Wohngegenden, Parlamente, Zünfte, Klöster, Kirchengemeinden), nur interessiert*

> *sich die Forscherin, die sie untersucht, in erster Linie für Gefühlssysteme: was diese Gemeinschaften (und die ihnen zugehörigen Individuen) für sich als wertvoll oder schädlich bewerten; ihre Einschätzungen der Gefühle anderer; die Art der emotionalen Bindungen zwischen Menschen, die sie anerkennen; und die Modi des Emotionsausdrucks, die sie erwarten, fördern, dulden und missbilligen.‹*[45]

Rosenberg fasst in ihrem Interview mit Jan Plamper ihre Definition ein wenig enger und beschreibt emotionale Gemeinschaften als »soziale Gruppen, die dieselben Bewertungen von Emotionen und Vorstellungen, wie diese auszudrücken seien, vertreten« bzw. als »Personengruppen, die von gemeinsamen oder ähnlichen Interessen, Werten, Emotionsstilen und Emotionsbewertungen zusammengehalten werden«.[46]

In der Regel, so Rosenwein weiter, können wir gleichzeitig mehreren und unterschiedlichen emotionalen Gemeinschaften angehören, soweit die Vorstellungen, Werte und Gefühle der jeweiligen Institutionen mit unseren übereinstimmen und diese nicht verletzten. Wenn jedoch

> *jemand in eine ganz anders geartete emotionale Gemeinschaft kommt – oder mit einer solchen konfrontiert wird –, erfährt er oder sie höchstwahrscheinlich tatsächlich Paradoxien, Widersprüche und Spannungen. Und weil Emotionen so eng mit Werten und Zielen verknüpft sind, wird diese Person sehr wahrscheinlich die neue Gemeinschaft und ihre Praktiken ablehnen.*[47]

Und schließlich, dieser letzte Punkt wird für die Untersuchung noch wichtig werden, wohnt emotionalen Gemeinschaften »die Möglichkeit historischen Wandels inne – in dem Maße, in dem sich die Werte und Ziele der ihnen zugehörigen Menschen wandeln«.[48]

Wo sind Gefühle? – Körper, Habitus und Hexis

Oft erzählte mir mein Vater, an jenen sonnengetränkten Tagen meiner Kindheit, an denen ich ihn auf kürzeren Touren begleiten durfte, von den schillernden Abenteuern, die er als Lastwagenfahrer erlebt hatte – während ich, gebannt lauschend, in dem riesigen Beifahrersitz versank. Es waren Geschichten von unberührten Landschaften, gastfreundlichen Fremden und filmreifen Schlägereien. Heldengeschichten voller Mut und Verwegenheit. Mein Vater, so schien es mir damals, war der Inbegriff von Furchtlosigkeit und seine Fahrerkabine, der Angst fernster Ort. Vielleicht war es aufgrund dieser Erinnerungen für mich so schwer fassbar, als mir mein Vater seine Angst vor deutschen Behörden gestand – und mir von jenen Momenten erzählte, in denen sein Magen bebte, wenn er sich dem Briefkasten näherte. Diese bestimmte Angst kannte er in Iran nicht, erst in Deutschland lernte er sie kennen, erst hier schrieb sie sich allmählich in seinen Körper ein. Emotionen haben immer mit dem Körper zu tun. Sie wirken im Körper, sie wirken auf den Körper, sie werden durch den Körper ausgedrückt. Daher ist Emotionsgeschichte in gewisser Hinsicht immer auch Körpergeschichte.

Für Darwin und James galt der Körper als der zentrale

Ort von Emotionen. Diese Sichtweise wurde durch die kognitivistischen Theorien korrigiert, die zu Recht das Gehirn als Schaltzentrale aller Gefühle betrachteten. Die Fokussierung auf komplexe neuronale Geflechte hatte auch Auswirkungen auf jene Disziplinen der Geisteswissenschaften, die sich näher mit Emotionen und ihren Funktionsweisen beschäftigten. In der Emotionsgeschichte entstanden beispielsweise linguistische Ansätze, die sich auf die auf kulturellen Codes basierenden, sprachlichen Ausdrücke von Emotionen und ihrer historischen Wandelbarkeit konzentrierten.[49] Anfang der 2000er Jahren rückten die Historiker*innen Monique Scheer und Pascal Eitler jedoch den Körper wieder in den Mittelpunkt der Betrachtung, und zwar nicht aus einer universalistischen Perspektive, wie etwa Darwin, James oder Paul Ekman, sondern aus einer an den Soziologen Pierre Bourdieu orientierten, sozialkonstruktivistischen Sichtweise. Gefühle, so ihre These, »werden zwar auch, aber nicht allein sprachlich verfasst und gehen daher auch nicht in Sprache auf. Nicht nur die Sprache der Gefühle wird gesellschaftlich und geschichtlich unterschiedlich produziert und reproduziert – auch deren Körper.«[50]

Unsere Körper wachsen und wandeln sich innerhalb sozialer Räume. Ihre Entwicklung hat damit nicht nur eine stark organische, biologisch-universalistische Komponente, sondern auch eine sozialkonstruktivistische. Wie wir leben, hat ebenfalls Einfluss darauf, wie unsere Körper sich gestalten, z. B. wie wir uns ernähren, welchen Beruf wir ausüben, wie unsere Freizeitgestaltung aussieht usw. Unsere Zugehörigkeit zu einer bestimmten sozialen Klasse nimmt dabei eine nicht zu unterschätzende Rolle ein. Denn wie wir leben – und wie sich unsere Körper entwickeln –, ist auch davon abhängig, wie viel ökonomisches, soziales, kulturelles und emotionales Kapital uns zur Verfügung steht. In ihrem Entwurf einer »Emotionsgeschichte als Körpergeschichte« knüpfen Eitler und Scheer an die Erkenntnisse Bourdieus an[51], der davon ausging, dass wir durch unsere Zugehörigkeiten eben nicht nur einen bestimmten Habitus erwerben, sondern auch eine »körperliche Hexis«, eine, wie er sehr umständlich formuliert, »realisierte, einverleibte, zur dauerhaften Disposition, zur stabilen Art und Weise der Körperhaltung, des Redens, Gehens und damit des *Fühlens* und *Denkens* gewordene politische Mythologie«.[52] Kurz: unsere dauerhafte, durch soziale Zugehörigkeiten und Einflüsse geprägte Körperbewegung und Körperhaltung. Eitler und Scheer konstatieren mit Rückgriff auf Bourdieu, dass Gefühle nicht nur durch unseren Körper ausgedrückt werden, sondern, dass sie »zuallererst körperlich eingeübt bzw. hergestellt werden«.[53]

Das tiefsitzende Gefühl der Angst beim ritualisierten Gang meines Vaters zum Briefkasten schrieb sich in jenen Jahren, in denen er und meine Mutter auf eine Antwort auf unseren »Asylantrag« warteten, also darauf, ob sie bleiben oder wieder ausgewiesen werden würden, in seinen Körper ein und verfestigte sich mit jeder neuen Wiederholung ein Stück weiter. Das Beben seines Magens wurde zu einem festen Bestandteil seines Körpers und seiner Körperhaltung. Auch wenn sich der Inhalt der Briefe änderte, die Erwartung der Katastrophe blieb, ganz gleich, ob es sich um ein Schreiben der Krankenversicherung, des Finanzamts oder einer anderen Behörde handelte. Und da ich von einem bestimmten Zeitpunkt an der Übersetzer dieser Briefe sowie der Verfasser der Antwortschreiben wurde (jedes »Ausländerkind« meiner Generation dürfte damit vertraut sein), steckte ich mich an seinem Gefühl an. Seine Angst und das verkörperte Wissen um dieses Gefühl wurden die meinen. Die ständige Erwartung der Katastrophe wurde mit der Zeit auch Teil meines Lebens, meines emotionalen Habitus und meiner körperlichen Hexis.

Haben Gefühle eine Geschichte? – Vergänglichkeit und Historizität

In ihrem Buch *Vergängliche Gefühle* unterscheidet Ute Frevert drei Dimensionen der Zeitlichkeit von Emotionen: Endlichkeit, Lebensspanne und Historizität. Mit der ersten Dimension verweist Frevert auf die Flüchtigkeit und Instabilität von Emotionen im Körper: »Wut steigt auf, bricht los und ebbt ab. Tut sie das nicht und entwickelt sich stattdessen zu einer anhaltenden Raserei, wird sie pathologisch.«[54] Auf die Flüchtigkeit von Gefühlen machten bereits Barrett und Russell in ihren Emotionstheorien (*core affect* bzw. *Interozeption*) aufmerksam. Die Entwicklung und Wandlung von Emotionen innerhalb des individuellen Lebensverlaufs bildet die zweite Dimension von Vergänglichkeit. Frevert argumentiert mit Rückgriff auf psychologische Untersuchungen, dass beispielsweise Jugendliche ihre Gefühle anders erleben als ältere Menschen. Demnach seien, so die Historikerin, positive Gefühle bei älteren Erwachsenen häufiger zu finden als bei jüngeren, was auch daran liegen dürfte, dass wir mit dem zunehmenden Alter über mehr Selbstkontrolle und geringere Stressempfindlichkeit verfügen[55] – und alles in allem gelassener werden.

Gefühle wandeln sich jedoch nicht nur in Körpern, sondern auch in Gesellschaften und sind damit, so die dritte Dimension, historischen Konjunkturen unterworfen. Kurz: Gefühle machen Geschichte, und sie haben Geschichte. Ihre These von der Historizität von Emotionen untermauert Frevert am Beispiel des Bedeutungswandels der zwei Gefühlspaare Scham und Ehre sowie Mitgefühl und Empathie vom Ende des 19. Jahrhunderts bis in die heutige Zeit. Frevert zeichnet die historischen »Auf- und Abschwünge« nach und demonstriert, wie sich die Gewichtung und Tragweite der Gefühlspaare im Zuge der Zeit verändert haben. Während sich der Stellenwert von Mitleid und Empathie innerhalb der Gesellschaft enorm verbessert und an normativer Signifikanz gewonnen hat, verloren Scham und Ehre in der Moderne und Spätmoderne an Bedeutung.[56] Der relativ schmale Band *Vergängliche Gefühle* kann als Vorarbeit für Freverts umfangreicheres Buch *Mächtige Gefühle* betrachtet werden, das etliche emotionsgeschichtliche Fragen aufwirft und beantwortet. Ihre zentrale Frage lautet: Welche Erkenntnisse über die deutsche Geschichte und Gesellschaft erhalten wir, wenn wir auf Gefühle und ihren Wandel in den vergangenen 100 bis 130 Jahren schauen?[57] Ausgehend von dieser Frage, untersucht Frevert den Wandel und das Wirken von zwanzig Gefühlen in der deutschen Geschichte seit 1900.

Ute Frevert beleuchtet jedoch nicht nur die Geschichte der Angst, des Ekels oder des Zorns in Deutschland, sondern widmet sich auch Gefühlen, die als solche womöglich nicht immer gleich erkennbar oder einzuordnen sind, wie etwa Demut, Neugier, Solidarität oder gar Geborgenheit – ein, wie die Historikerin schreibt, »unendlich warmes und tiefes Gefühl des Aufgehobenseins, der Zugehörigkeit und umsorgten Sicherheit«, mit dem zuweilen auch Heimat assoziiert wird, »einem ebenso emotional getönten Begriff«.[58] Beginnend mit der ministeriell beglaubigten Verkoppelung von Geborgenheit und Heimat durch Horst Seehofer, dem damaligen Bundesminister des Innern für Bau und Heimat (2018–2021), zeichnet die Historikerin die Geschichte eines an Familie und Nation gebundenen deutschen Heimatgefühls nach, vom Ersten Weltkrieg, »als der deutsche Soldat ins Feld zog, um mit der bedrohten Heimat den Ort und die soziale Konstellation zu schützen«,[59] über die Verwerfungen und Vertreibungen im Zweiten Weltkrieg, ins Exil getriebene Jüdinnen und Juden, Heimatvertriebene bis hin zur jüngeren Migrationsgeschichte von sogenannten Gastarbeiter*innen. Frevert schließt ihr Kapitel mit einer knappen Betrachtung des Zugehörigkeitsgefühls der »neuen Deutschen«, womit sie migrantische Deutsche meint.

Deutsche mit Migrationsgeschichte nehmen in *Mächtige Gefühle* nicht viel Platz ein. Das ist nicht als Vorwurf gemeint, sondern lediglich eine Beobachtung. Womöglich ist es der Breite, der Struktur und des zeitlichen Untersuchungsrahmens des Buches geschuldet. Diese Lücke würde ich gerne mit meinem Buch schließen. Die vorliegende Emotionsgeschichte unterscheidet sich in drei Punkten von bisherigen Darstellungen: erstens im Aufeinandertreffen unterschiedlicher Gefühlsökonomien, denn durch die Migration verbinden sich mitgebrachtes mit bereits bestehendem Gefühlswissen. Zweitens durch die Auswahl der Quellen und damit der Perspektive; hier kommen hauptsächlich Migrant*innen zu Wort. Und schließlich durch die Rolle, die ich als Autor einnehme. Ich schreibe diese Emotionsgeschichte als Historiker, der in besonderer Weise emotional mit dem Gegenstand seiner Untersuchung verbunden ist. Die Gefühle, die beschrieben, in historischen, sozialen und kulturellen Kontexten eingeordnet und analysiert werden, kenne ich aus eigener Erfahrung. Das Prinzip der Selbstreflexion, wie sie die Ethnologie kennt, ist daher auch hier Teil der Methode.

Was sind Gefühle? Wir können vorläufig festhalten, dass es sich hierbei zunächst um einen universalistischen, instabilen und flüchtigen neurophysiologischen Zustand handelt, der dauerhaft im Körper als Stimmung bzw. Affekt mal weniger und mal stärker wahrgenommen wird und sich zwischen der *Valenz* angenehm / unangenehm sowie dem *Arousal* ruhig / unruhig bzw. nicht erregt / erregt bewegt. Je nach Kontext und Situation kann sich dieses emotionale Grundrauschen für eine gewisse Zeit zu einem bewussteren Gefühl verfestigen. Das Erkennen und Benennen dieses Gefühls basiert auf einer Übersetzungsleistung, die im hohen Maße sozialkonstruktivistisch und kulturalistisch ist. Wie wir dieses Gefühl deuten, definieren und ihm Ausdruck verleihen, ist von vielen Faktoren abhängig: von unserer Zugehörigkeit zu einer sozialen Klasse, unserem Geschlecht, unserer nationalen, religiösen, kulturellen oder ethnischen Herkunft, unseren Norm- und Wertvorstellungen und schließlich von dem Gefühlswissen, welches zu der Zeit in der Gesellschaft existiert. Diese vorläufige Arbeitsdefinition, die in einem späteren Kapitel noch weiter präzisiert werden soll, ist für die folgende Untersuchung einer Gefühlsgeschichte der Migration grundlegend.

Nachdem ich nun in verschiedene, für die Untersuchung relevante Theorien und Methoden eingeführt habe, möchte ich im folgenden Kapitel die Quellen vorstellen, auf die ich mich beziehe.

Von Flucht und Migration erzählen

»New Heaven, New Earth« heißt der Soundtrack-Titel, der am Ende des Spielfilms *Eylsium* ertönt und den Zuschauer*innen, die dem Spektakel in den zwei Stunden beigewohnt haben, die der Film benötigt, um sein gesamtes cineastisches Feuerwerk zu verbrauchen, suggerieren soll, dass die Menschen schließlich doch auf einer neuen, besseren Welt wandeln und hinauf in einen befreiten Himmel schauen können.[1] *Elysium*, der 2013 auch in den deutschen Kinos zu sehen war, ist der zweite abendfüllende Film des südafrikanischen Regisseurs Neill Bloomkamp, der bereits mit seinem Debütfilm *District 9* (einer Parabel über das Apartheidsystem in Südafrika) das verstaubte Genre des politischen Science-Fiction-Dramas erneuerte. Die Handlung seines zweiten Werks verlegte Bloomkamp in das 22. Jahrhundert. Die Erde liegt zu dieser Zeit brach, Überbevölkerung und Umweltverschmutzung haben die letzten lebenswichtigen Ressourcen verbraucht.

Besonders hart betroffen sind die USA, wo der Film spielt. Während ein Großteil der US-Bevölkerung den Krisen und Katastrophen hilflos ausgeliefert ist, ist es einer kleinen Gruppe wohlhabender und einflussreicher Menschen gelungen, sich dem Leid elegant zu entziehen. Gemeinsam bewohnen die Schönen und Reichen der irdischen Welt eine gigantische und luxuriöse Raumstation unweit der Erde: eine zukünftige *gated community*, deren Grenzen nicht nur durch Hightechwaffen, Roboter und Söldner geschützt werden, sondern durch die schiere Unendlichkeit des Weltalls. Alle Bewohner*innen Elysiums tragen ihre Zugehörigkeit in Form eines kodierten Brandings auf der Haut oder genauer: auf der Innenseite ihres Handgelenks und damit wortwörtlich auf ihrem Leib. Ohne diesen Code, der durch einen Scan ihre Zugehörigkeit zu Elysium verifiziert, gibt es keinen Zutritt zum Paradies.

Die dystopische Vision Bloomkamps – mit utopischem Ende – erzählt eine universelle Heldengeschichte: Max Da Costa, ein weißer Junge mit blauen Augen und spanischem Nachnamen, wächst als Waisenkind bei Nonnen auf und verfolgt nur einen Traum, nur ein Ziel: eines Tages auf Elysium zu leben. Mit diesem Traum ist er nicht allein. Er teilt ihn mit Millionen anderer, die weder das Glück hatten, auf Elysium geboren zu sein, noch über die nötigen finanziellen Mittel verfügen, um die Mitgliedschaft zu diesem exklusiven Kreis zu erwerben und legal auf Elysium leben zu können. Ihre einzige Möglichkeit besteht in der unerlaubten Migration mit Hilfe von Schleusern, die illegale Raumfahrten nach Elysium organisieren. Und spätestens hier wird offensichtlich, dass der Film nicht nur eine futuristisch-heldenhafte Geschichte des Klassenkampfes erzählen möchte, sondern durchaus auch als eine Parabel über die globale Migration verstanden werden kann: Der dunkle Raum zwischen Erde und Raumstation beispielsweise wird zu einem Gleichnis für die realen Grenzen, welche die Flüchtenden nur mit Mühen und oft unter Lebensgefahr überwinden müssen, wie etwa die Grenze zwischen Mexiko und den USA, die Zäune von Ceuta und Melilla oder gar das ganze verdammte Mittelmeer.

Die Sequenzen, in denen verwahrloste Erdbewohner*innen unter chaotischen Bedingungen in kaum fahrtüchtige Raumschiffe steigen oder bei Ankunft auf Elysium von technisch hochgerüsteten Militärrobotern brutal eingesammelt und anschließend deportiert werden, wirkt trotz des futuristischen Settings ausgesprochen vertraut. Es dürfte nur wenige geben, die in dieser Inszenierung des Strebens nach einem besseren Leben und des Scheiterns an der Hoffnungszerstörungsmaschinerie, welche die rigide Migrationspolitik Elysiums darstellt, nicht das wiedererkannt haben, was Bloomkamp damit darzustellen versucht: Elemente eines beinahe schon universellen Flucht- und Migrationsnarrativs.

Die hohe Wiedererkennbarkeit wirft einige Fragen auf: Woher wusste Bloomkamp, wie er die Sequenzen inszenieren muss, und wieso erkennen wir sie wieder? Woher stammt sein, woher unser Wissen? Womöglich weil die Erzählungen von Flucht, Migration und Exil zu den ältesten Geschichten gehören und unsere Wahrnehmung seit einer sehr langen Zeit prägen, wie etwa die Schilderung der Flucht der Jüdinnen und Juden aus dem »Sklavenhaus«[2] Ägypten in *Exodus* (*2. Buch Mose, Thora* bzw. *Altes Testament*) oder Abrahams und Lots Auszug aus Ur,[3] die »Urszene der Auswanderung«[4] par excellence.

In diesen Texten sind bereits, wie der Historiker Philipp Ther bemerkt, »alle wichtigen Fluchtmotive [enthalten]: existentielle Not, ethnische Konflikte, religiöse und politische Verfolgung«. Darüber hinaus, so Ther weiter, wird die

»in der Bibel beschriebene Aufnahme von Flüchtlingen […] von einem ethischen Imperativ getragen, der auch die ›Willkommenskultur‹ des Jahres 2015 geprägt hat«.[5] Zentrale Motive des Flucht- und Migrationsnarrativs finden sich auch beispielsweise im *Gilgamesch*-Epos, in Homers *Odyssee*, Herodots *Historien* oder in den vielen geschichtswissenschaftlichen Darstellungen der Pest im europäischen Mittelalter, des Dreißigjährigen Kriegs, der Reconquista, der Vertreibung der Hugenotten, des Völkermords an den Armeniern, der Shoah oder in der europäischen Literatur der Moderne, wie etwa in den Werken deutschsprachiger Exilantinnen und Exilanten wie Anna Seghers, Manès Sperber, Alfred Döblin oder Klaus Mann.[6]

In der heutigen Zeit können wir auf eine Vielzahl an autobiographischen oder autofiktionalen Aufzeichnungen und literarischen Werken zurückgreifen, in denen Autor*innen ihre Flucht- und Migrationserfahrungen verdichtet haben. Schriftstellerinnen und Dichter wie Emine Sevgi Özdamar, SAID, Rafik Schami oder Usama Al Shahmani, die nicht nur von Fluchtwegen und Migrationsgründen erzählen, sondern auch vom Ankommen, vom Aufbau eines Lebens in der Fremde – und das alles in deutscher Sprache, die sie mit jedem ihrer Bücher bereichert haben.[7] Weder Bloomkamp noch wir müssen all diese Erzählungen gelesen haben, um von Wahrnehmungen bestimmt zu sein, denen sie Ausdruck verliehen haben. Jede Erzählung von Flucht und Migration, vom Ankommen und Sich-im-neuen-Land-Einrichten ist einzigartig, weil hinter jeder Geschichte ein Schicksal steckt. Und gleichzeitig bilden die vielen Erzählungen zusammengenommen ein unendliches, universelles und dennoch wandelbares bzw. sich den Wandlungen der

Zeit anpassendes Narrativ. Wandelbar nenne ich es, weil es historischen, politischen und kulturellen Transformationsprozessen unterworfen ist. Gesetze, Institutionen oder Grenzzäune können die Situation von Geflüchteten und Migrant*innen erheblich und oft zum Negativen verändern. Diese äußeren Einflüsse prägen zugleich das Narrativ; neue Sinnzusammenhänge werden geformt, neue Begriffe übernommen und neue Wege beschrieben.

Geflüchtete und Migrant*innen sind jedoch nicht einfach nur die Erzähler*innen ihrer Lebensgeschichte oder einer einschneidenden Episode ihres Lebens, wie beispielsweise viele der Zeitzeug*innen, die in historischen Fernsehformaten oder Dokumentarfilmen auftreten und mit ihren Erinnerungen vergangene Ereignisse bezeugen. Geflüchtete und Migrant*innen werden mit dem ständigen Wiederholen ihrer Geschichten zu Zeug*innen ihrer selbst. Ein gutes Beispiel hierfür bietet die Erzählung des aus dem Sudan in die USA geflohenen Valentino Achak Deng, die der US-amerikanische Schriftsteller Dave Eggers aufgezeichnet hat:

> *In den Jahren, seit wir aus unseren Dörfern nach Äthiopien gezogen waren und dann über den blutigen Fluss nach Kenia, hat es mir und anderen geholfen, unsere Geschichte zu erzählen. Genau wie damals, als wir den UN-Mitarbeitern in Kakuma unsere schlimmen Erlebnisse schilderten, nehmen wir auch heute, wenn wir die dramatische Lage im Sudan deutlich zu machen versuchen, kein Blatt vor den Mund. Seit ich in den USA bin, habe ich Kirchengemeinden, Schulklassen, Reportern und meinem Mentor Phil Mays verschiedene Kurzfassungen meiner Geschichte erzählt. In-*

zwischen habe ich bestimmt an die hundert Mal das Wichtigste in groben Zügen umrissen.
[…]
Als ich in dieses Land kam, erzählte ich erst stumme Geschichten. Ich erzählte sie Menschen, die mir unrecht getan hatten. Wenn Leute sich vor mir in die Warteschlange mogelten, mich ignorierten, mich anrempelten oder herumstießen, dann starrte ich sie zornig an und zischelte ihnen lautlos eine Geschichte ins Ohr. Du weißt nichts, sagte ich dann. Du würdest nicht noch mehr zu meinem Leid beitragen, wenn du wüsstest, was ich erlebt habe.[8]

Valentino Achak Deng macht uns hier auf zwei wesentliche Funktionen des gegenwärtigen Narrativs aufmerksam. Zum einen erfüllt die Fluchterzählung eine offizielle, juristische Funktion: Sie wird nationalen Institutionen vorgelegt und muss die jeweiligen Vorgaben erfüllen, um die Zukunft der Geflüchteten zu sichern: »Die Geschichte, die man erzählt, gibt einem die Rechte«,[9] wie die Journalistin Masha Gessen konstatiert. »Die Geschichte«, so Gessen weiter, »muss die Erwartungen des Publikums erfüllen«.[10] Zum anderen ist die Flucht- und Migrationsgeschichte eine sehr persönliche Angelegenheit: Die Erzählung dient der Vergewisserung des Selbst und der Verortung in der Fremde. »Migranten erzählen ihre Geschichte«, wie Gessen mit Rückgriff auf Hannah Arendt erklärt, »um mitzuteilen, dass sie ›einst Menschen gewesen sind‹«[11] – oder wie es genauer, ausführlicher bei Arendt heißt:

Unsere neuen Freunde […] verstehen kaum, dass sich hinter allen unseren Schilderungen vergangener Glanzzeiten eine menschliche Wahrheit verbirgt: dass wir nämlich einst Menschen gewesen sind, um die sich andere gekümmert haben, dass unsere Freunde uns gern hatten und dass wir sogar bei Hausbesitzern dafür bekannt waren, dass wir unsere Miete pünktlich zahlten.[12]

Flucht- und Migrationsgeschichten tragen eine soziale sowie juristische Beweislast. Und sie brauchen ein bezeugendes Gegenüber. Eine Person, die der Erzählung Glauben schenkt, der für ihren Wahrheitsgehalt zeugt. Was die Erzählenden dabei stets begleitet, ist die Angst, dass ihnen nicht geglaubt wird.

Angst, Zorn und Augenblicke der Hoffnung sind Teil der Flucht- und Migrationserfahrung. Welche weiteren Gefühle spielen dabei eine Rolle? Während es in dem vorangegangenen Kapitel darum ging, eine Arbeitsdefinition von Emotion zu finden und in einige emotionsgeschichtliche Theorien und Methoden einzuführen, möchte ich mich nun ganz den Quellen widmen, auf die meine Untersuchungen basieren: Erzählungen von Flucht und Migration. Wie werden darin Gefühle geäußert und verarbeitet und wie können sie in einer emotionsgeschichtlichen Untersuchung verwendet werden? Und worin unterscheiden sich diese Erzählungen strukturell, formal und inhaltlich?

Die Ordnung der Erzählung

Das Erzählen setzt immer eine Auswahl und eine Ordnung voraus. Die Erzählenden komprimieren ihre Erfahrungen und sortieren ihre Erlebnisse entlang ihrer Erinnerungen; einiges wird weggelassen, anderes hinzugefügt. Schließlich wird die Auswahl in eine erzählbare Struktur gebracht. Die Art, wie die Erinnerungen verarbeitet werden, und die Frage, was hinzugefügt und was weggelassen wird, kann darüber entscheiden, um welche Gattung es sich bei der Erzählung handelt: Autobiographie oder Autofiktion, Roman oder Bericht, Notiz- oder Tagebuch. Der ungarische Schriftsteller und Literaturnobelpreisträger Imre Kertész, der sein Leben, wie er seinem Lektor Zoltán Hafner erklärte, als »Rohstoff« für seine Romane betrachtete, unterschied ganz klar zwischen autobiographischen und fiktionalen Büchern:

> *Entweder ist es Autobiographie oder ein Roman. Geht es um Autobiographie, dann beschwörst du die Vergangenheit herauf, bemühst dich, dich so gewissenhaft wie möglich an deine Erinnerungen zu halten, und es ist von größter Bedeutung, daß du alles so schreibst, wie es in Wirklichkeit geschehen ist, das heißt den Tatsachen nichts hinzufügst. Eine gute Autobiographie ist wie ein Dokument: ein Epochenbild, auf das man ›sich stützen‹ kann. Im Roman dagegen sind nicht die Tatsachen das Entscheidende, sondern allein das, was man den Tatsachen hinzufügt.*[13]

Erinnerungen geben nicht »die Wirklichkeit« wieder (wie auch immer diese aussehen mag), wie sie gewesen ist, das ist außerhalb des juristischen Feldes auch nicht immer ihre Aufgabe. Vielmehr bieten Erinnerungen eine rekonstruierte Version unserer persönlich erlebten Erfahrung. Hierbei sind wir auf unsere Imagination angewiesen; wir greifen unbewusst auf sie zurück, um uns die Erlebnisse ins Gedächtnis zu rufen. Erinnerungen sind nicht das Abbild der real erfahrenen Welt, wie es Kertész' Worte suggerieren, sondern vielmehr eine fehlerhafte und emotionsgeladene Kopie davon. Unser Gedächtnis ist unzuverlässig,[14] Erinnerungen sind fehlerhaft. Und diese »Erinnerungsfehler«, wie die Psychologin Julia Shaw zusammenfasst, sind »die *Norm*, nicht die Ausnahme«.[15] Das gilt sowohl für schriftliche als auch mündliche Selbstzeugnisse. Jedoch darf dieser Umstand den Zeitzeug*innen, die von persönlichen und historischen Ereignissen erzählen, nicht die Glaubwürdigkeit nehmen. Denn die »Wahrheit« der Selbstzeugnisse, ob schriftlich oder mündlich, liegt, wie wir später noch näher erfahren werden, woanders. Autobiographien erzählen von persönlichen Erfahrungen, die wir als Leser*innen gewillt sind, als »wahr« anzuerkennen, auch wenn wir davon ausgehen können, dass nicht jede Erinnerung den Tatsachen entsprechen muss. Ausschlaggebend ist die tiefe Innerlichkeit, die Autorität und Authentizität der Erzähler*innen sowie der Pakt, den wir als Leser*innen mit dem Werk eingehen, d.h. wir erkennen es als eine auf Tatsachen und Erinnerungen beruhende Schrift an: Was wir lesen, halten wir dementsprechend für »wahr«.

Anders verhält es sich bei fiktionalen Werken, und hier trifft Kertész eine durchaus überzeugende Unterscheidung: »Der wesentliche Unterschied besteht […] darin, daß die Fiktion eine Welt erschafft, während man sich in der Autobiographie an etwas, das gewesen ist, erinnert.«[16] Und die Fiktion erschafft diese Welt, indem sie den Erinnerungen und Tatsachen etwas hinzufügt. Mehr noch, die Fiktion lebt von der Vorspiegelung von Tatsachen, denn ihre Welt ist »eine souveräne Welt, die im Kopf des Autors geboren wird und den Gesetzen der Kunst, der Literatur gehorcht«.[17] Vermutlich hat Kertész aus diesem Grund seinem letzten vollendeten Roman *Liquidation* die folgenden, aus Samuel Becketts *Molloy* stammenden Zeilen als Motto vorangestellt: »Dann ging ich nach Hause zurück und schrieb: ›Es ist Mitternacht. Der Regen peitscht gegen die Scheiben.‹ Es war nicht Mitternacht. Es regnete nicht.«[18] Prägnanter könnte die Doppelbödigkeit der Fiktion kaum demonstriert werden. Denn das ist es, was ein Roman vollbringt: Er täuscht eine verregnete Nacht vor, während es draußen helllichter Tag ist. Oder, um es mit den Worten des Literaturnobelpreisträgers Mario Vargas Llosa zu sagen: »In der Tat lügen die Romane – sie können nicht anders –, aber das ist nur ein Teil der Geschichte. Der andere Teil besteht darin, daß sie in ihrer Lügenhaftigkeit eine eigentümliche Wahrheit ausdrücken, die nur verborgen und verdeckt ausgedrückt werden kann, verkleidet als etwas, das sie nicht ist.«[19]

Wenn Autorinnen wie Emine Sevgi Özdamar, Schriftsteller wie Usama Al Shahmani oder Dichter wie SAID ihre Erfahrungen und Erinnerungen in Fiktionen verarbeiten, dann sind sie nicht weniger glaubwürdig, als wenn sie ebendiese in autobiographische Schriften, Tagebuchnotizen oder journalistische Berichte und Reportagen gehüllt hätten. Sie haben den biographischen Tatsachen lediglich etwas hinzugefügt und die »Wahrheit« verdichtet, poetisch verzerrt. Usama Al Shahmanis Romane handeln immer auch von seinen eigenen Erlebnissen und Emotionen, selbst wenn er sie wie in *Im Fallen lernt die Feder fliegen*[20] durch eine andere, fiktionale Figur ausdrücken lässt. Al Shahmani arbeitete als Literaturwissenschaftler an der Universität in Bagdad, bevor er den Irak aufgrund eines regimekritischen Theaterstücks im Jahr 2002 verlassen musste. In der Schweiz, wo er noch heute lebt, brachte er sich selbst Deutsch bei und begann, seine Romane in dieser Sprache zu schreiben. SAID kam als Student während der Zeit der iranischen Monarchie unter Schah Reza Pahlavi nach Deutschland und wurde von der 68er-Bewegung mitgerissen. Er engagierte sich politisch und »las, las und las; alles«,[21] wie er in *Landschaften einer fernen Mutter* schreibt. SAID war sofort »berauscht von dieser deutschen sprache. sie wurde«, wie er weiter schreibt, »nun meine sprache. die sprache der freiheit, meiner freiheit. ich wollte deutsche sprache studieren.«[22] Sein Studium schloss er jedoch nicht ab, stattdessen veröffentlichte er schon recht früh Lyrik und Kurzprosa auf Deutsch.

Das Erzählen kann, auch unter den widrigsten Umständen, ein Privileg sein. Denn das Erlernen und Erproben des narrativen Schreibens (worunter auch Autobiographien, Tagebücher oder Memoiren fallen) sind dabei nicht nur von der individuellen Begabung abhängig, sondern auch vom Zugang zu einer kulturellen Bildung, der nicht allen sozialen Schichten gleichermaßen gewährt wird, und der Möglichkeit, das Erzählte in schriftlicher Form als Selbstzeugnis einem gegenwärtigen Lesepublikum oder zukünftigen Historiker*innen als Quelle hinterlassen zu können. Die Geschichtswissenschaft kennt diese Privilegierung des Schriftlichen bzw. der schriftlichen Quellen nur zu gut. Jan Plamper gegenüber äußerte Barbara Rosenwein diesbezüglich: »Vorerst müssen wir zugeben, dass sich die Geschichtswissenschaft nicht für jede Gruppe der Gegenwart oder Vergangenheit interessiert, und dass manche Gruppen, die von hohem Interesse sind, kaum Quellen hinterlassen haben, während wir von anderen Gruppen, die von gewaltiger Größe oder großer Wortgewalt sind, übermäßig viele Quellen besitzen.«[23] In den 1960er Jahren begann sich in den USA, eine geschichts- und sozialwissenschaftliche Bewegung zu etablieren, die der Privilegierung des Schriftlichen entgegenwirken sollte: die Oral History.

Oral History und die Geburt der Zeitzeugenschaft

Im Sommer 1946 reiste der US-amerikanische Psychologe David Boder, ausgestattet mit einem Tonbandgerät, nach Europa, um in den dortigen DP-Camps (Lager für *Displaced Persons*) mit Überlebenden der Shoah zu sprechen. Boder zeichnete 129 Interviews in neun Sprachen auf und gilt heute als einer der Mitbegründer der Oral History, neben seinem Landsmann Allan Nevins, einem Journalisten und Historiker, der 1948 »ein Interview mit einem New Yorker Kommunalpolitiker über den Bau der Untergrundbahn führte und dieses historiographisch auswertete« und archivierte.[24] Aufzeichnung, Auswertung und Archivierung gehören zu den methodischen Kernelementen sozial- und geschichtswissenschaftlicher Arbeit an narrativen Interviews. Am wichtigsten jedoch, und das unterscheidet Oral-History-Interviews von anderen Formen qualitativer Interviews, ist das Zuhören oder genauer: ein geduldiges, Raum eröffnendes und sich auf das Gegenüber einlassendes Zuhören. »Es handelt sich also«, wie die Historikerin und *Grande Dame* der deutschen Oral History Dorothee Wierling erklärt, »um offene Gespräche mit wenig Intervention durch den Interviewer und viel Zeit und Freiraum für die Entfaltung der Geschichte durch den Erzähler«.[25]

In den 1960er Jahren erlebte die Oral History in den USA einen veritablen Boom, zumal sie sich von den anfangs eher elitären Interviewpartnern (Allen Nevins Archiv konzentrierte sich nämlich hauptsächlich auf Biographien von Führungskräften) abwandte. Vielmehr festigte sich der Gedanke, mit Interviews zur Emanzipation von benachteiligten, marginalisierten sozialen Gruppen beizutragen und »etwa Frauen oder Schwarzen eine historische Stimme zu verleihen«.[26] Diese politisch eher links zu verortende Sichtweise auf die Funktion von Geschichte im Allgemeinen und Oral History im Besonderen fand in den 1970er Jahren in England und Frankreich großen Anklang und wurde in eine Sozialgeschichte der Arbeiterbewegung integriert. Der Wunsch nach einer anderen Art von Geschichte – einer »Geschichte von unten« – nahm auch in der Bundesrepublik Deutschland Gestalt an, wo sich die Oral History in den 70ern und 80ern vor allem vor dem Hintergrund der Aufarbeitung der Geschichte des Nationalsozialismus und der Shoah zu etablieren begann.

Die Geschichte der Shoah war auch für die Weiterentwicklung der Oral History in den USA von großer Bedeutung. 1979 wurde an der *Yale University* in New Haven, Connecticut, das *Fortunoff Video Archive for Holocaust Testimonies* gegründet. Ganz im Geiste von David Boder widmeten sich der Literaturwissenschaftler Geoffrey Hartman, unter dessen Federführung das Archiv gegründet wurde, und seine Mitarbeiter*innen der Aufzeichnung und Archivierung von Interviews von Überlebenden der Shoah, jedoch mit einer technischen Erneuerung: Die Interviews wurden nicht mehr auf Tonband, sondern auf Video aufgezeichnet. In den darauffolgenden Jahren entstanden weltweit ähnliche Videoarchive wie z. B. das von Steven Spielberg ins Leben gerufene *Visual History Archive (USC Shoah Foundation)*. Die Überlebenden der Shoah, die den vielen Oral-History-Archiven ihre Geschichten erzählten, wurden ab einem bestimmten Zeitpunkt nicht mehr nur als Interviewpartner*innen wahrgenommen, sondern als Zeug*innen und ihre Berichte als Zeugnisse. Es war die Geburtsstunde der Zeitzeugenschaft auf Video.

Die Zeug*innen der Shoah legten mit ihren Erzählungen Zeugnis ab. Und »Zeugnis ablegen bedeutet«, wie der Historiker Ulrich Baer erklärt, »die eigene Person für die Wahrheit der Geschichte einzusetzen und das eigene Wort zum Bezugspunkt einer umstrittenen oder unbekannten Realität zu bestimmen, die man selbst erfahren oder beobachtet hat«.[27] Auch wenn Teile der Erzählung aufgrund fehlerhafter Erinnerungen nicht immer den historischen Tatsachen entsprächen, berührt es nicht »die Wahrheit« ihrer Geschichten. Denn diese liegt woanders, nämlich im Körper der Zeug*innen, in die Ereignisse sich eingeschrieben haben. Die Kulturwissenschaftlerin Aleida Assmann spricht in diesem Zusammenhang von »verkörperter Wahrheit«.[28] Der Psychoanalytiker Dori Laub, einer der Mitbegründer, Berater und Interviewer des *Fortunoff Archives,* gibt in seinem Aufsatz über das Verhältnis von »Zeugenschaft und historischer Wahrheit« ein gutes Beispiel für diese spezifische Form der »Wahrheit« von Oral-History-Zeugnissen. Auf einer Konferenz zu »Fragen der Erziehung nach Auschwitz« wurde das Videozeugnis einer 70-jährigen Überlebenden von Auschwitz gezeigt, in welchem sie vom Aufstand des Sonderkommandos von Birkenau[29] erzählt. Im Anschluss daran meldete sich ein Historiker, der bemängelte, dass die Aussage der Frau nicht korrekt sei, da sie die Anzahl der gesprengten Schornsteine falsch wiedergegeben habe. Während des Aufstands wurde nur ein Schornstein vom Sonderkommando gesprengt und nicht vier, wie die Zeugin behauptete. Dori Laub widersprach:

> *Diese Frau sagte nicht über die Zahl der gesprengten Schornsteine aus. Hier geht es um etwas anderes – etwas Radikaleres und Wesentlicheres: Es geht darum, daß das Unvorstellbare sich ereignet. In Auschwitz war ein explodierender Schornstein genauso unwirklich wie vier. Die genaue Anzahl bedeutet weniger als die Tatsache, daß das Ereignis, welches kaum begreiflich war, eintrat. Die Frau legt Zeugnis davon ab, wie der alles bezwingende Rahmen von Auschwitz gesprengt wurde, der keine bewaffneten jüdischen Aufstände erlaubte. Sie bezeugt, wie die Grundlagen des Systems zerbrachen. Darin besteht die historische Wahrheit ihres Berichts.*[30]

Das *Fortunoff Archive* hatte großen Einfluss auf die Oral History in Deutschland. 1994 wurde in Zusammenarbeit mit dem in Yale ansässigen Videoarchiv und dem *Moses Mendelssohn Zentrum für europäisch-jüdische Studien* (*Universität Potsdam)* das *Archiv der Erinnerung* gegründet und anfangs von Geoffrey Hartman und Dori Laub beratend begleitet. Den Mitarbeiter*innen des Projekts gelang es bis 1997, 78 Videointerviews mit Überlebenden der Shoah in Berlin-Brandenburg zu führen und aufzuzeichnen.

Anfang 2004 wandte sich die Philosophin und Publizistin Carolin Emcke mit einer ähnlichen Idee an die *Stiftung Denkmal für die ermordeten Juden Europas*, die zu der Zeit noch mit dem Bau des *Holocaust-Mahnmals* in Berlin beschäftigt war. Emcke schlug vor, die Interviews aus dem Bestand des *Fortunoff Archives* im *Ort der Information*, das sich heute unter dem Stelenfeld befindet, zugänglich zu machen.[31] Der Vorschlag wurde von der Stiftung aufgegriffen und umgesetzt. Ein großer Teil der Interviews des *Fortunoff Archives* ist heute digitalisiert und am *Ort der Information* für alle Besucher*innen einsehbar. Unter den vielen Themen, die Carolin Emcke immer wieder bewegt und zum Schreiben gebracht haben, nehmen Fragen nach Gewalterfahrung und Zeugenschaft einen zentralen Platz ein, was nicht nur von der Philosophin Seyla Benhabib in ihrer Laudatio (mit dem Titel »Die Erzählerin als moralisches Zeugnis«) im Rahmen der Verleihung des *Friedenspreises des Deutschen Buchhandels* besonders hervorgehoben worden ist,[32] sondern von dem auch Emckes Essaysammlung *Weil es sagbar ist* zeugt.[33] Vermutlich rührte daher ihr Wunsch, das *Fortunoff Archive* nach Deutschland zu holen und hier an einem besonderen Ort zu etablieren. Und vielleicht war es kein Zufall, dass Carolin Emcke rund zehn Jahre später auf den Gedanken kam, ein ähnliches Archiv für die Erfahrungen geflüchteter Menschen zu gründen.

Archiv der Flucht

»Das Archiv entstand nach der großen Fluchtbewegung 2015, wir wollten den Geschichten von Geflüchteten einen Ort geben«, sagte die Co-Kuratorin des Projekts Manuela Bojadžijev in unserem gemeinsamen Interview für das *Süddeutsche Zeitung Magazin* im Spätsommer 2021,[34] an dem ebenfalls unsere Kolleginnen Inken Stern, eine Berliner Rechtsanwältin für Asylrecht, und die Literaturwissenschaftlerin Ethel Matala de Mazza teilnahmen. Manuela Bojadžijev und Ethel Matala de Mazza haben nicht nur selbst Interviews für das Archiv geführt, sondern waren an der Mit- und Weiterentwicklung von Carolin Emckes Idee von Beginn an beteiligt. »Für uns alle war es eine wichtige Motivation, dieser Erzählung vom ›Flüchtlingsstrom‹, der Krise, die medial so dominant geworden war, etwas entgegenzusetzen. Auch durch das Auflösen der Masse in einzelne Gesichter und die Pluralität in den Geschichten, die dahinter stehen.«[35] Der Verlust der Individualität (neben dem Verlust aller Sicherheiten, die zu einem Leben gehören) wurde und wird von vielen Menschen beklagt, die ihre Heimatländer verlassen mussten und in den Ankunftsländern Fuß zu fassen versuchen. Die Syrerin Vinda Gouma beschrieb diesen Zustand in einem Leserbrief an den *Tagesspiegel*:

> *Ich bin die Flüchtlinge! Und es ist kein grammatikalischer Fehler aufgrund mangelnder Deutschkenntnisse. Ich bin die Flüchtlinge! Und zwar alle Flüchtlinge. Ich bin kein Arzt, kein Jurist, weder Bauer noch Journalist, kein Künstler, kein Verkäufer, weder Taxifahrer noch Lehrer, sondern*

> *die Flüchtlinge. […] Ich habe durch den Krieg Freunde und Verwandte verloren, Wohnung, Job, Auto, meine Vergangenheit und meine Heimat. Aber ein Verlust, den ich erst später gespürt habe, ist meine Individualität, die ich im Schlauchboot an den Grenzen Europas zurückgelassen habe.*[36]

Das *Archiv der Flucht* hatte sich also zum Ziel gesetzt, die große gesichts- und berührungslose Massengeschichte von Flucht und Migration in einzelne, persönliche Geschichten zu bringen. Um dieses Vorhaben zu erfüllen, kamen die Mitarbeiter*innen des Projekts mehrmals zu vorbereitenden Treffen zusammen, in denen über Fragen hinsichtlich der Auswahl der Interviewpartner*innen, der Interviewführung, der filmischen Gestaltung, Produktion und Postproduktion der Interviews und schließlich der digitalen Archivierung beraten wurde.

Die Auswahl der Interviewpartner*innen sollte sich, bis auf wenige Ausnahmen, auf den Raum Berlin-Brandenburg beschränken. Um eine gewisse Diversität zu garantieren, musste die Suche immer wieder nachjustiert werden, d. h. nach jedem Dreh musste die Suche neu ausgerichtet werden, wenn uns beispielsweise auffiel, dass zu wenige Frauen oder Menschen, die sich als weiblich definieren, interviewt wurden oder wenn bestimmte Regionen der Welt noch nicht repräsentiert waren. Die Dreharbeiten fanden stets in Staffeln statt, in jeder Staffel drehten wir fünf bis zehn Interviews. Anschließend ging es in den Schnittraum. Der Schutz der Interviewpartner*innen galt als oberste Richtlinie des Projekts. Aus diesem Grund hatten alle die Möglichkeit, erzählte Passagen, die sie im Nachgang des Interviews für gefährlich oder belastend empfanden, aus dem Interview herausschneiden zu lassen.

Die Interviews folgten einem Gesprächsleitfaden, der von den Mitarbeiter*innen, Berater*innen und Interviewer*innen in gemeinsamer Arbeit erstellt worden war. Dieser Leitfaden folgte einer einfachen Dramaturgie und sollte drei Phasen im Leben der Interviewpartner*innen beleuchten: das Leben im Heimatland, die Zeit der Flucht und Migration und schließlich das Ankommen und Einleben in Deutschland. Diese Vorgehensweise war nicht ganz vereinbar mit der Methodik gängiger Oral-History-Interviews, in denen im Gegensatz zu qualitativen Interviews, wie sie die Soziologie kennt, in der Regel auf Leitfäden verzichtet wird,[37] um ein offenes Gespräch mit »wenig Intervention durch den Interviewer und viel Zeit und Freiraum für die Entfaltung der Geschichte durch den Erzähler«[38] zu ermöglichen. Was jedoch trotz des Leitfadens beibehalten wurde (auch wenn sich nicht alle Interviewer*innen daran gehalten haben), war die Kunst des intensiven, raumeröffnenden Zuhörens, wie sie kongenial von Michael Ende in seinem Kinderbuch *Momo* beschrieben wird: Momo »konnte so zuhören, dass rastlose oder unentschlossene Leute auf einmal ganz genau wussten, was sie wollten. Oder dass Schüchterne sich plötzlich frei und mutig fühlten. Oder dass Unglückliche und Bedrückte zuversichtlich und froh wurden.«[39]

Diese Art des Zuhörens – sich ganz auf das Gegenüber einzulassen und das eigene Ich dabei zurückzunehmen – bildet das Herzstück jedes Oral-History-Interviews und macht dieses Zeugnis als Quelle so besonders. Denn im Gegensatz zu schriftlichen Selbstzeugnissen, wie sie oben dargestellt wurden, entsteht das Oral-History-Zeugnis aus einer gemeinsamen Anstrengung heraus: die der erzählenden und die der zuhörenden Person. »Die Erzählung«, so Dori Laub, »entsteht im Zuhören und Gehörtwerden. In diesem Prozeß wird die Kenntnis, das ›Wissen‹ von dem Erlebnis hervorgebracht. Die zuhörende Person ist an diesem Vorgang unmittelbar beteiligt, insofern hier ein Wissen entsteht, das in dieser Form noch nicht existiert.«[40] Indem ich mich als Interviewer zurücknehme, meine eigenen Ansichten und Moralvorstellungen ignoriere, nichts zu beweisen oder herauszufinden versuche, ermögliche ich es meiner Gesprächspartnerin, ihren Erinnerungen ohne Unterbrechungen zu folgen, sich ganz auf die Arbeit ihrer Erinnerung einzulassen. Interventionen durch den Interviewer können in bestimmten Momenten den Erinnerungsfluss unterbrechen und die Erzählung von außen beeinflussen. Ein Oral-History-Interview zu führen heißt auch, schweigen zu können und das Schweigen aushalten zu können. Erinnerungen brauchen viel Raum und Zeit, um sich zu entfalten.

»Allmählich, wenn die Erinnerung kommt, kommt auch das Wissen ... Wissen und Erinnerung sind dasselbe ...«, heißt es am Ende von Saul Friedländers autobiographischer Schrift *Wenn die Erinnerung kommt*.[41] Der renommierte Historiker, der mit seinen Büchern über das Dritte Reich und die Vertreibung und Vernichtung der europäischen Jüdinnen und Juden die NS- und Holocaust-Forschung nachhaltig geprägt hat, drehte an dieser zentralen Stelle seines Buches einen Ausspruch des österreichischen Schriftstellers und Verfassers des Romans *Der Golem* einfach um: »Allmählich, wenn das Wissen kommt, kommt auch die Erinnerung. Wissen und Erinnerung sind dasselbe ...«[42] Ich würde Friedländers Umdeutung noch etwas hinzufügen:

Allmählich, wenn die Erinnerung kommt, kommt das Wissen – und das Gefühl. Denn Erinnerung, Wissen und Gefühl sind dasselbe, nun ja, fast. In auf Video aufgezeichneten Oral-History-Interviews lässt sich das sehr gut nachverfolgen. Diese Zeugnisse, die genau in dem Moment entstehen, in welchem sie aufgezeichnet werden (d. h. wir als Zuschauende können bei jeder Sichtung der Videos die Entstehung dieses Zeugnisses beobachten), ermöglichen uns nicht nur, der Lebensgeschichte auf der Tonspur zu folgen, sondern der interviewten Person beim Erzählen zusehen zu können. Wir als Zuhörende und Zuschauende können beobachten, was mit der erzählenden Person im Moment ihrer Erzählung passiert. Wir können nicht nur jede Nuance ihrer Stimme hören, sondern auch ihre Mimik, ihre Körperhaltung wahrnehmen, ihren Pausen lauschen und zuweilen das gemeinsame Schweigen der Gesprächspartner*innen aushalten.

Im Oral-History-Interview gibt es zwei Zeitebenen: die Vergangenheit der Erzählung und die Gegenwart des Berichts, also die Zeit der Erzählung bzw. die Zeit, von der die Erzählung handelt, und die Zeit, in der erzählt wird. Dieses Nebeneinander, diese Gleichzeitigkeit der Zeitebenen des Interviews, macht das Videozeugnis als Quelle besonders für die Emotionsgeschichte so interessant. Wir sehen und hören die Gefühle, während die erzählende Person von ihren Erinnerungen und Gefühlen erzählt. Der Zeitabstand zwischen dem »Emotionserlebnis und der Emotionserinnerung« birgt jedoch auch Risiken für emotionsgeschichtliche Analysen.[43] Daher empfiehlt Jan Plamper, der sich dabei auf die Forschungsergebnisse des Historikers Benno Gammerl[44] bezieht, dass »Historiker, die künftig mit Oral-History-Emotionen ausloten«, gut beraten sind, diesen zeitlichen Abstand »nie aus den Augen zu verlieren«.[45]

Eine Emotionsgeschichte unter Zuhilfenahme von schriftlichen Selbstzeugnissen und Oral-History-Interviews zu schreiben bedeutet letztendlich, auf eine große Erzählung zu verzichten. Es gibt nicht die eine Geschichte, sondern viele Geschichten, wie der Historiker Michael Wildt in *Zerborstene Zeit, Deutsche Geschichte 1918–1945* erklärt und damit auf »das Fragmentarische der Geschichte, die unabdingbaren Leerstellen«[46] aufmerksam macht. Ähnlich wie bei Wildt, schlägt sich der »Wille zum Fragment« auch in der Struktur dieses Buches nieder. Fragmentarisch ist die vorliegende Geschichte der Migration nach Deutschland, insofern sie diese anhand einzelner Emotionen collagenhaft zu erzählen versucht und dabei nur einen kleinen Teil der jüngsten Migrationsgeschichte nachzeichnen kann, die mit den Anwerbeabkommen begann, bis heute andauert und schließlich auf die Wahrnehmung von »Muslimen« verengt wird.

New Heaven, New Earth

Neill Bloomkamps *Elysium* endet als Utopie. Max DaCosta, mittlerweile erwachsen und von seinem unsteten Leben gezeichnet, gelingt es unter großer Anstrengung, Elysium zu erreichen, in das Rechenzentrum der Raumstation vorzudringen und dieses mit einem Code zu infizieren, der das gesamte Programm Elysiums komplett über- bzw. umschreibt. Die Wissensbestände des elysischen Archivs werden ersetzt, und die Logik der *gated community* wird umgekehrt: Ein Code, der den Zugang zum privatisierten Paradies sichern sollte, hilft letztendlich dabei, die Grenzen zur gesicherten Welt aufzulösen. Das Paradies wird dem Irdischen einverleibt, die Zugehörigkeit entprivatisiert. Zugleich wird Elysium aus dem Zentrum allen Sehnens und Träumens entrückt. Elysium ist »nicht mehr das Gravitationszentrum der Welt«[47], wie es der Historiker und Politikwissenschaftler Achille Mbembe einst über Europa schrieb. Von einem Augenblick auf den anderen werden alle Bewohner*innen der Erde zu rechtlich gleichgestellten Bürger*innen des galaktischen Paradieses und können von nun an ungehindert und vor allem legal einreisen. Die letzten Sequenzen zeigen, wie Raumschiffe mit medizinischer Versorgung vom Hangar Elysiums abheben und Richtung Erde fahren, um die Elenden und Verdammten der Erde zu versorgen.

Da das digitale Gehirn der Raumstation hauptsächlich mit einem binären Code arbeitet – zugehörig oder nicht zugehörig –, können wir davon ausgehen, dass es keine Unterschiede macht zwischen neuen und alten Staatsbürger*innen. Alle Angehörigen Elysiums genießen die gleichen politischen und juristischen Rechte, alle werden gleich behandelt, alle erhalten die gleichen Chancen, alle werden gleichermaßen in die sozialen Systeme inkludiert – und alles unabhängig von ethnischer, religiöser, sozialer und geschlechtlicher Zugehörigkeit oder sexueller Orientierung. Das utopische Ende eines dystopischen Films. Max DaCosta stirbt übrigens, kurz nachdem er das digitale Gedächtnis Elysiums mit dem neuen Code, der in einem mit seinem Gehirn verbundenen Chip-Implantat gespeichert war, überschrieben hat. DaCosta stirbt als Märtyrer, als Zeuge[48] der von ihm selbst angezettelten Revolution. Mit seinem Märtyrertod erschafft er eine neue Gesellschaft. Und am Ende wandeln die Menschen auf einer neuen, verbesserten Welt und blicken hinauf in einen neuen, befreiten Himmel, wie es der Soundtrack und die letzten Einstellungen des Films suggerieren.

Trotz seines utopischen Endes handelt es sich bei *Elysium* noch immer um einen dystopischen Blick in die Zukunft. Und das »Schicksal aller in die Zukunft projizierten Dystopien ist es«, wie es der Kulturwissenschaftler Helmut Lethen zusammenfasst, »als Erklärungsmodelle für die Gegenwart gelesen zu werden«.[49] Verweilen wir also einen kurzen Augenblick länger in dem Gedankengebäude, das Neill Bloomkamp mit viel Phantasie errichtet hat. Was geschieht nun mit all den Menschen, die bis zum Zeitpunkt jener revolutionären Einbürgerung mit der Erfahrung der Exklusion und dem Gefühl aufgewachsen sind, nicht zugehörig zu sein, d.h. aus dem galaktischen Paradies, dem Sehnsuchtsort Elysium, von Geburt an ausgeschlossen gewesen zu sein? Was fühlen jene Menschen, zu deren Grunderfahrung der Ausschluss, die Ausgrenzung gehören und die mit einem Mal das Recht auf Zugehörigkeit und damit bürgerliche Rechte, staatlichen Schutz und verfassungsrechtlich zugesicherte Grundfreiheiten erhalten haben? Auf dem Papier wären sie allen anderen Bürger*innen Elysiums gleichgestellt. Sie hätten beispielsweise Zugang zum Bildungs-, Gesundheits- und Wirtschaftssystem und wären zur politischen Teilhabe berechtigt. Doch das wäre nur die halbe Geschichte.

Denn auch wenn die neuen Bürger*innen Elysiums mehr oder weniger erfolgreich in die neuen Gesellschaftssysteme inkludiert und alle ungerechtfertigten Ungleichheiten wieder aufgehoben wären, hieße dies nicht automatisch, dass damit alle gesellschaftlich relevanten Probleme, die auf Ungerechtigkeiten zurückzuführen sind, gelöst seien. Denn zum einen müssten wir mit der nur schwerlich zu überwindenden »strukturellen Trägheit der gesellschaftlichen Masse« rechnen, wie es Armin Nassehi mit Rückgriff auf Pierre Bourdieu nennt – einer Trägheit, die geradezu veränderungsresistent ist.[50] Bourdieu erklärt es am Beispiel des schulischen Examens, welches Gleichheit verspricht, aber selbige aufgrund der Strukturen des Bildungssystems – und letztendlich der gesellschaftlichen Strukturen – nicht einhalten kann:

> *Weil die Gleichheit rein* formell *ist. Man sagt Ihnen [den Schüler*innen, M. S.]: Das Examen und der* Concours *geben jedem seine Chance, denn alle werden nach denselben Kriterien, durch dieselben Jurys beurteilt. Was man dabei vergisst, ist, dass die Schwierigkeiten des Weges für eine soziale Klasse mit denjenigen einer anderen nicht vergleichbar sind. Die wahre Auswahl geschieht vor dem Examen, dessen Funktion gerade noch darin besteht, diese zu bestätigen.*[51]

Zum anderen dürften wir auch nicht außer Acht lassen, wie sehr sich die jahrelange Erfahrung der Exklusion in die Körper, Gedächtnisse und Gefühle jener Ausgeschlossenen eingeschrieben hat. Die Mechanismen der sozialen Exklusion haben wir bereits in der Einleitung des vorliegenden Buchs kennengelernt. Im nächsten Kapitel wollen wir sie näher betrachten.

Die Erfahrungen und Emotionen der Exklusion stehen nicht nur im Mittelpunkt des nächsten Kapitels, sondern sind für das gesamte Buch von zentraler Bedeutung. Wie ich bereits an anderer Stelle erläutert habe, soll die Geschichte (oder eher eine Teilgeschichte) der Migration nach Deutschland fragmentarisch anhand einzelner Emotionen erzählt werden. Die Erfahrungen des Ausschlusses und der Ausgrenzung und vor allem die Gefühle, die sie prägen, bilden im übertragenen Sinne einen Faden, der durch die einzelnen Fragmente gezogen wird und diese etwas lose zusammenhält – wie eine Perlenkette. Thematisch hängen die fragmentarischen Emotionsgeschichten zusammen, sind jedoch jede für sich und in sich abgeschlossen.

Soziale Exklusion

In der »Internationalen Woche gegen Rassismus« und wenige Tage nach einem rechtsradikalen Attentat auf zwei Moscheen in Neuseeland wurde am 20. März 2019 das *Arthur Langermann Archiv*, die größte historische Privatsammlung antisemitischer Bilder weltweit, feierlich an das Zentrum für Antisemitismusforschung (TU Berlin) übergeben. Der Lichthof im Hauptgebäude der Technischen Universität war prominent besetzt, der damalige regierende Bürgermeister Berlins, Michael Müller, erschien mit einer kleinen Delegation und hielt eine Rede, in der er auf das Attentat Bezug nahm und vor den Gefahren des Rassismus warnte. Schließlich kam er auf den Antisemitismus in Deutschland zu sprechen und konstatierte, dass zwar statistisch die größte Gefahr von rechts komme, aber der muslimische Antisemitismus eine besondere Herausforderung darstelle.[1] Ich kann mich nicht mehr genau daran erinnern, ob er auch von einer »besonderen« oder »wachsenden Gefahr« sprach – es hätte in die Debatte gepasst.[2]

Die islamistischen Terroranschläge auf das World Trade Center in New York City sowie auf das Pentagon in Washington entfesselten nicht nur den von der USA ausgerufenen »Krieg gegen den Terror«, der zu einer tiefgreifenden

Destabilisierung des Nahen Ostens führen sollte, sondern veränderten zudem die Wahrnehmung von Muslim*innen in westlich orientierten Ländern wie Deutschland. »Bis zum 11. September 2001«, so Navid Kermani, »gab es einen weitgehend eingehaltenen Konsens in der westlichen Öffentlichkeit, zwischen Islam als Religion und dem Terrorismus zu unterscheiden, auch zwischen Muslimen und Fundamentalisten«.[3] Nach 9/11 begann sich jedoch in Politik, Medien und der Öffentlichkeit ein Diskurs zu etablieren, »der den Muslim qua Muslimsein zur Gefahr erklärte«.[4] Muslime rückten damit nicht nur ins Visier von Sicherheitsbehörden, sondern wurden auch zunehmend von der Forschung in den Blick genommen. Es begann eine Zeit der »Inspizierung«: Muslime wurden »beäugt und beobachtet«.[5] Dies gilt noch heute: »Ihre religiöse Praxis wird kontrolliert, gezähmt oder auch anerkannt. Ihre Formen des sozialen Lebens werden vermessen und archiviert.«[6]

Auch die Antisemitismusforschung begann, sich nach 2001 für Muslime zu interessieren. Ins Blickfeld geriet zunächst »eine spezifische Problematik des Antisemitismus unter jungen europäischen Muslimen«, auf welche die Forscher*innen Werner Bergmann und Juliane Wetzel vom Zentrum für Antisemitismusforschung »auf Basis umfangreicher, von europäischen Beobachtungsstellen im Jahr 2002 zusammengetragener, empirischer Daten, hinwiesen«.[7] In den darauffolgenden 20 Jahren wurden weitere qualitative sowie quantitative Untersuchungen durchgeführt.[8] Einen Höhepunkt erlebte die Wahrnehmung der »spezifischen Problematik« in den Jahren 2014–2016, als überwiegend Geflüchtete aus Syrien, Afghanistan und anderen islamisch geprägten Ländern nach Deutschland kamen. Weniger gut informierte Politiker und Journalisten waren alarmiert und begannen, vor einem »importierten Antisemitismus« zu warnen.[9] In der Antisemitismusforschung kommt dieser Begriff jedoch nicht vor, denn er ist, mit Verlaub, großer Quatsch und hat daher auch »keinen Eingang in wissenschaftliche Debatten gefunden«[10], wie die Ethnologin und Antisemitismusforscherin Sina Arnold betont. Über die richtige Bezeichnung und Kategorisierung herrscht in der Forschung allerdings Uneinigkeit: Abwechselnd wird von arabischem, muslimischem, islamischem, islamistischem oder islamisiertem Antisemitismus gesprochen.[11] Einigkeit herrscht überwiegend nur darüber, dass antisemitische Ansichten *auch* unter deutschen Muslim*innen verbreitet sind. Studien zeigen, dass von Muslim*innen geäußerte antisemitische Gedanken sich in hauptsächlich zwei verschiedenen Kategorien bzw. Formen des Antisemitismus einordnen lassen: klassischen und israelbezogenen Antisemitismus.[12]

Doch was unterscheidet nun den Antisemitismus, der von Muslim*innen geäußert wird, vom Antisemitismus der deutschen Mehrheitsgesellschaft? Denn ähnlich hohe Zustimmungswerte zu klassischem und israelbezogenem (und vor allem sekundärem) Antisemitismus finden sich auch in der restlichen Bevölkerung. Um es abzukürzen: Es gibt wenig überzeugende Argumente für einen genuinen, spezifisch muslimischen Antisemitismus. Auch all die Politiker, Aktivisten, Journalisten und einige Forscher, die – ohne Kenntnis der Religion, der Region und der Sprache – einen solchen Antisemitismus erkennen wollen, irren. Es ändert auch nichts daran, dass sie einschlägige Suren aus dem Koran zitieren, die eindeutig judenfeindlich sind. Aus historischer Perspektive gibt es keine Anhaltspunkte dafür, dass sich aus der Tradition des Islam ein ähnlich religiös begründeter Antisemitismus entwickelt hat wie im Christentum. Denn anders »als in der römisch-christlichen Spätantike und vor allem auch im christlichen Mittelalter wurden Juden nicht *als Juden* ausgegrenzt, dämonisiert und zum rechtlosen Freiwild erklärt«,[13] hält der vielfach ausgezeichnete Judaist Peter Schäfer fest und führt weiter aus: »Aus der Religion des Islam und auch aus seiner politischen Praxis vor dem Nahostkonflikt lässt sich ein genuin islamischer Antisemitismus nicht begründen, ganz im Unterschied zum Antisemitismus als einem ›westlichen‹, europäischen Phänomen, das auch in seiner politischen Dynamik ganz wesentlich durch das Christentum geprägt ist.«[14] Erkenntnisse wie diese halten Politiker wie Michael Müller – und seine Berater*innen und Redenschreiber*innen – jedoch nicht davon ab, pauschal von einem muslimischen Antisemitismus zu sprechen und davor zu warnen. Ich habe mit diesem kleinen Exkurs begonnen, um an eine Emotion heranzuführen, die für die vorliegende Arbeit von zentraler Bedeutung ist: das Gefühl der Ausgrenzung, des Ausschlusses, der Exklusion.

Als ehemaliger Doktorand des Zentrums für Antisemitismusforschung (ZfA) befand ich mich an jenem Tag ebenfalls im Lichthof der TU Berlin. Zwar arbeitete ich zu der Zeit bereits für das *Archiv der Flucht* am Haus der Kulturen der Welt (HKW), hatte mir jedoch ein paar Stunden freigenommen, um der feierlichen Übergabe der Langermann-Sammlung beiwohnen zu können. Die Rede des Bürgermeisters traf mich unvorbereitet. Während er vom Antisemitismus der Muslime sprach, schaute ich mich im Zuschauerraum um und suchte, ein wenig hilflos, nach verständigen Blicken. Mein Unmut blieb jedoch unbemerkt.

Nachdem der Applaus abgeklungen war, erhob sich das Publikum und verteilte sich im Saal. Kleine Gruppen bildeten sich um die mit weißen Tüchern bespannten Stehtische. Häppchen und Getränke wurden serviert. Nach einer kurzen Weile erhob auch ich mich und verließ gekränkt und wütend den Lichthof. Draußen vor dem Hauptgebäude der TU Berlin traf ich einen ehemaligen Kollegen vom ZfA, mit dem ich mich kurz austauschen konnte. Ich kann mich noch erinnern, wie ich beim Verabschieden nicht ganz ohne Pathos proklamierte: »Der Mann ist nicht mein Bürgermeister!« Aber warum? Was hatte Michael Müller gesagt, das mich derart aufgewühlt hatte? Ein Versuch der Erklärung:

Nicht nur der Inhalt jenes Absatzes aus Müllers Rede, in dem er auf die Herausforderung eines »muslimischen Antisemitismus« hingewiesen und diesen zumindest semantisch neben dem rechten Antisemitismus angesiedelt hatte, sondern auch der Zeitpunkt, an dem er es tat, hatte in mir einen Unmut erweckt, der äußerlich kaum zu verbergen war. Die Rede fand, wie bereits erwähnt, vier Tage nach den rassistischen Anschlägen in Neuseeland statt. Am Freitagmittag des 15. März 2019 betrat ein aus Australien stammender Rechtsextremer eine Moschee in der neuseeländischen Stadt Christchurch, eröffnete mit einer halbautomischen Waffe das Feuer und tötete 42 Menschen. Anschließend stieg er wieder in sein Auto, fuhr zur nächsten Moschee und ermordete dort weitere sieben Menschen. Sie wurden getötet, weil sie Muslime waren. Der rassistische Mord stellt die extremste Form der Exklusion dar, denn er schließt das als fremd oder anders eingestufte Leben nicht nur aus der »reinen« Gemeinschaft aus, sondern entfernt es dauerhaft.

Als letzte Konsequenz »lozierender Gewalt« zerstört es den Körper, »um über seinen Ort im Raum zu bestimmen«.[15]

Ich kann mir vorstellen, dass die Redenschreiber*innen und Referent*innen des Bürgermeisters es nicht gerade leicht hatten, den richtigen Ton zu treffen und zugleich alle Problemfelder anzusprechen: »Internationale Woche gegen Rassismus«, rassistische Anschläge in Christchurch, historischer sowie gegenwärtiger Antisemitismus. Vielleicht wäre es trotzdem respektvoller und letztendlich produktiver gewesen, zumindest an diesem Tag das Konzept eines »muslimischen Antisemitismus« zu überdenken und sich zu fragen, ob die Ethnisierung einer als »Muslime« wahrgenommenen Gruppe nicht doch einer rassistischen Logik folgt.[16] Überspitzt gesagt: Nicht mal in ihrem Antisemitismus können »Muslime« deutsch sein bzw. zu Deutschland gehören. Nein, »muslimische« Antisemiten brauchen einen eigenen Begriff, auch wenn sich ihr Antisemitismus ideologisch kaum vom Antisemitismus *weißer*, christlicher Deutscher unterscheidet. Es war diese subtile Form der Exklusion (vor dem Hintergrund der extremen Exklusion in Christchurch), die in mir ein tiefsitzendes Muster reaktivierte, mich in Zorn versetzte und eine Schwermut weckte, die ich aus meinen Kindertagen kannte.

Zorn beginnt im Kopf, fließt von dort über den Oberkörper bis zu den Händen. Die betroffenen Körperregionen werden aktiviert und in Erregung versetzt. Wie eine dickflüssige Masse legt sich der Zorn auf die Augen, verdunkelt den Blick. Die Konzentration ist ganz auf das Zorn erregende Objekt gerichtet, die Gedanken kreisen nur noch um dieses Objekt – und, in meinem Fall, um die zuvor erfahrene Kränkung. Nachdem ich mich zornentbrannt von meinem

Kollegen verabschiedet hatte, begab ich mich zu Fuß zur S-Bahn-Station Tiergarten, um zum Hauptbahnhof zu fahren und von dort aus zurück zur Arbeit ins HKW zu gehen. Wer die Gegend um die TU Berlin kennt, weiß, dass der Fußweg von dort bis zur S-Bahn-Station Tiergarten etwa zehn bis 15 Minuten dauert. Die Bewegung beruhigte meinen durch den Zorn aktivierten Körper, der Blick wurde weiter, mein Puls ging runter. Nachdem ich am Hauptbahnhof ausgestiegen und mich über einen Fußweg an der Spree dem HKW genähert hatte, war der Zorn beinahe gänzlich verflogen und hatte einem eher bedrückenden Gefühl Platz gemacht, das ich anfangs mit einer diffusen Schwermut beschrieben habe.

Von der Geschichte ignoriert

Schwermut, Trauer, Melancholie und Depressionen sind verwandte Gefühle, die den Körper jedoch unterschiedlich aktivieren. Während die Depression den Körper lähmt und uns in die Situation versetzt, nichts empfinden zu können, oder uns glauben macht, nichts zu empfinden, sind Trauer und Schwermut durchaus »fühlbar«: in der Herzgegend und zuweilen hinter den Augen. Trauer und Schwermut aktivieren den Körper, die Depression legt ihn lahm. Melancholie hingegen hat einen anderen Effekt: Sie kann Kreativität und Mitgefühl fördern und »uns über Zeit- und Landesgrenzen« hinweg miteinander verbinden, denn »es hat kaum eine Zeit und eine Kultur gegeben, in der Melancholie nicht präsent war«[17], wie die Philosophin Joke J. Hermsen in ihrem Buch über die *Melancholie in unsicheren Zeiten* festgehalten hat. Während ich die Spree entlangging und mich langsam (und immer langsamer) dem HKW näherte, musste ich an einen Essay denken, den ich während meines Studiums zum ersten Mal gelesen hatte: László F. Földényis *Dostojewski liest Hegel in Sibirien und bricht in Tränen aus.* Nur »eine Seele aus Stein« kann diesem Titel widerstehen, wie es im Vorwort dazu heißt.[18] Warum ich gerade daran denken musste und was das alles mit unserem Thema zu tun hat, werde ich gleich klären. Hierfür muss ich ein wenig weiter ausholen.

Fjodor Dostojewskij,[19] dessen Erstlingswerk *Arme Leute* ihn über Nacht berühmt gemacht hatte,[20] war ein vielversprechender, junger Schriftsteller, als er 1849 verhaftet und des »Verbrechens gegen den Staat für schuldig« befunden wurde.[21] Sein Verbrechen bestand darin, einem dem Sozialismus nahestehenden, revolutionären »Kreis junger, überwiegend akademisch gebildeter Männer« anzugehören, die regelmäßig zusammenkamen, um über »aktuelle gesellschaftliche, philosophische und literarische Themen zu debattieren«.[22] Einige forderten sogar die sofortige Befreiung der Bauern. Im europäischen Revolutionsjahr 1848 genügte das bereits, um den Sicherheitsapparat des Zaren Nikolaj I. in Alarmbereitschaft zu versetzen. Die Ansteckungsangst vor Revolution und Terror hatte seit 1789 halb Europa im Griff.[23] Dostojewskij wurde jedoch nicht nur die Mitgliedschaft im Petraschéwskij-Zirkel[24] zum Verhängnis, sondern vor allem das Vorlesen und Verbreiten eines regimekritischen Briefes.

Der Schriftsteller wurde mit 15 weiteren Angeklagten zum Tode verurteilt. Am Tag ihrer Hinrichtung wurden sie an Pfähle gebunden, das Erschießungskommando betrat den Platz, legte die Gewehre an, und die zum Tode Verurteilten warteten nur noch auf den Feuerbefehl, der jedoch nie kam. In letzter Minute wurden sie begnadigt, die Urteile umgewandelt. Nach dieser Scheinhinrichtung, von der Dostojewskij in einem Brief an seinen Bruder[25] sowie in seinem späteren Roman *Der Idiot* berichtet,[26] wird er zu vier Jahren Zwangsarbeit und daran anschließend zu vier Jahren Militärdienst in Sibirien verurteilt. Nach dem Verbüßen des ersten Teils seiner Haftstrafe wird Dostojewskij Ende Februar 1854 ins sibirische Semipalatinsk (»Stadt der sieben Paläste«) verbannt. Acht Tage bevor er sein neues Exil erreicht, schreibt er seinem Bruder Michail und bittet ihn, Bücher von Hegel, »besonders aber Hegels ›Geschichte der Philosophie‹«[27] nach Semipalatinsk zu senden.

Vielleicht waren es diese Zeilen aus Dostojewskijs Brief, die den ungarischen Essayisten László F. Földényi zu seinem Gedankenexperiment angeregt hatten. Welche Werke von Hegel erreichten Dostojewskij in seinem semipalatinskischen Exil? »Suchen wir uns eins aus«, schlägt Földényi vor, »nehmen wir die *Vorlesungen über die Philosophie der Weltgeschichte*, die Hegel an der Berliner Universität zwischen dem Herbst 1822 und dem Frühjahr 1831 hielt – in der Zeit also, als Zehntausende nach Sibirien verbannt wurden.«[28] Die *Vorlesungen über die Philosophie der Geschichte*, um genau zu sein, erschienen 1837 erstmals als Buch, 1840 folgte eine überarbeitete Ausgabe. Földényis Essay beginnt mit der Frage, was wohl gewesen wäre, hätte Dostojewskij dieses Buch in Semipalatinsk gelesen. Denkbar wäre es durchaus, wie er bemerkt, schließlich erwähnt Hegel Sibirien in seinen Vorlesungen, wenn auch nur kurz und mit einer intellektuellen Kälte, zu der nicht nur, aber vor allem ein deutscher Philosoph des 19. Jahrhunderts fähig gewesen ist: »Zuerst ist die nördliche Abdachung, Sibirien, wegzuschneiden. Diese Abdachung [...] geht uns hier überhaupt nichts an, weil die nördliche Zone [...] außerhalb der Geschichte liegt.«[29] In seinem Essay reflektiert Földényi über den Moment, in dem Dostojewskij diese Zeilen zum ersten Mal liest und kurz innehält. Welche Gefühle mögen wohl Hegels Worte ausgelöst haben? Dazu der Essayist:

> *Wir können uns Dostojewskis [sic!] Verblüffung vorstellen, als er beim Licht der Talgkerze auf diese Zeilen stieß. Und dann seine Verzweiflung darüber, dass man dort in Europa, für dessen Ideen er zum Tode verurteilt und schließlich verbannt worden war, seinem Leiden keinerlei Bedeutung beimaß. Denn leiden musste er ja in Sibirien – in einer Welt, die nicht Teil der Historie war. [...] Dostojewski mochte zu Recht das Gefühl haben, nicht einfach nach Sibirien verbannt, sondern ins Nicht-Sein verstoßen worden zu sein.*[30]

In seinem Exil wurde Dostojewskij gewahr, dass er für den Lauf der Geschichte, ja für die Geschichte selbst keine Rolle spielt und dass er zweifach verbannt ist, zum einen aus dem physischen Ort, zum anderen aus dem metaphysischen Ort der Geschichte. »Die Geschichte, als deren Opfer er sich weiß, ignoriert seine Existenz, sein Leiden wird unbemerkt weitergehen, oder, noch schlimmer, sein Leiden dient keinem Zweck im Verlauf der Menschheitsgeschichte«,[31] wie es im Vorwort zu Földényis Essay heißt. Um hoffen zu können, zuversichtlich zu sein, benötigt unsere Hoffnung einen Sinn, einen Zweck. Ist dies nicht gegeben, gibt es kaum Trost. Die Erkenntnis, dass die Geschichte ihn zwar wahrnimmt, aber er für ihren Verlauf entbehrlich ist, ließ den verzweifelten Dostojewskij in Földényis Essay in Tränen ausbrechen.

Schwermütig, melancholisch und zornig näherte ich mich an jenem 20. März 2019 dem HKW und dachte an Hegels Kälte und Dostojewskijs Tränen. Die Hegel'sche Herablassung, mit der Michael Müller »die Muslime« erst als Opfer eines rassistischen Anschlags auf einem anderen, fernen Kontinent adressierte, nur um kurz darauf auf den Antisemitismus »der Muslime« hier aufmerksam zu machen, den er semantisch neben dem Antisemitismus der Rechten positionierte, hatte in mir diese Gefühle geweckt. Warum war es dem Bürgermeister und seinen Berater*innen so ein großes Anliegen, an solch einem Tag, den »muslimischen Antisemitismus« hervorzuheben? Wieso reichte es nicht, einfach nur einen kleinen Raum für die Trauer um die Opfer zu lassen, ohne dieselbe konstruierte Gruppe sogleich zu Tätern zu erklären, auf denen sich unser aller Augenmerk richten sollte? Anscheinend überwiegt das Verlangen, »Muslime« unter Beobachtung zu stellen, den Wunsch, Räume für Empathie zu öffnen. Das mag den Leser*innen nun etwas zu hochtrabend erscheinen, aber ich fühlte ähnlich wie Dostojewskij in Földényis Vorstellung: nicht relevant, entbehrlich, aus der Geschichte ausgeschlossen, für die ich doch selbst (zumindest in meiner Vorstellung) ebenfalls Opfer gebracht hatte, wenn auch keine fatalen, lebensgefährlichen.

Aber warum? Der Bürgermeister hatte mich nicht persönlich angesprochen. Soweit ich mich erinnern kann, habe ich noch nie eine Moschee betreten. Ich befolge keine religiösen Regeln, ich bete nicht. Mir fehlen die Disziplin und der Mut, um gläubig zu sein. Aber wenn ich gefragt werde, sage ich oft, ich sei Muslim, schließlich bin ich in einer muslimischen Familie aufgewachsen und trage den Namen des Propheten – und einen dichten, dunklen Vollbart. Daran erkennt man doch einen muslimischen Mann, oder? Ich habe gelernt, Muslim zu sein, auch wenn ich es eigentlich nicht bin. Ich habe gelernt, mich angesprochen zu fühlen, wenn von »Muslimen« gesprochen wird. Ich habe gelernt, mich dieser konstruierten Gruppe zugehörig zu fühlen. Und ich habe gelernt, dass »Muslim sein« gleichbedeutend ist mit »Anders sein«, »Ausländer sein«, »Migrant sein« – und schließlich: ausgeschlossen sein. Diese Erfahrung machte der Junge, der ich damals war, zum ersten Mal auf dem Balkon der befreundeten Familie. Zu der Erfahrung, als »Ausländerkind« nicht mitspielen zu können, konstruierte mein Gehirn das dazugehörige Gefühl: »ausgeschlossen, weil ich Ausländer bin«. Diese Emotion entwickelte sich weiter bzw. differenzierte sich mit der Zeit und mit jeder neuen Erfahrung der Exklusion aufgrund meiner Herkunft weiter aus und schrieb sich dabei tief in meinen Körper hinein. Auf die Konstruktion von Emotionen und Emotionskonzepten werde ich in einem späteren Kapitel näher eingehen. An dieser Stelle soll diese vereinfachte Erklärung zunächst genügen, weil der Fokus in diesem Kapitel auf das Phänomen der sozialen Exklusion gerichtet bleiben soll.

Exklusion, Ausgrenzung, Ausschluss *in* die Gesellschaft

Um die Jahrtausendwende begann sich die Soziologie in Deutschland, (angestoßen durch Forschungen aus Frankreich) vermehrt für die Überflüssigen, Ausgeschlossenen und Ausgegrenzten der Gesellschaft zu interessieren. Es wurde nicht mehr gefragt, »wer oben und wer unten, sondern wer drinnen und wer draußen ist«.[32] Hierfür wurde sogar ein neuer Begriff geprägt bzw. ein älterer reaktiviert: soziale Exklusion. Nicht soziale Ungleichheit oder materielle Armut sollten in den Mittelpunkt der Aufmerksamkeit gerückt werden, sondern »die Art und Weise der Teilhabe am gesellschaftlichen Leben«.[33] Soziale Exklusion, so der Soziologe Heinz Bude, betrifft

> *die Frage nach dem verweigerten oder zugestandenen Platz im Gesamtgefüge der Gesellschaft. Sie entscheidet darüber, ob Menschen das Gefühl haben, daß ihnen Chancen offenstehen und daß ihnen ihre Leistung eine hörbare Stimme verleiht, oder ob sie glauben müssen, nirgendwo hinzugehören, und daß ihnen ihre Anstrengung und Mühe niemand abnimmt.*[34]

Unter sozialer Exklusion lassen sich also verschiedene Formen der Ausgrenzung zusammenfassen, wobei zu beachten ist, dass es sich hierbei weniger um eine »Ausgrenzung *aus* der Gesellschaft« handelt, sondern vielmehr um eine »Ausgrenzung *in* die Gesellschaft«, denn die »Ausgegrenzten sind Teil der Gesellschaft, auch wenn sie nicht an ihr *teilhaben*«.[35]

Eine besonders erhellende Erklärung für die Mechanismen der Exklusion liefert die soziologische Systemtheorie, wie sie von Niklas Luhmann weiterentwickelt und von Armin Nassehi weitergedacht wurde. Die Systemtheorie nach Luhmann begreift und beschreibt die moderne Gesellschaft als ein umfassendes soziales System, das funktional in weitere soziale Systeme differenziert ist (z. B. in Politik, Wirtschaft, Recht, Wissenschaft, Bildung, Erziehung usw.).[36] Die funktional differenzierte Gesellschaft basiert auf Kommunikation, und die Funktionssysteme operieren über binäre Codes:

> *So ist für Politik entscheidend, ob man Amt und Entscheidungsmacht innehat oder nicht, für die Wirtschaft, ob man zahlt oder nicht, für das Recht, ob etwas als rechtmäßig angesehen wird oder nicht, für Wissenschaft, ob eine Aussage wahr ist oder nicht, für Religion, ob etwas dem Heil oder dem moralischen Standard dient oder nicht, für Erziehung, ob etwas im Hinblick auf Chancen im Lebenslauf gelernt wird oder nicht.*[37]

Als Individuen moderner Gesellschaften gehören wir gleichzeitig mehreren Funktionssystemen an und nehmen an deren Kommunikation teil. Wir sind alle gleichermaßen in die sozialen Systeme inkludiert – und dort, wo es eine Inklusion gibt, muss es auch eine Exklusion aus den Funktionssystemen geben.[38] Doch was bezeichnen diese Begriffe und wie gestalten sich die Mechanismen der Inklusion und Exklusion?

Inklusion bezeichnet in der soziologischen Systemtheorie »die Art und Weise, wie Personen von sozialen Systemen für relevant gehalten« und in ihre Kommunikation eingebunden werden.[39] Exklusion steht für das Gegenteil, »nämlich das Nicht-Bezeichnen von Menschen. Exkludiert ist derjenige, der nicht für relevant gehalten wird, der also im Kommunikationszusammenhang nicht vorkommt«.[40] Nun ist es gar nicht so einfach, gänzlich aus dem Kommunikationszusammenhang funktional differenzierter Systeme ausgeschlossen zu werden bzw. »herauszufallen«. Diese »nackte« Exklusion würde bedeuten, dass das System das Individuum nicht wahrnimmt. Wir erinnern uns: Die Funktionssysteme operieren über binäre Codes, wie etwa zahlen oder nicht-zahlen, d. h. selbst wenn ich im Wirtschaftssystem nicht zahlen kann, nehme ich trotzdem noch an der Kommunikation teil und bin *ergo* nicht exkludiert. Nassehi schreibt dazu treffend:

> *Von Exklusionen ist in der Tat nur dann zu reden, wenn sich Bereiche der Gesellschaft ausmachen lassen, in denen die Codes nicht gelten – wenn also Zahlung oder Recht, politische Repräsentation oder Zugriff auf religiöse Kommunikation nicht einmal mehr als Nicht-Option zur Verfügung steht, wenn man, […] selbst aus der Alternative, Verlierer oder Gewinner zu sein, ausgeschlossen bleibt.*[41]

Extreme Armut, Obdachlosigkeit fallen unter diese Kategorie der »nackten« Exklusion, jedoch nur bedingt. Denn auch hier gilt, dass diese Menschen nicht aus der Gesellschaft herausgefallen sind, sondern aus Funktionssystemen, wie etwa Wirtschaft, Politik oder Bildung. Gleichzeitig sind sie aber noch in andere Systeme, wie z. B. Fürsorge oder Gesundheit, inkludiert. In den Funktionssystemen inkludiert zu sein bedeutet aber nicht, auch sozial inkludiert zu sein. Um diese Unterscheidung zu verstehen, müssen wir eine weitere Differenzierung einführen, nämliche jene zwischen Sach- und Sozialdimension.

Die Sachdimension fragt nach dem »Was« und »unterscheidet zwischen Themen, Gegenständen«, die Sozialdimension fragt nach dem »Wer« und »unterscheidet zwischen *alter* und *ego*«.[42] Auf die Mechanismen von Inklusion / Exklusion bezogen, werden in der Sozialdimension Fragen hinsichtlich der Anerkennung und Zugehörigkeit behandelt, während in der Sachdimension vielmehr darauf geschaut wird, wie die Individuen in die Funktionssysteme und Institutionen Eingang finden. So werden beispielsweise ankommende Geflüchtete, wie Nassehi untersucht hat, in der Sachdimension

> *von ganz unterschiedlichen Instanzen der Gesellschaft sehr unterschiedlich für relevant gehalten – von Ämtern und Instanzen, die rechtliche Aspekte, Asylverfahren, Anspruchsberechtigungen etc. klären, von Wohnquartieren, in denen sie zunächst wohnen, bis sie weiter verteilt werden und nach einiger Zeit selbst auf einem Wohnungsmarkt auftauchen, von Bildungsinstitutionen, die sie nach ihrer Beschulungsfähigkeit, nach Zertifikaten, Kenntnissen etc. verarbeiten, von Arztpraxen und Krankenhäusern, wo sie zwar als Patienten mit besonderen, oft begrenzten Anspruchsberechtigungen auftauchen, aber eben doch als Patienten, an Arbeits- und Ausbildungsplätzen, wo sie einerseits Flüchtlinge sind, vor allem aber Beiträger zur Wertschöpfung.*[43]

Ja, einerseits Geflüchtete, andererseits Beiträger*innen der Wertschöpfung: Und genau hier verläuft die »Schnittstelle zwischen Sozial- und Sachdimension«.[44] Denn ich kann als Migrant* in in der Sachdimension durchaus in die Funktionssysteme inkludiert sein, doch das heißt nicht, dass ich mich in der Sozialdimension auch zugehörig fühle und Anerkennung erhalte. Ich kann also gleichzeitig in der Sachdimension inkludiert sein und in der Sozialdimension exkludiert bzw. mich als exkludiert wahrnehmen und beschreiben – und vor allem mich als exkludiert fühlen. Diese Diskrepanz im Verhältnis von Sach- und Sozialdimension erzeugt erhebliche Ungleichheiten und Konfliktlinien, die sich nicht nur individuell ausgestalten, sondern auch gesellschaftlich wirksam werden.

Der Welt abhandenkommen

Armin Nassehi hat recht: Die Frage danach, wer die Ausgeschlossenen, Ausgegrenzten, Überflüssigen und Exkludierten sind, ist wahrscheinlich falsch gestellt. Vielleicht wäre es »angemessener, danach zu fragen, unter welchen Bedingungen sich Lebenslagen als exkludiert, überflüssig, ausgegrenzt beschreiben«[45] lassen – und sich anfühlen, wie ich hinzufügen möchte. Vielleicht ist es ebenso angemessen, danach zu fragen, was die jahrelange Erfahrung sozialer Exklusion (oder genauer und komplizierter: die Erfahrung der Diskrepanz zwischen der Inklusion in der Sachdimension auf der einen und der Exklusion aus der Sozialdimension auf der anderen Seite) mit den Gefühlen und Körpern der Betroffenen macht. Was sind die emotionalen und körperlichen Folgen »jener expliziten Kommunikationsabbrüche [...], die für deklassierte Lebenslagen charakteristisch« sind? Wie z. B. »Entlassungsschreiben nach langer Betriebszugehörigkeit, Ablehnungsschreiben nach 50 Bewerbungen um einen Ausbildungsplatz oder – im Falle von Immigranten – die immer wieder explizit betonte Ablehnung, Zugehörigkeit zu gewähren«.[46]

Erinnern wir uns an Lucía Muriel, die in ihrem Interview für das *Archiv der Flucht* davon erzählte, wie sie durch die Erfahrung rassistischer Diskriminierung – eine besonders aggressive und entmenschlichende Variante sozialer Ausgrenzung – außerhalb ihres Zuhauses verstummte. Der soziale Kommunikationsabbruch brachte sie dazu, sich selbst jeglicher Kommunikation im *Draußen* Deutschlands zu entziehen. Der Umstand, dass sie in der Sachdimension durchaus im Bildungssystem (hier die Institution Schule) inkludiert war, machte dabei keinen Unterschied. Die Kälte der Ablehnung von Zugehörigkeit in der Sozialdimension ließ die Kommunikation erstarren. Lucía Muriel verlor, um mit SAID zu sprechen, die Berührung mit der Außenwelt, d. h. der Welt außerhalb des sicheren, warmen Zuhauses. Das Gefühl, der Welt abhandengekommen zu sein (eine Grunderfahrung der Migration), mit ihr die Berührung verloren zu haben, beschreibt meines Erachtens die paradoxe Erfahrung, gleichzeitig inkludiert (Sachdimension) und exkludiert (Sozialdimension) zu sein, auf geradezu kongeniale Weise.

Schwermut und Zorn gehören zu jenen Gefühlen, die mit der Berührungslosigkeit einhergehen. Es sind genau die Gefühle, die ich nach der Rede des damaligen Berliner

Bürgermeisters verspürte und die ich zuvor bei Dostojewskij (in Földényis Vorstellung) oder Didier Eribon beschrieben gefunden hatte. Das Gefühl, überflüssig, nicht relevant und aus der Geschichte ausgeschlossen zu sein. Diese Erfahrung prägt auch andere Gefühle, wie etwa Angst und die Fähigkeit, Vertrauen zu entwickeln. Die Berührung mit der Außenwelt zu verlieren kann zu einem Verlust von Vertrauen (Weltvertrauen) und Sicherheit führen. Der Gedanke, dass jederzeit jede Katastrophe möglich ist und über uns hereinbrechen kann, setzt sich fest, wird Teil unseres Habitus, schreibt sich in uns ein. Das Gefühl des Ausgeliefertseins, also den täglichen Katastrophen hilflos ausgeliefert zu sein. Wer so aufwächst und ohnehin Ungewissheiten nicht gut aushalten kann, entwickelt zuweilen eine veritable Angststörung, die auch den Alltag als Erwachsener bestimmt.

Aus der Erfahrung der sozialen Exklusion können auch Ressentiments entstehen, die sich gegen alles richten können, was als »deutsch« wahrgenommen wird. Ebenso kann der Umgang mit der Berührungslosigkeit aber auch schöne Blüten tragen, Melancholie wecken. In dieser Hinsicht ist diese Erfahrung produktiv, denn die Fremde hat auch positive Auswirkungen, wie die Werke von Emine Sevgi Özdamar, SAID oder Dinçer Güçyeter beweisen. Die quälende Sehnsucht wird ins Poetische übersetzt, findet eine neue Sprache. Dazu SAID:

> *der flüchtling will sich definieren. er muss sich neu definieren. dann kam die deutsche sprache und bot sich an. eine welt öffnete sich, eine neue. eine welt mit eigener grammatik und eigenen grenzen – neuen grenzen. denn der flücht-*

ling hat beschlossen, die alten grenzen zu vergessen. die zwischen gestern und heute. die neue sprache bot ihm neue grenzen an. die zwischen heute und morgen.[47]

Eine Gefühlsgeschichte der Flucht und Migration nach Deutschland kann auch als eine Geschichte des emotionalen Umgangs mit der Erfahrung sozialer und – wie wir später erfahren werden – physischer, mit Gewalt durchgesetzter Exklusion beschrieben werden.

Hoffnung

Die Interviews des *Archivs der Flucht* folgen mehr oder weniger der gleichen Dramaturgie: ein kurzes Kennenlernen in der Couchecke mit gedecktem Tisch, gemeinsamer Gang zum Interview-Set, das Anbringen der Mikrophone, letzte Korrekturen an der Lichtgestaltung, nachdem Interviewer*in und Gesprächspartner*in bzw. Protagonist*in ihre Plätze eingenommen haben. Das Gespräch beginnt mit der Vorstellung der Protagonist*innen und einer Reise zurück in die Vergangenheit: Erinnerungen an Landschaften und Gerüche der Kindheit, an die erste Liebe, einschneidende Erlebnisse der Adoleszenz, innere und äußere Konflikte. Es dauert eine Weile, bis die Flucht thematisiert wird. Das gibt uns Zuhörenden die Gelegenheit, die Erzählenden besser kennenzulernen, uns ein wenig in ihre Lebenssituation hineinversetzen zu können. Und die Protagonist*innen haben dadurch mehr Zeit, um sich »aufzuwärmen«, in ihre Erinnerungen einzutauchen.

Der Abschnitt, in dem von der Flucht und Migration berichtet wird, beginnt oft mit Fragen zur Vorbereitung. Welche Entscheidungen mussten vor Beginn der Abreise getroffen werden? Was konnten sie mitnehmen? Was musste zurückbleiben? Die Antworten sind davon abhängig, von wo und wie Flucht und Migration beginnen. Ahmad Hussainy, der forsche junge Mann aus Afghanistan, den wir bereits in der Einleitung kennengelernt haben, musste alles zurücklassen. Nur einen Rucksack mit Kleidung konnte er mitnehmen.[1] Der palästinensischen Architektin und Mutter von fünf Kindern, Mouna Aleek, die während des Krieges aus Syrien fliehen musste, erging es ähnlich. Auch sie konnte nur einen Rucksack mit Kleidung mitnehmen.[2] Yasmin Merei, Literaturwissenschaftlerin und Linguistin, die während ihres Masterstudiums Syrien verlassen musste, war ebenfalls gezwungen, fast alles zurückzulassen.[3] Im Interview mit Joseph Vogl erzählt sie davon und kann dabei ihre Tränen nicht zurückhalten: »Das ist eine schwere Entscheidung, die du treffen musst. Du gehst fort. Du verlässt dein Haus, dein Zuhause, deine Bücher, deine Kleidung, dein Geschirr, alles. Wir durften nur eine Sache mitnehmen.«[4] Auf die Nachfrage, was sie mitnehmen konnte, antwortet sie, dass es sich dabei um ein Fachbuch über die »poetischen Strukturen der Sprache« gehandelt habe. Sie befand sich damals mitten in ihrem Studium und hatte nur einen PDF-Ausdruck des Werks, das sie noch heute besitzt: »Ich nehme es immer mit, egal wohin ich gehe.« Während sie von diesem Buch erzählt, scheint es für einen kurzen Augenblick, als würde sie aufhören zu weinen. In ihre Trauer mischt sich ein Moment des Trostes; der Trost, den ihr das Buch geschenkt hat und es noch heute tut. Nur ein Mensch ohne Herz wird durch Yasmin Merei nicht gerührt und berührt.

Zu den wenigen Dingen, die meine Mutter aus Iran mitgenommen hat, gehörten Kassetten mit Liedern der iranischen Schauspielerin und Sängerin Googoosh, die auch in Deutschland bekannt sein dürfte, wo sie sogar in Christian

Krachts Roman *1979* Erwähnung findet.[5] Ihre Lieder hallten durch die kleinen Unterkunftszimmer, in denen wir zu viert untergebracht waren. Meist hörte meine Mutter Googooshs Lieder, wenn mein Vater unterwegs war. Diese Lieder schenkten meiner Mutter Trost, genauso wie das Buch über die poetischen Strukturen der Sprache Yasmin Merei in schwierigen Zeiten zu trösten vermochte. Der »wesentliche Teil des Trosts ist Hoffnung«, wie der kanadische Philosoph Michael Ignatieff schreibt, die Hoffnung oder »der Glaube, dass wir uns von Verlusten, Niederlagen und Enttäuschungen erholen können und dass wir in der Zeit, die uns bleibt […], die Möglichkeit zu einem Neubeginn finden werden, mit dem wir vielleicht scheitern«.[6] Hoffnung ist ein Antidot gegen Angst und in gewissem Sinne ihr Gegenpart: Angst engt ein, Hoffnung weitet den Blick, eröffnet Perspektiven und neue Räume. Wer unter Angst leidet, neigt zu Sicherheits- und Kontrollverhalten. Hoffnung zwingt uns sanft zum Loslassen, ermuntert uns, Kontrolle abzugeben, Ungewissheiten besser zu ertragen. Hoffnung ist in die Zukunft gerichtet. Hoffnung ist ein Gefühl, aber auch eine Disziplin, die erlernt werden kann. Und Hoffnung ist noch viel mehr.

Im Staub, unter sengender Sonne

Schwalbach ist eine südhessische Stadt im Taunus, die in den 1980er und 1990er Jahren vor allem für ihre Erstaufnahmeeinrichtung und das daran angeschlossene Auffanglager für Asylbewerber*innen bekannt war. »Schualbach«, wie meine Eltern die Anlage nannten, weil sie, wie viele ihrer Landsleute, mit langen Aneinanderreihungen von Konsonanten nicht klarkommen, war riesig. Dutzende sandfarbene Containerwohnheime mit Wellblechdächern lagen parallel zueinander an einer großen Straße. Das Leben fand an wärmeren Tagen draußen statt, zwischen Bäumen und Sandkästen saßen Mütter mit ihren Kindern, während sich die Männer auf dem Fußballplatz verausgabten. Zwei Fotos sind aus jener Zeit noch erhalten. Darauf zu sehen sind meine Eltern, die meinen nur wenige Monate alten Bruder halten, der zufrieden in die Kamera lächelt, ich und mein rotes Fahrrad (eine Spende des Ortes). Neben bzw. hinter uns das Wohnheim, in dem wir für eine Zeit lebten und dessen dünne Wände einen Resonanzraum für die Lieder von Googoosh bildeten. »Schualbach« ist in meinen Erinnerungen auf ewig mit ihren Liedern verbunden. Eines der Lieder, an die ich mich immer erinnere, wenn ich an »Schualbach« denke – obwohl ich mir gar nicht sicher bin, ob wir es damals gehört haben –, ist der Titel *Mordab*, was auf Deutsch einen Sumpf bzw. stehendes Wasser bezeichnet.

In *Mordab* erzählt ein kleiner Sumpf – oder besser: ein Tümpel –, der unter der sengenden Wüstensonne allmählich zu vertrocknen droht, die Geschichte seiner Wanderung von der einstigen Quelle bis zu jenem sandigen Boden, an den er nun gefesselt ist und wo er stoisch auf sein Schicksal wartet. Der Refrain verrät den Grund seiner Wanderschaft: »Ich bin derjenige, der eines Tages ein Meer sein wollte. Ich wollte das mächtigste Meer der Welt werden. Ich wollte wandern, hin zum Meer, die Nacht in Brand setzen, bis ich den Morgen erreiche.« Nach und nach, Strophe für Strophe, erfahren wir vom schwierigen Weg des Tümpels. Anfangs war er eine klare Quelle, die den Weg hin zur Wüste wagte, durch die er hindurchfließen musste, um zum Meer zu gelangen. Doch das Schicksal grub ihr unterwegs eine Grube, in die sie hineinfiel. Dort, gefangen zwischen Sonne und Sand, wurde die Quelle zu einem Tümpel, der nach unten versickerte und nach oben verdunstete. In gewisser Hinsicht erzählt *Mordab* eine ähnliche Geschichte wie *Buufis*, jener Ausdruck, der im kenianischen Dadaab, einem der größten Flüchtlingslager der Welt, geprägt wurde und eine Sehnsucht, eine bestimmte Form von Depression bezeichnet, »die in der unauslöschlichen Hoffnung nach einem Leben anderswo wurzelt und gleichzeitig einen Schatten auf das derzeitige Leben wirft«.[7]

Ein Gefühl, das auch viele Asylsuchende, Geflüchtete und Migrant*innen in Deutschland kennen dürften, die monatelange auf eine Entscheidung über ihren Aufenthaltstitel warten müssen. »Unsere Gedanken drehen sich ständig im Kreis«, erzählt die irakische Lehrerin und zweifache Mutter Oum Ahmed, die nach Deutschland kam, um ein neues Leben zu beginnen und sich dem Leid ihres Heimatlandes zu entziehen, der »Aufenthaltstitel: Werden wir ihn bekommen? Und was, wenn wir abgeschoben werden?«[8] Der syrische Ingenieur und Fotograf Hayyan Al Yousouf, der 2014 vor dem IS fliehen musste, der seine Heimatstadt Deir ez-Zor besetzt hatte, erzählt im *Archiv der Flucht*, dass er nach seiner Ankunft in Deutschland über ein Jahr auf seinen Aufenthaltstitel warten musste. Nach der gefährlichen Odyssee quer durch Südosteuropa (Türkei, Griechenland, Albanien, Mazedonien, Serbien, Ungarn) begann eine neue Odyssee durch die deutsche Bürokratie.[9]

Stellen Sie sich, liebe Leser*innen nur mal kurz vor, Sie hätten Ihr ganzes Leben, Ihre Familie, Ihre Freunde, Ihre

Wohnung, Ihre Möbel, Bücher, Geschirr, Kleiderkammer usw. binnen weniger Tage hinter sich gelassen, wären in ein fremdes und nicht immer freundliches Land gekommen (meist unter besonders schweren Bedingungen) und müssten nun, nachdem Sie sich durch den bürokratischen Dschungel deutscher Behörden geschlagen haben, auf eine Antwort warten, die darüber entscheidet, ob sich all Ihre Mühe gelohnt hat oder ob Sie wieder zurück zum Anfang müssen. Ein Teufelskreis aus sich abwechselnder Anspannung und Langeweile, der Sie innerlich zerbersten lassen kann, denn bis Sie eine Antwort bekommen, können Sie nichts unternehmen. Und sollten Sie das Glück haben, eine Aufenthaltsgenehmigung zu erhalten, so heißt es noch lange nicht, dass Sie sich nun entspannen können: »Unsere Aufenthaltsgenehmigung ist zugleich das Problem und die Lösung. Sie ist der Schlüssel; aber auch wenn wir sie kriegen, bleibt es fraglich, ob sie verlängert wird.«[10]

Eine »Hoffnungszerstörungsmaschine« nannte der Literatur- und Kulturwissenschaftler Joseph Vogl die Asylpraxis der Bundesrepublik Deutschland während unseres ersten *Archiv der Flucht*-Workshops, in der das gesamte Team, bestehend aus den Kuratorinnen, Berater*innen, Interviewer*innen und dem Produktionsteam, erstmalig zusammenkam, um über Inhalt, Form und Struktur des Projekts zu beraten. Als großer Bewunderer Joseph Vogls, der für das *Archiv der Flucht* auch Interviews führte, nahm ich diesen Begriff dankbar auf. Er beschreibt nicht nur die Gegenwart der bundesdeutschen Asylpolitik aus der Perspektive Asylsuchender auf geradezu kongeniale Weise, sondern verweist auch auf die lange Geschichte der Asylgesetzgebung, die 1993 im sogenannten Asylkompromiss mündete und die, wie der

Zeithistoriker und Migrationsforscher Patrice G. Poutrus in seinem Buch *Umkämpftes Asyl* konstatiert, »von Beginn an mit fundamentalen Fragen nach den politisch-moralischen Grundlagen der deutschen Gesellschaft verbunden«[11] war. Dazu gleich mehr.

Während seine letzten Tropfen Wasser verdunsten und versiegen, lässt uns der Tümpel in Googooshs Lied an seiner Geschichte vom hoffnungsvollen Scheitern teilhaben. Ja, auch wenn es auf den ersten Blick nicht so erscheinen mag, *Mordab* handelt von der Hoffnung, vom Trost in dunklen Zeiten, vom Willen, immer weiterzufließen, auch wenn die Aussichten, das Ziel zu erreichen, schlecht sind und immer schlechter werden. In seinem Buch über den Trost zitiert Michael Ignatieff einen bekannten Ausspruch Václav Havels, des berühmten tschechischen Dissidenten, der nach seiner langjährigen Haftzeit in den Präsidentenpalast einzog: »Hoffnung ist eben nicht dasselbe wie Optimismus. Sie ist nicht die Überzeugung, dass etwas gut enden wird, sondern die Gewissheit, dass es einen Sinn hat, egal wie es endet.«[12] Der Glaube daran, dass eine Unternehmung, eine Sache, eine Person oder gar das Leben einen Sinn hat, schenkt uns Hoffnung, lässt uns hoffen und Hoffnung empfinden. Der hoffnungsvolle Blick in eine zukünftige Zeit, in der etwas irgendwie besser sein soll, hat jedoch nichts mit untätigem Wünschen gemein. Denn im Gegensatz zur optimistischen Gelassenheit (»es wird schon alles gut« oder so ähnlich) setzt Hoffnung ein Bemühen voraus, verlangt uns Anstrengungen ab.[13]

Die Tatkraft unterscheidet die Hoffnung von der Verzweiflung. Sich der Verzweiflung hinzugeben bedeutet, vor aussichtslosen Situationen zu resignieren, zu erstarren vor den Überwältigungen, die das Leben zuweilen für uns bereithält. Entsprechend bedeutet, hoffnungslos zu sein, nicht das Gleiche, wie verzweifelt zu sein: Denn hoffnungslos zu sein ist temporär, Hoffnungslosigkeit gilt so lange, bis wir uns dazu entscheiden oder dazu gezwungen werden, etwas gegen unsere Situation zu unternehmen, anstatt sie verzweifelt und ohne Aussicht auf einen besseren Ausgang zu ertragen; »hoffnungslos sein bedeutet, dass man bereit ist, fast alles zu tun«.[14] Der Tümpel aus Googooshs Lied ist am Ende hoffnungslos, aber nicht verzweifelt. Während er uns von seinem Schicksal erzählt, hofft er noch immer auf einen besseren Ausgang, obwohl er schon fast ausgetrocknet ist, im Staub, unter sengender Sonne.

Hoffnungszerstörungsmaschine

> Kemal,
> Du wolltest
> zur Sonne,
> aber die Fenster hier
> verstehen kein Türkisch.
> Und deine Mutter,
> was sagt sie
> dem Botschafter des Todes,
> der nur Deutsch sprach
> mit barer Münze auf der Zunge
> und schlechtem Gewissen in der Hand?[15]

Dieses Gedicht verfasste SAID am 30. August 1983. An diesem Tag stürzte sich der erst 23-jährige Cemal Kemal Altun aus einem Fenster im sechsten Stock des Westberliner Verwaltungsgerichtsgebäudes in der Hardenbergstraße, gleich gegenüber der S-Bahn-Station Zoologischer Garten. Altun war Ende November 1980 als politisch Verfolgter aus der Türkei (über Rumänien, Bulgarien, Ungarn, die Tschechoslowakei) in die DDR und anschließend nach Westdeutschland geflohen. Die Türkei stellte einen Auslieferungsantrag, den die Bundesregierung bewilligte, obwohl Altun in seiner Heimat Folter und Tod drohten. Nach einigem Hin und Her sollte ab dem 29. August 1983 im Verwaltungsgericht endgültig über die Abschiebung Altuns entschieden werden. Die »Botschafter des Todes« konnten ihr Urteil am Ende nicht mehr fällen, Altun lief am zweiten Verhandlungstag auf ein offenes Fenster zu und stürzte sich in den Tod – aus Angst und Verzweiflung. Doch für Angst und Verzweiflung gab es im (west-)deutschen Asylrecht keinen Platz. Bereits 1977 hatte das Bundesverwaltungsgericht »seine Rechtsprechung zur Feststellung politischer Verfolgung« geändert – entgegen der Genfer Flüchtlingskonvention: »Künftig war nicht mehr die subjektive Furcht vor Verfolgung des Asylsuchenden maßgeblich, stattdessen rückten die politischen Motive des Verfolgerstaates in den Blickpunkt.«[16] Erst 1990, 13 Jahre später, erkannte das Bundesverfassungsgericht »Folter als Asylgrund« endlich an.[17] Die politischen und juristischen Entscheidungen, die einen jungen Asylsuchenden in den Suizid getrieben haben, waren nur eine Zwischenetappe auf dem Weg hin zu jenem »Asylkompromiss«, der die Einwanderung nach Deutschland erheblich stören, erschweren oder gar verhindern sollte.

Während die 1950er und 1960er Jahre des Kalten Kriegs als »eine Art Goldenes Zeitalter der Asylgewährung«[18] galten, in der Geflüchtete aus kommunistischen Ländern (Ungarn 1956, Tschechoslowakei 1968) wohlwollend aufgenommen wurden, änderte sich die Stimmung ab den 1970er Jahren, als vermehrt Asylsuchende aus afrikanischen und asiatischen Ländern bzw. Ländern des Mittleren und Nahen Ostens in Westdeutschland Anträge stellten. Mit der Verhängung des Anwerbestopps für ausländische Arbeiter*innen Ende 1973 vollzog die Regierung der BRD eine Wende: von der seit den 1950er und 1960er Jahren vertraglich vereinbarten und aktiv betriebenen Anwerbung von Arbeitsmigrant*innen beispielsweise aus Italien, Griechenland oder der Türkei hin zu einer »restriktiven Zuwanderungsbeschränkung«, die zukünftigen Migrant*innen lediglich das Asyl als »einzig möglichen Zugangsweg in die Bundesrepublik« ließ.[19] Beinahe zeitgleich wuchsen rassistische Ressentiments: »zwei Drittel der Deutschen sahen die ›Gastarbeiter‹ als großes Problem an, das man am liebsten wieder los wäre«.[20]

Derweil stieg die Zahl der Asylbewerber*innen kontinuierlich: von 10 000 im Jahr 1976 auf 100 000 im Jahr 1980. Auf Initiative Bayerns legte die Innenministerkonferenz 1976 einen Schlüssel für die Verteilung von Asylsuchenden fest. Demnach sollten die Ankommenden in jenem Bundesland untergebracht werden, in dem sie erstmals registriert wurden. Bei Überlastung sollten die Menschen gemäß einer Quote auf andere Bundesländer verteilt werden – was immer wieder zu Konflikten zwischen Bund, Ländern und Kommunen führen sollte.[21]

Am 25. Juli 1978 verabschiedete der Bundestag einstimmig das Gesetz zur Beschleunigung des Asylverfahrens, mit dem das Widerspruchsrecht der Asylsuchenden ausgehebelt wurde. Bis zu diesem Zeitpunkt

> *entschieden Anerkennungsausschüsse des Zirndorfer Bundesamtes für die Anerkennung ausländischer Flüchtlinge über das jeweilige Asylbegehren. Bei Ablehnung konnten die Asylbewerber gegen diese Entscheidungen im Amt Widerspruch einlegen, der von einem Widerspruchsausschuss geprüft wurde. Dessen Entscheidung wiederum konnte dann beim Amtsgericht Ansbach, dem Bayerischen Verwaltungsgerichtshof und beim Bundesverwaltungsgericht angefochten werden.*[22]

Mit dem Inkrafttreten des ersten Beschlusses zur Beschleunigung des Asylverfahrens entfiel dieses Widerspruchsrecht, und damit oblag die Entscheidung über einen Asylantrag nur noch dem Anerkennungsausschuss des Bundesamtes für die Anerkennung ausländischer Flüchtlinge. Der CDU genügten diese Einschränkungen jedoch nicht. Nur zwei Jahre später erzwang sie einen zweiten Beschleunigungsbeschluss, der wesentliche Veränderungen mit sich brachte. Zum einen wurde der Anerkennungsausschuss durch zwei »weisungsunabhängige Einzelentscheider« ersetzt, zum anderen sollte die Behörde den Asylsuchenden im Fall der Ablehnung den negativen Bescheid mitsamt »der fälligen Ausreiseaufforderung und der Abschiebeandrohung aushändigen«.[23]

Die »Anti-Einwanderungspolitik«[24] der Bundesrepublik wurde in den folgenden Jahren auch medial begleitet, insbesondere durch die Springer-Presse, welche die Verschärfungen des Asylrechts »mit geradezu apokalyptischen Überlastungs- und Überforderungsbehauptungen« flankierte und die deutsche Mehrheitsgesellschaft negativ emotionalisierte.[25] Rassistische Ressentiments bestimmten große Teile der medialen, politischen und gesellschaftlichen Auseinandersetzung mit den Themen Asyl und Einwanderung. Wer sich heute die Mühe macht, die Art und Weise, wie die Debatten um Flucht und Migration in den 1980er Jahren geführt wurden, mit der aus 2015 oder 2022/2023 zu vergleichen, wird schnell auf erstaunliche Parallelen stoßen. Begriffe wie »Asylmissbrauch« oder »Scheinasylanten« wurden in den 1980ern geprägt. Franz Josef Strauß, damaliger Ministerpräsident Bayerns, warf beispielsweise der Regierung Helmut Schmidts hinsichtlich des Ausländerrechts Untätigkeit vor, denn nur eine Änderung könne den Bundesländern die Möglichkeit eröffnen, »mit dem Heer der Scheinasylanten fertig zu werden«, die in »kommerzialisierten Reisegruppen« und mit »Jumbos und Omnibussen« nach Deutschland kämen und das Asylrecht missbrauchten.[26] Markus Söder und Alexander Dobrindt blieben dieser CSU-Rhetorik lange treu – der CDU-Parteivorsitzende Friedrich Merz tut es noch heute.

In den 1980er und 1990er Jahren erlebte Deutschland »eine neue Konjunktur des Rassismus«[27], der sich durch alle gesellschaftlichen Schichten zog. 1982, in dem Jahr, in dem Helmut Kohl das Kanzleramt übernahm und in seiner ersten Regierungserklärung die Leitlinien seiner »Ausländerpolitik« vorstellte (»Einwanderung verhindern, Nachzug begrenzen, Rückkehr erleichtern«[28]), veröffentlichte eine Gruppe von renommierten Universitätsprofessoren das »Heidelberger Manifest«, in welchem sie sich »gegen jede

Form ethnisch fremder Einwanderung« aussprachen, um den Charakter und die Reinheit des »deutschen Volkes« nicht zu gefährden.[29] Währenddessen wurde das Asylrecht immer weiter ausgehöhlt und die Lebensbedingungen von Asylsuchenden bewusst verschlechtert, um abzuschrecken und keine »Anreize« zu bieten:

> *So verhängten einige Bundesländer einjährige Arbeitsverbote für Asylsuchende im Anerkennungsverfahren, ihre räumliche Bewegungsfreiheit wurde eingeschränkt, die Unterbringung und Versorgung in Gemeinschaftsunterkünften wurden zur Regel, und die ohnehin reduzierten Sozialleistungen sollten möglichst als Sachleistungen erfolgen. Darüber hinaus wurden ihnen jene Leistungen versagt, die auf lange Sicht, zum Beispiel bei Anerkennung als politisch Verfolgter, die Integration in die bundesdeutsche Gesellschaft hätten erleichtern können.*[30]

Nicht nur CDU/CSU-Politiker (ja, es waren nur Männer) schürten mit ihrer »Asylmissbrauchs«-Rhetorik Hass und Neid, sondern auch die Springer-Presse, allen voran die *Bild*-Zeitung sowie die *Welt am Sonntag*. Es kann uns nicht verwundern, dass das verbale und emotionale Aufpeitschen schließlich zu Gewaltausbrüchen führte. Mitte der 1980er Jahre häuften sich Angriffe auf »Ausländer« und Unterkünfte für Asylsuchende. Nach dem Mauerfall und der Wiedervereinigung nahm die Gewalt zu. Der Migrationsforscher Patrice G. Poutrus erkennt retrospektiv zu Recht »eine Art informelles Bündnis zwischen den Asylkritikern aus der Union und den rechtsradikalen Gewalttätern auf der Straße«. Diese »Kombination aus politischer Mobilisierung,

Kampagnenjournalismus und rassistischer Gewalt« entfaltete Anfang der 1990er Jahre, wie Poutrus weiter schreibt, »eine ungekannte und auch kaum zu kontrollierende Dynamik«.[31]

Im sächsischen Hoyerswerda wurde vom 17. bis zum 23. September 1991 ein Wohnheim für Vertragsarbeiter und Asylbewerber*innen von Neonazis unter Beifall der örtlichen Bevölkerung mit Molotowcocktails und anderen lebensgefährlichen Gegenständen angegriffen. Die pogromartige Gewalt von Hoyerswerda wurde zu einer Blaupause für rechtsextremistische Attacken auf Unterkünfte für Asylsuchende und Vertragsarbeiter. Im August 1992 wiederholte sich die Geschichte in Rostock-Lichtenhagen. Nur zwei Monate später wurde in Mölln (Schleswig-Holstein) ein Brandanschlag auf das Wohnhaus der türkischen Familie Arslan verübt. Dabei starben die zehnjährige Yeliz Arslan, ihre vierzehnjährige Cousine Ayşe Yılmaz und ihre Großmutter Behide Arslan. In der Nacht des 23. Mai 1993 setzten Neonazis das Haus der Familie Genç in Solingen (Nordrhein-Westfalen) in Brand, erneut starben fünf Menschen: Gürsün İnce, Hatice Genç, Gülüstan Öztürk, Hülya Genç und Saime Genç.

Die Revision des Artikels 16 Absatz 2 Satz 2 des Grundgesetzes (»Politisch Verfolgte genießen Asylrecht«), die von der Kohl-Regierung Ende 1992 durchgesetzt wurde, nachdem der damalige Bundeskanzler öffentlich einen »Staatsnotstand« ausgerufen hatte, bildete den Höhepunkt der seit Mitte der 1970er Jahre hauptsächlich von den Unionsparteien vorangetriebenen Aushöhlung des Asylrechts. Am 6. Dezember 1992 einigten sich CDU/CSU, FDP und SPD auf den »Asylkompromiss«, am 28. Juni 1993 wurde der Zusatzartikel 16a vom Bundestag verabschiedet. Der Satz »Politisch Verfolgte genießen Asylrecht« wurde zwar als »eine Art Präambel« (Absatz 1) beibehalten, jedoch folgten sogleich fünf Absätze, die diesen humanistischen Satz entwerteten und »politisch Verfolgten kaum noch die legale Möglichkeit« ließen, in Deutschland Asyl zu erhalten. Gemäß Absatz 2 des Artikels 16a kann sich keine Person auf Absatz 1 berufen, die Deutschland auf dem Landweg bzw. über einen »sicheren Drittstaat« erreichte, und hat dementsprechend keine Möglichkeit, nach Asyl als »politisch Verfolgte« zu suchen. Zudem war es nur noch der Bundesregierung vorbehalten, Staaten als sicher einzustufen und Staatsbürger*innen aus ebendiesen »sicheren Herkunftsländern« den Anspruch auf Asyl abzuerkennen, es sei denn, sie könnten glaubhaft darstellen, dass ihr Leben bedroht sei.[32]

> *Wir können das Grundgesetz nicht feiern, ohne an die Verstümmelungen zu erinnern, die ihm hier und dort zugefügt worden sind. […] Nicht nur sprachlich am schwersten wiegt die Entstellung des Artikels 16. Ausgerechnet das Grundgesetz, in dem Deutschland seine Offenheit auf ewig festgeschrieben zu haben schien, sperrt heute diejenigen aus, die auf unsere Offenheit am dringlichsten angewiesen sind: die politisch Verfolgten. Ein wundervoll bündiger Satz – »Politisch Verfolgte genießen Asyl« – geriet 1993 zu einer monströsen Verordnung aus 275 Wörtern, die wüst aufeinander gestapelt und fest ineinander verschachtelt wurden, nur um eines zu verbergen: daß Deutschland das Asyl als ein Grundrecht praktisch abgeschafft hat.*[33]

So mahnte Navid Kermani in seiner Rede zum 65. Jahrestag der Verkündigung des Grundgesetzes im Bundestag am 23. Mai 2014 und plädierte zugleich für einen humaneren und würdevolleren Umgang mit Schutzsuchenden in Deutschland. Wer hätte ahnen können, welches Gewicht seine Worte nur ein Jahr später, nämlich in jenen zerrissenen Sommer- und Herbstmonaten 2015, haben sollten, als Deutschland in zwei Teile zerfiel: in ein »seltsam weichgewordenes Deutschland«[34] auf der einen Seite, in dem ankommende Geflüchtete mit Applaus und Schokolade willkommen geheißen wurden, in dem die Hilfsbereitschaft deutscher Bürger*innen sogar die Bundeskanzlerin inspirierten, und auf der anderen Seite ein kaltes, dunkles Deutschland, in dem sich die rassistischen Debatten um »Scheinasylanten« oder »Asyl-Touristen« wiederholten und in dem sich die rassistische Tradition und die rechtsradikale Gewalt der 1980er und 1990er Jahre fortsetzten. Auch die Hoffnungszerstörungsmaschine setzte ihre Arbeit fort und verschärfte erneut ihre Asylpolitik.[35]

Immer dem Meer entgegen

Ich habe meine Mutter nie gefragt, was ihr Hoffnung, Kraft und Zuversicht gegeben hat, um die Strapazen der Migration, des Ankommens, des Zurechtkommens mit den Behörden zu ertragen und dabei nicht in der Verzweiflung zu erstarren, sondern mit offenen Augen die Widrigkeiten durchzustehen, während des Wartens zunächst auf einen Aufenthaltstitel, dann auf die Verlängerung und schließlich auf die unbefristete Aufenthaltserlaubnis. »Es kommt darauf an, das Hoffen zu lernen«,[36] empfiehlt der Philosoph Ernst Bloch in seinem voluminösen Werk *Das Prinzip Hoffnung*, das einzige Buch dieses Umfangs, das ausschließlich der Hoffnung gewidmet ist. Der Jude und Marxist Ernst Bloch, der das nationalsozialistische Deutschland kurz nach der Machtergreifung Adolf Hitlers verlassen musste, schrieb dieses Buch in den Jahren seines Exils – vor allem in den USA (1938–1947). Die Hoffnung ist, so Bloch weiter, »ins Gelingen verliebt statt ins Scheitern«.[37] Aber sie kann weder das Scheitern noch das Gelingen garantieren. Die Hoffnung weiß nicht, wie die Geschichte ausgeht, so wie der Tümpel, der durch die Wüste fließt, um ein Meer zu werden, und dabei alles riskiert. Er weiß um die Möglichkeit des Scheiterns, dennoch gibt ihm die Aussicht auf das Gelingen seines Traums genug Zuversicht, um sich der glühenden Hitze der Wüste auszusetzen.

Vielleicht hat die Hoffnung, dass unsere Geschichte gut ausgehen wird, meiner Mutter die Kraft gegeben, das Warten auszuhalten, jahrelang im Lagerhaus des Otto-Versands zu arbeiten, die Häuser und Wohnungen von wohlhabenden, aber nicht immer wohlwollenden Menschen zu reinigen, auf ihre Kinder und Haustiere aufzupassen, während mein Vater versuchte, mit möglichst wenig Mühe und Zeitaufwand, viel Geld zu verdienen und dabei immer sein »eigener Chef« zu sein, sich von niemandem etwas sagen zu lassen. Dabei, es dürfte kaum überraschen, scheiterte er immer wieder, häufte Schulden an und ließ uns damit am Ende allein. Ich muss 13 oder 14 gewesen sein, als der Gerichtsvollzieher das erste Mal vor unserer Tür stand. Um uns über Wasser zu halten, einigten wir uns auf Ratenzahlungen, die uns über Jahre belasteten. Meine Mutter ließ sich nichts anmerken, jeden Morgen stand sie um 4.30 Uhr auf, machte meinem Bruder und mir Pausenbrote und ging zur Arbeit. Am frühen Abend kam sie nach Hause, kümmerte sich um den Haushalt und bereitete das Abendessen zu. Diesen Rhythmus behielt sie bei, auch dann noch, als es keine Brote mehr zu schmieren, keine Wäsche mehr zu waschen gab und wir den Haushalt unter uns aufgeteilt hatten. Meine Mutter arbeitete stoisch weiter – und mit derselben Hingabe, wie sie sich um uns gekümmert hatte (und es noch immer tut), sorgte sie sich um die Kinder der Bessergestellten.

Von meiner Mutter lernte ich, dass wir auch dann weiterhoffen und weiterarbeiten müssen, wenn es gerade nichts zu hoffen gibt oder wir nicht wissen, worauf wir hoffen können. Diese Zeiten müssen wir einfach durchstehen (ganz gleich, was uns entgegengeschleudert wird) – in dem Glauben, dass all unsere Mühen am Ende doch einen Sinn haben. Dieser Glauben an die Kraft der Hoffnung war es, der meiner Mutter die Möglichkeit gab, auch den schwersten Schlag ihres Lebens zu ertragen und daraus neue Kraft zu schöpfen – und immer dem Meer entgegenzufließen. Mit Anfang 20 erlitt mein Bruder einen schweren psychischen Zusammenbruch. Und meine Mutter war es, die ihn, in Rücksprache mit mir und den zuständigen Psychologinnen, in eine geschlossene Psychiatrie einweisen musste, bevor er sich oder andere gefährden konnte – wobei es nie eine Gefahr für andere gegeben hat, sondern nur für ihn selbst. Ich war zu der Zeit Ende 20 und lebte bereits alleine. Nach der Einweisung löste meine Mutter die gemeinsame Wohnung auf und zog in eine kleinere. Sie besuchte ihn jeden Tag, und als er entlassen wurde, nahm sie ihn mit zu sich in die neue Wohnung. Ganz langsam begann sich der Zustand meines Bruders zu verbessern. Und weil es zu seinen größten Träumen gehörte, in den USA zu leben, meldete ihn meine Mutter kurzerhand zu einer *Green Card*-Lotterie an. Ich hielt es hinsichtlich seines Zustands für ein zu großes Risiko. Was, wenn er nicht gezogen wird? Folgt dann ein Rückfall? Nichts von dem, was ich befürchtete, trat ein. Im Gegenteil, er gewann eine *Green Card*, migrierte nach Kalifornien, wurde eingebürgert und holte meine Mutter zu sich. Heute leben beide dort, sind glücklich und gesund. Das Gefühl der Hoffnung macht »die Menschen weit, statt sie zu verengen«, schreibt Bloch.[38] Hoffnung ist das Antidot gegen die Angst.

Die Nacht in Brand setzen

Hat sich das Gefühl der Hoffnung und das Ziel, auf das sie sich richtet, in den vergangenen 20 oder 30 Jahren verändert? Unterscheidet sich die Hoffnung der Eltern und Großeltern, die als erste Einwanderergeneration nach Deutschland kamen (ganz gleich ob nun als »Gastarbeiter*innen«, Geflüchtete, Asylsuchende, Studierende usw.), von der Hoffnung ihrer Kinder und Enkel? Die erste Generation, die in stiller Hoffnung und mit dem Wunsch auf eine bessere Zukunft für ihre Nachkommen alles ertrug und aushielt, was ihr die Hoffnungszerstörungsmaschine entgegenwarf: das Warten auf den Aufenthaltstitel, das mühevolle Erlernen der deutschen Sprache, stundenlanges Schlangestehen vor Ausländerbehörden, das Ringen um Arbeitserlaubnisse, den kraftraubenden Parcours durch deutsche Behörden, das Ausfüllen von Formularen – Papier, so viel Papier! – und schließlich der alltägliche Rassismus. Und bei allem galt: bloß keine Fehler machen, wie es Aras Ören so schön beschrieben hat:

> *Du darfst keinen Fehler machen. Das mußt du zuallererst lernen. Wenn du die Straße bei Rot überquerst, machst du dich schuldig. Wenn du ein Verbotsschild übersiehst, machst du dich schuldig. […] Wenn du mit einem Beamten im Dienst mit erhobener Stimme sprichst, machst du dich schuldig. Wenn du im Bus jemandem auf den Fuß trittst und dich nicht entschuldigst, machst du dich schuldig. […] Du darfst dich nicht ärgern, wenn du außer Atem an der Bushaltestelle angelaufen kommst und der Busfahrer dir die Tür vor der Nase zumacht und ohne dich abfährt […]. Wenn du beschimpft wirst, weil du etwas Verbotenes getan hast, darfst du nicht widersprechen. Wenn du beim Spielen verlierst, darfst du nicht traurig sein.*[39]

Ein guter »Ausländer« sein, das hatte auch ich sehr schnell gelernt. Sich an Regeln halten, nicht laut werden, allen höflich, geduldig und freundlich begegnen und vor allem immer korrekt, rechtschaffen sein. Der deutsch-türkische Dichter Dinçer Güçyeter (wir gehören derselben Generation an) hat ähnliche Erfahrungen gemacht und noch viel schönere Formulierungen gefunden, um sie zu beschreiben: »So war Deutschland. Es gab Regeln. Es war schwer, eine Freude ganz auszuleben, das Gefühl, du machst was falsch, gehörte einfach zum Alltag.«[40]

Nach dem 11. September 2001 und nach 2015 bedeutete

ein guter »Ausländer« sein vor allem, ein guter Muslim sein, was gleichbedeutend ist mit kein (streng) gläubiger Muslim sein, eine Art Muslim »light«: ein bisschen Islam, ein bisschen *halal* und viel Grundgesetz. Also keine Gefahr für die deutsche Mehrheitsgesellschaft darstellen und dem Anschein jeglicher Gefährlichkeit vorauseilend vorbeugen. Ich versuchte, noch höflicher, sanfter und vorsichtiger in meiner Sprache und meinen Bewegungen zu sein. Konflikte und Probleme versuchte ich durch »Nett-Sein« zu lösen oder gar nicht erst entstehen zu lassen (was ich z. T. noch heute mache). In der Bahn oder an Haltestellen las ich immer, meist »hohe« Literatur, denn von lesenden Menschen geht kaum Gefahr aus. Mein Blick war immer gesenkt, vor allem achtete ich besonders darauf, fremden (deutschen) Frauen nicht zu lange in die Augen zu schauen oder sie am besten gar nicht direkt anzusehen. Ich war keine Gefahr, ich bin keine Gefahr. Der Gedanke, dass ich keine Kontrolle über die Wahrnehmung anderer habe und, vor allem, dass es nicht meine Aufgabe ist, ihre Wahrnehmung zu lenken, kam mir nicht. Mir fehlte es an Selbstbewusstsein und an Selbstachtung.

Im vergangenen Jahr sprach ich eher zufällig über dieses Thema mit einer 20-jährigen Tochter iranischer Migrant*innen, die in einer deutschen Stadt zur Welt gekommen ist und kein Wort Farsi spricht. Sie nannte mein Verhalten *whitewashing* und meinte damit (entgegen der korrekten Definition, die sich auf die Besetzung von *weißen* Schauspieler*innen für Rollen bezieht, die eigentlich Schauspieler*innen *of Color* vorbehalten sein müssten), dass ich durch die *weiße* Mehrheitsgesellschaft aufgeweicht und *weiß* gemacht worden sei. Also kein »richtiger« Iraner, kein

PoC usw. sei. Es ärgerte mich maßlos. Wie konnte sie so über mich urteilen? Sie kannte mich doch kaum. Gleichzeitig faszinierten mich die Bestimmtheit und Selbstsicherheit, mit der sie ihr Urteil über mich sprach. An ihrer Reaktion, ihrer Einordnung meines Verhaltens und der Unbedingtheit ihres Urteils lassen sich der Unterschied zwischen unseren Generationen und der Wandel der Gefühle gut verdeutlichen.

Der Soziologe Aladin El-Mafaalani hat diese Generationsdifferenz in seinem Buch *Das Integrationsparadox* am Beispiel einer »Tisch-Metapher« treffend beschrieben: »Die erste Generation der Einwanderer ist noch bescheiden und fleißig, beansprucht nicht volle Zugehörigkeit und Teilhabe. [...] Sie sitzen überwiegend am Boden oder am Katzentisch, während die Einheimischen am Tisch sitzen.«[41] Diese Dynamik (die allmählich zu Konflikten mit der Mehrheitsgesellschaft führt, wie El-Mafaalani in Anlehnung an das »Tocqueville-Paradoxon« erklärt) ändert sich mit den ersten Nachkommen, die, besser ausgebildet, damit beginnen, langsam an dem Tisch der Einheimischen Platz zu nehmen. Und mit der dritten Generation eröffnen sich weitere Möglichkeiten: »Die Enkel der Migranten möchten nicht mehr nur am Tisch sitzen und ein Stück vom servierten Kuchen bekommen. Sie wollen mitbestellen. Sie wollen mitentscheiden, welcher Kuchen auf den Tisch kommt. Und sie wollen die alten Tischregeln, die sich entwickelt und etabliert haben, bevor sie dabei waren, mitgestalten.«[42] Dieser über Jahrzehnte voranschreitende Personalwechsel wurde von einem allmählichen Wandel der Gefühle begleitet. Denn, wir erinnern uns, Gefühle sind verschiedenen Zeitlichkeiten unterworfen. Sie wandeln sich in Körpern, Gesellschaften und in der Geschichte.

Ich möchte an dieser Stelle noch einmal auf die Arbeitsdefinition von Gefühlen zurückgreifen, die diesem Buch zugrunde liegt. Gefühle sind zum Teil universalistisch, sie bestehen aus flüchtigen, instabilen, neuronalen Signalen, die wir in unseren Körper in Form von Stimmungen bzw. Affekten mit unterschiedlichen Intensitäten (angenehm / unangenehm sowie ruhig / unruhig) wahrnehmen. Je nach Situation kann sich dieses »emotionale Grundrauschen« für eine gewisse Zeit zu einem bewusst wahrnehmbaren Gefühl verfestigen. Durch Interpretation, Differenzierung und den Rückgriff auf unser Gefühlswissen kategorisieren wir die Stimmung bzw. den Affekt als ein bestimmtes Gefühl, z. B. eine sehr unangenehme und sehr angespannte Stimmung kann kontextabhängig als Wut oder Angst bezeichnet werden. Das Benennen und Einordnen eines Gefühls basieren auf einer Übersetzungsleistung, die im hohen Maße sozialkonstruktivistisch und kulturalistisch ist. Denn wie wir Gefühle wahrnehmen und ihnen Ausdruck verleihen, ist von verschiedenen Prägungen abhängig, z. B. von unserer Zugehörigkeit zu einer sozialen Klasse, unserem Geschlecht, unserer nationalen, religiösen, kulturellen oder ethnischen Herkunft, unseren Norm- und Wertvorstellungen und schließlich von dem Gefühlswissen, welches zu einer bestimmten Zeit (in einem bestimmten Teil) der Gesellschaft existiert. Gefühle sind ansteckend.

Mit dem Wechsel der an El-Mafaalanis Tisch sitzenden Personen setzte gleichzeitig ein Bedeutungswandel des Gefühls der Hoffnung ein. Die Hoffnung der ersten und zum Teil auch der zweiten Generation bestand überwiegend darin, Widrigkeiten auszuhalten und an eine bessere Zukunft zu glauben. Mit der dritten Generation und ihrem vehementen Einfordern der Teilhabe und Zugehörigkeit transformierte sich die Gestalt der Hoffnung. Nun galt es nicht mehr als erstrebenswert, vom Meer zu träumen und die Hitze des Wüstensands zu ertragen, sondern die Nacht in Brand zu setzen, wie es bei Googoosh heißt. Die Hoffnung der dritten Generation ersetzte Trost durch Trotz, Wunsch durch Wut. Hoffen bedeutet für sie zu kämpfen, sich nichts bieten zu lassen, ungemütlich zu werden und lauthals all jene Rechte einzufordern, die den Eltern und Großeltern vorenthalten wurden. Stellvertretend für einen Teil (bzw. für ein eher akademisch gebildetes Milieu dieser Generation) können beispielsweise Autor*innen wie Hengameh Yaghoobifarah oder Fatma Aydemir genannt werden. Die Hoffnung ihrer Generation fasst Fatma Aydemir in ihrem Essay für den Band *Eure Heimat ist unser Albtraum* wie folgt zusammen:

> *Der German Dream meiner Großeltern war, etwas Geld zur Seite zu legen und damit in der Türkei ein Stück Land zu kaufen. Der German Dream meiner Eltern war, ihren Kindern ein Studium zu ermöglichen und ein großes deutsches Auto zu fahren. Und was ist meiner? Ganz einfach: Ich will den Deutschen ihre Arbeit wegnehmen. Ich will nicht die Jobs, die für mich vorgesehen sind, sondern die, die sie für sich reservieren wollen – mit der gleichen Bezahlung, den gleichen Konditionen und den gleichen Aufstiegschancen. Mein German Dream ist, dass wir uns alle endlich das nehmen können, was uns zusteht – und zwar ohne dass wir daran zugrunde gehen.*[43]

Natürlich spricht Aydemir nicht für eine ganze Generation von migrantischen Nachkommen, das ist auch nicht ihr Anspruch. Denn nicht allen gelang der soziale und ökonomische Aufstieg. Vielen der prekär lebenden Milieus fehlte das ökonomische, soziale und kulturelle Kapital, um einen Aufstieg für ihre Kinder und Enkel zu ermöglichen. Und dieses Ungleichverhältnis wurde weitervererbt. Ausnahmen gab es immer und wird es weiter geben, aber der überwiegende Teil der Aufsteiger*innen entstammte der migrantischen Mittelklasse. Viele Angehörige dieser Klasse wurden in sichere und stabile Verhältnisse hineingeboren, konnten studieren und später in den Berufsfeldern arbeiten, für die sie sich qualifiziert hatten. Das elterliche Zuhause ermöglichte ihren Aufstieg dabei nicht nur ökonomisch, sondern gab ihnen auch das Wissen mit, um entscheiden zu können, welches Studienfach sie wählen und wie sie ihren Abschluss am besten einsetzen können. Sich überhaupt erst in der Situation wiederzufinden, nach den Jobs zu verlangen, die einem nach eigenem Bekunden »zustehen«, ist nicht nur eine Frage der ethnischen Zugehörigkeit, sondern auch oder vor allem eine Klassenfrage. Es muss an dieser Stelle erwähnt werden, dass jene Generationen, von denen hier die Rede sein wird, mitnichten die gesamte Migrationsgesellschaft in Deutschland abbilden, sondern nur einen Teil.

Im Gegensatz zu ihren Eltern und Großeltern steht für einen überwiegenden Teil der migrantischen Aufsteiger*innen, die ebenso wie die nichtmigrantischen, *weißen* Angehörigen ihrer Generation der »neuen Mittelklasse«[44] zuzurechnenden sind, nicht mehr das Allgemeine im Vordergrund, sondern das Besondere: »Nicht mehr an das Standardisierte und Regulierte heften sich die Hoffnungen, das Interesse und die Anstrengungen [...], sondern an das Einzigartige, das Singuläre.«[45] Alles muss besonders sein:

Arbeit, Konsum, Urlaub und ja, das ganze Leben, das nicht einfach nur gelebt, sondern kuratiert[46] und auf dem Aufmerksamkeits- und Deutungsmarkt beworben wird. Als Angehörige der »neuen Mittelklasse« stehen sowohl die migrantischen als auch die nichtmigrantischen Akteur*innen für jene Werte ein, die sich in den vergangenen 20 oder 30 Jahren (evolutionär und nicht disruptiv[47]) im Zuge des »progressiven Normwandels«[48] herausgebildet haben: politisch korrekte und diskriminierungssensible Sprache, postkoloniales, macht- sowie rassismuskritisches Denken, Diversität, soziale Gerechtigkeit, Feminismus, Antiqueerfeindlichkeit, Klimaschutz usw. Um noch einmal El-Mafaalanis Tisch-Metapher zu bemühen: Nicht nur die am Tisch sitzenden Akteur*innen haben sich durch die gesellschaftlichen Prozesse und Errungenschaften der vergangenen 30 Jahre gewandelt (bzw. wurden ausgetauscht), sondern auch der Tisch selbst. Durch den progressiven Normenwandel, der in immer mehr Bereiche des öffentlichen und privaten Lebens dringt, hat sich die Gestalt des Tischs wesentlich verändert – und damit zugleich die Gefühle.

Die Kinder und Enkel von Migrant*innen unterscheiden sich bei allen Gemeinsamkeiten jedoch in einem zentralen Punkt von den nichtmigrantischen, *weißen* Angehörigen der »neuen Mittelklasse«: die Erfahrung sozialer Exklusion aufgrund der ihnen zugeschriebenen Zugehörigkeit zu einer konstruierten, exotisierten und essentialisierten Gruppe, die als fremd wahrgenommen, markiert und abgewertet wird – kurz: Rassismus. Genauso wie ihre Eltern machen auch sie Ausschluss- und Ausgrenzungserfahrungen aufgrund rassistischer Zuschreibungen, ob nun auf dem Arbeits- oder Wohnungsmarkt, im Studium oder im Job, in Behörden, an der Supermarktkasse oder vor den Türen angesagter Clubs. In dem Essay »Blicke« gibt uns Hengameh Yaghoobifarah einen Einblick in solche Exklusionserfahrungen (obwohl Yaghoobifarah nach eigenen Angaben zuweilen als *weiß* gelesen wird):

> *Wenn sie mir unangebrachte Fragen über meine ›wirkliche Herkunft‹ oder wahlweise auch die Safranpreise im Iran stellen wollen, bin ich Kanak_in. Wenn ich mit meiner Familie unterwegs bin, bin ich Kanak_in. Auf der Wohnungssuche oder bei der Passkontrolle bin ich definitiv Kanak_in. Und wenn die Leute über den Nahostkonflikt diskutieren oder sich über Integration unterhalten wollen, bin ich ganz klar Kanak_in.*[49]

»Kanak_in« sein oder genauer: dazu gemacht zu werden bedeutet für Yaghoobifarah zugleich, nicht zugehörig zu sein, sozial ausgeschlossen zu werden oder sich zumindest ausgeschlossen zu fühlen. Auch wenn die Ausschlusserfahrungen mit denen älterer Generationen vergleichbar sind, fallen die Reaktionen unterschiedlich aus, und es werden andere Gefühle befeuert. Die Formen sozialer Exklusion werden nicht erduldet und ausgehalten, so wie ich es über Jahrzehnte getan habe. Yaghoobifarah und Aydemir verharren auch nicht wie ich in resignativer Schwermut und unterdrücktem Zorn. Sie werden laut und verleihen ihrer Wut Ausdruck – wenn auch zuweilen mit erheblichem semantischen und moralischen Überschuss. Das Gefühl, aus der Geschichte ausgeschlossen zu sein, entbehrlich zu sein, wie ich es im letzten Kapitel beschrieben habe, führt bei ihnen nicht zum Rückzug, sondern zum offenen Widerstand gegen Formen der Diskriminierung und der Exklusion in der sozialen Dimension. Das lähmende Gefühl, der Welt abhandengekommen zu sein, wird durch Selbstermächtigung entkräftet. Der sinn- und identitätsstiftende Kampf gegen verschiedene Diskriminierungsrealitäten gibt dieser Generation Hoffnung. Hoffnung auf eine (utopische) Zukunft ohne Rassismus, Sexismus, Antisemitismus und andere diskriminierende Denkweisen und Praktiken.

Die somalische Frauenrechtsaktivistin Fatuma Musa Afrah fasst das Verhältnis von Hoffnung und Kampf in ihrem Interview für das *Archiv der Flucht* am eindringlichsten zusammen. Sie glaube an die Hoffnung, sagt Fatuma Musa Afrah und fügt hinzu, dass Hoffnung auch auf Handlung (»Action«) angewiesen sei – ohne Handlung, ohne Aktion kann es keine Hoffnung geben.[50] Fatuma Musa Afrah zog mit ihrer Familie nach dem Tod ihres Vaters nach Kenia, wo sie Entwicklungs- und Sozialarbeit studierte und anschließend im Flüchtlingslager Dadaab arbeitete. 2014 migrierte sie nach Deutschland und gründete in Berlin/Brandenburg den Verein *United Action*, um die neu ankommenden Menschen – vor allem Frauen – beim Einleben in Deutschland zu unterstützen und zu empowern. Fatuma Musa Afrah gehört einer Generation von Migrant*innen an, die aus der Tisch-Metapher von El-Mafaalani herausfallen bzw. durch diese nicht oder nur zum Teil beschrieben werden können. Viele von ihnen gehören zu den Ersten aus ihrer Familie, die nach Deutschland migriert sind. Ihre Hoffnung besteht daher sowohl aus dem Aushalten, Ertragen der durch die Hoffnungszerstörungsmaschine hergestellten Widrigkeiten als auch aus dem Kampf gegen sie. Zum einen müssen sie sich mit den Behörden auseinandersetzen und um ihren

Aufenthaltstitel bangen, zum anderen entwickeln sie immer neue Strategien gegen Rassismus, Sexismus und weitere Diskriminierungsrealitäten.

Zu dieser Generation gehört auch der aus Gambia stammende Aktivist Moro Yapha.[51] Sein beschwerlicher Weg nach Deutschland führte ihn durch den Senegal, durch die Sahara, Mali, Burkina Faso, Niger und Libyen, wo er dreimal entführt wurde, schließlich gelangte er übers Mittelmeer nach Italien und von dort aus nach Reutlingen und Berlin. Es war die Hoffnung auf ein besseres und sicheres Leben in Europa, ein Leben in einem stabilen, demokratischen Staat, in dem er studieren, sich weiterbilden konnte. Es war die Hoffnung, wie Moro Yapha in seinem Interview für das *Archiv der Flucht* erklärt, »in einer besseren Welt« zu leben, und diese bessere Welt war für ihn Europa.[52] Was Yapha im Interview mit Carolin Emcke jedoch nicht sagt, ist, dass er sich diese bessere Welt selbst gestalten musste, in stetiger Arbeit an seiner Hoffnung.

Hoffnung ist nicht nur wandelbar, sondern auch erlernbar und lehrbar, »durch individuelle Reflexion und Selbstanalyse ebenso wie durch kollektive Anstrengungen und Aktivitäten«, wie Ute Frevert mit Rückgriff auf Ernst Bloch erläutert.[53] In Berlin freundete er sich mit den Aktivisten und Künstlern Bino Byansi Byakuleka[54] und Muhammed Lamin Jadama[55] an (beide ebenfalls im *Archiv der Flucht*). Gemeinsam gründeten sie 2016 *We are born free!*, das erste selbst organisierte afrikanische Radio in Berlin mit dem Ziel, »schwarze Menschen, Menschen of Color und insbesondere Geflüchtete [zu] empowern und mediale Räume [zu] dekolonisieren«.[56] Die drei Freunde setzen sich aktiv für die Rechte von Geflüchteten ein und nutzen ihre Erlebnisse, Erfahrungen und ihr Wissen, um all jenen zu helfen, die ihr Schicksal teilen. Sie unterstützen die in Berlin Ankommenden dabei, sich in die sozialen Systeme zu inkludieren, ohne dabei unter die Räder der Hoffnungszerstörungsmaschine zu geraten. Auf Menschen wie Fatuma Musa Afrah, Moro Yapha, Bino Byansi Byakuleka und Muhammed Lamin Jadama trifft zu, was Ernst Bloch mit Blick auf Karl Marx in den letzten Kapiteln seines Buchs über die Hoffnung schreibt: »Vom bloßen Wünschen ist noch keiner satt geworden. Es hilft nichts, ja schwächt, wenn kein scharfes Wollen hinzukommt. Und mit ihm ein scharfer, umsichtiger Blick, der dem Wollen zeigt, was getan werden muss.«[57] Für eine bessere Zukunft für sich und für ihre Nächsten setzen sie mit ihrer Hoffnung die Nacht in Brand. Dabei ist der Zorn, der die politischen Kämpfe begleitet, durchaus produktiv, wenn er sich mit der Hoffnung verbindet. Basiert der Zorn jedoch auf erfahrenen Kränkungen, kann er ins Ressentiment kippen. Dazu später mehr.

Geborgenheit

»Gibt es einen Moment, an dem Sie sagen würden, das war die Phase oder vielleicht sogar der Tag oder das Ereignis, an dem Sie das Gefühl hatten, Sie sind hier angekommen?«, fragt Carolin Emcke ihre Gesprächspartnerin Saideh Saadat-Lendle im Interview für das *Archiv der Flucht*.[1] Das Gefühl angekommen zu sein, so Saideh Saadat-Lendles Antwort, habe sich allmählich, schleichend eingestellt. Am Anfang stand ihr Entschluss, in Deutschland zu bleiben und Asyl zu beantragen.[2] Das war im Jahr 1989, zehn Jahre nach der Iranischen Revolution, in deren Wirren die damalige Studentin der Mathematik und Informatik, die sich gegen die Ungerechtigkeiten und die Gewalt des sich etablierenden islamistischen Regimes engagierte, verhaftet und gefoltert wurde. Nach ihrer Entlassung ging Saideh Saadat-Lendle in den Untergrund, anschließend gelang ihr wenige Jahre später die Flucht nach Deutschland. Während sie ihre Liebe zu Frauen in Iran (sowie innerhalb der exiliranischen Gemeinschaft in Deutschland) versteckt halten musste, konnte Saadat-Lendle in Berlin offen als lesbische Frau leben und fand Zugang zu »lesbischen Communitys«, wie sie es selbst im Interview ausdrückt.[3] Damit begann für Saadat-Lendle der schleichende Prozess des Ankommens, der aus ihrer Sicht erst durch den Erwerb ihres Diploms in Psychologie abgeschlossen war.[4]

Die Frage nach dem Zeitpunkt des Ankommens bzw. des Angekommenseins stellen auch Gabriele von Arnim und Ethel Matala de Mazza ihren Gesprächspartnerinnen Nadja Salzmann[5] und Sasha Marianna Salzmann[6]. Besonders bemerkenswert sind die Antworten von Mutter und Tochter, die gänzlich unterschiedlich ausfallen. Während für Nadja Salzmann, die Anfang der 1990er Jahre gemeinsam mit ihrer Familie als sogenannte jüdische Kontingentflüchtlinge aus der ehemaligen Sowjetunion nach Deutschland kam, der Prozess des Ankommens mit der Anerkennung ihres Diploms als Augenärztin abgeschlossen war[7] (ähnlich wie bei Saideh Saadat-Lendle), verspürte die nichtbinäre Autorin Sasha Marianna Salzmann zu keiner Zeit ein Gefühl des Angekommenseins: »Das gibt's nicht.«[8] Angekommen sei sie in Berlin, bei den Menschen in Berlin, jenen Menschen, die sie umgeben. Mit Deutschland verspürt sie keine emotionale Verbundenheit: Es ist ein Land, wie Sasha Marianna Salzmann erklärt, in dem sie Steuern zahle, dem sie sich schlicht aufgrund ihres Passes verpflichtet fühle, mehr nicht.[9]

Was bedeutet es, im Kontext von Flucht und Migration, in einem Land anzukommen bzw. angekommen zu sein? Was ist dazu nötig, um sich angekommen zu fühlen? Die drei bewegenden Beschreibungen sind für unser Vorhaben auch insofern interessant, als sie zwei unterschiedliche Dimensionen des Ankommens bzw. Angekommenseins beschreiben. Saideh Saadat-Lendle fand Verbundenheit in der lesbischen Gemeinschaft, sie studierte, war in der Lesbenberatung tätig und gründete schließlich 1999 *LesMigraS e. V.*, eine Beratungsstelle für lesbische und bisexuelle Frauen, Trans* und Inter* (LGBTIQ*) of Color und mit Migrationsgeschichte. Nadja Salzmann begann als Hospitantin und Assistentin in einer Praxis, bevor die Anerkennung ihres Diploms es ihr erlaubte, wieder als Augenärztin zu arbeiten. Heute leitet sie selbst eine Praxis. Beide beschreiben das Ankommen überwiegend als Inklusionsprozess in der Sachdimension: Andockstellen (lesbische Gemeinschaft, Arztpraxis), Qualifikationen (Diplome) und die Tätigkeit in ihren Feldern. In den Andockstellen erfuhren sie Anerkennung für ihre Arbeit und fühlten Verbundenheit mit den Menschen dort. Sie fühlten sich demnach in den Andockstellen auch in der Sozialdimension inkludiert.

Sasha Marianna Salzmann hingegen versteht das Ankommen (oder in ihrem Fall das Nichtankommen) als eine verweigerte Inklusion in der Sozialdimension bzw. eine verweigerte Inklusion in der deutschen Mehrheitsgesellschaft oder gar Deutschland selbst. Die Sachdimension spielt für sie keine Rolle bei der Beschreibung des Ankommens, denn für sie ist die Inklusion in der Sachdimension (Arbeit, Steuern usw.) eine Selbstverständlichkeit und hat nichts mit den einzufordernden Bedingungen von Anerkennung in der Sozialdimension zu tun. Angekommen sei sie hingegen bei den Menschen in Berlin, also dort, wo sie Anerkennung erfahren hat, fern von, wie Armin Nassehi es beschreibt, »Anerkennungsprobleme[n] in Form von Feindschaft, Rassismus und Ähnlichem«.[10] Über Deutschland spricht sie nicht ohne Abwertung und Ablehnung. Dankbarkeit, wie sie noch von ihrer Mutter empfunden und ausgedrückt wird, verspürt sie nicht. Für soziale Systeme, wie etwa nichtmigrantische deutsche Mehrheitsgesellschaften, deutsche Behörden usw., die ihr die Anerkennung und die Zugehörigkeit verweigern, scheint sie nur Verachtung übrigzuhaben. Ein Gefühl, das ich sehr gut kenne.

Also noch mal: Was bedeutet ankommen, und was ist dazu nötig? Nun ist das Ankommen analytisch ein eher unscharfer Begriff. Er wurde im Rahmen der Arbeit am *Archiv der Flucht* aus einer Verlegenheit heraus verwendet. Der zu Recht belastete Begriff »Integration« sollte möglichst vermieden werden. In diesem Buch können wir beide Begriffe ersetzen: zum einen durch die systemtheoretisch geprägten Begriffe der Inklusion und Exklusion, zum anderen (weil es sich hier nun einmal um eine emotionsgeschichtliche Darstellung handelt) durch den Begriff »Geborgenheit«, welches als ein »unendlich warmes und tiefes Gefühl des Aufgehobenseins, der Zugehörigkeit und umsorgten Sicherheit«[11] beschrieben wird. Geborgen fühlen wir uns beispielsweise in der Familie, andere finden Geborgenheit »in der Sprache, in der Literatur oder in der Natur«, und wieder andere »assoziieren sie schlicht mit Heimat, einem ebenso emotional getönten Begriff«.[12] Also noch mal, aber diesmal anders: Was bedeutet es, sich als Migrant*in oder als migrantisch gelesene Person in Deutschland geborgen zu fühlen? Was ist dazu nötig? Die kurze Antwort: eine Inklusion in der Sach- und in der Sozialdimension sowie eine Politik der Geborgenheit, die alle Minderheiten und Mehrheiten der deutschen Gesellschaft gleichzeitig einbezieht und anspricht. Die lange Antwort folgt jetzt.

Das salzige Brot der Fremde

Die Erfahrung der Fremde schlägt auf den Magen. Dies erfuhr schon der italienische Dichter Dante Alighieri, der zu Beginn des 14. Jahrhunderts ins Exil getrieben wurde, am eigenen Leib und hielt es Jahre später in seiner Großdichtung *Divina Comedia* fest: »Du wirst erfahren, wie das Brot der Fremde / Gar salzig schmeckt und welche harten Stufen / Auf fremden Treppen auf und ab zu steigen.«[13] Doch nicht nur die klassische Dichtung kennt die Metapher des versalzenen, kaum verzehrbaren Brots im Kontext von Flucht, Migration und Exil, wir begegnen ihr auch in der Belletristik des 20. und 21. Jahrhunderts, beispielsweise im Werk des französischen Schriftstellers Philippe Claudel. In seinem Roman *Monsieur Linh und die Gabe der Hoffnung* steigt der Protagonist, ebenjener Monsieur Linh, von seinem »Flüchtlingsschiff« und verliert beim Betreten des fremden Landes seinen Appetit: »Der alte Mann hat keinen Hunger.«[14] Als er sich dann doch zu einer Suppe überreden lässt, wird ihm bewusst, dass die Fremde weder Geschmack noch Geruch hat:

> *Die Suppe ist wie die Luft der Stadt, die er eingeatmet hat, als er von Bord ging. Sie hat keinen Geruch. Er schmeckt nichts, nicht das köstliche Prickeln von Zitronengras, die Süße frischen Korianders oder die Zartheit gekochter Kutteln. Die Suppe rinnt durch seinen Mund in seinen Körper, und plötzlich ist es, als dränge alles Unbekannte seines neuen Lebens in ihn.*[15]

Von dieser sinnlichen Erfahrung von Fremdheit erzählt auch Nadja Salzmann, die das Abendbrot, das in der Kantine eines Asylbewerber*innen-Heims serviert wurde, nicht essen konnte, weil es »ganz anderes Essen« war.[16]

Die Speise, die im Ankunftsland vorhanden ist, schmeckt nicht, stillt den Hunger nicht. Und jene Speise, die den Hunger stillen könnte, ist nicht vorhanden oder nur schwer zu besorgen. Dies war eine der ersten Erfahrungen, die Frau K. machte, die gemeinsam mit ihrem Ehemann 1965 im Rahmen des Anwerbeabkommens mit der Türkei als Arbeiterin nach Westberlin kam: »Ich kann es einfach nicht vergessen, damals war mein größter Wunsch, endlich wieder Oliven mit Weißbrot zu essen. Eines Tages gingen wir auf die Suche nach Oliven. Nirgends konnten wir Oliven finden, bis wir im KaDeWe endlich Oliven gefunden hatten.«[17] Frau K. erinnert sich an die Oliven mit Weißbrot, kurz nachdem sie davon erzählt hat, wie sehr sie damals ihr Dorf vermissten und dass sie »immer Heimweh« gehabt hätten: »Weinend schrieben wir Briefe und schickten sie in unsere Dörfer.«[18] Die Fremde liegt im Magen und auf dem Herzen. Auf Farsi gibt es einen Begriff, der sowohl Magen als auch Herz bedeutet: *dell*. Wenn wir auf Farsi zum Ausdruck bringen möchten, dass uns jemand leidtut oder dass wir Mitleid haben, dann sagen wir *dell-e man missuze*, was übersetzt so viel heißt wie, dass mein Herz (ver-)brennt. Wenn wir jemanden oder etwas vermissen, Sehnsucht haben, sagen wir *dell-e man tang schodeh*, mein Herz / Magen verengt sich, wird eng. Sehnsucht (nach der alten Heimat) verengt den Magen, verengt das Herz.

»*Die Sehnsucht quält uns, die Sehnsucht nach Menschen, hier sieht man nur Maschinen* jammern die meisten. *Wir müssen mit unserem Schicksal klarkommen* widerspreche ich wie ein Kommandant«[19], schreibt Dinçer Güçyeter in seinem Roman mit der Stimme und den Erinnerungen seiner Mutter, die genauso wie Frau K. als Arbeiterin nach Deutschland kam. Mit dem »Schicksal klarkommen«, das salzige Brot verzehren, sich in der Fremde einrichten und nach Geborgenheit suchen: Das ist das Antidot gegen die verengende Sehnsucht. Geborgenheit ist jedoch keine Entscheidung. Ich kann Geborgenheit nicht lernen, so wie ich Hoffnung erlernen und an ihr arbeiten kann. Geborgenheit entsteht nicht allein aus eigener Kraftanstrengung. Geborgenheit ist an das Außen gebunden, ist von den äußeren Einflüssen abhängig. Ute Frevert erläutert: »Geborgenheit rührt an psychische Tiefenschichten, an das individuelle Bedürfnis nach Aufgehoben- und Angenommen-Sein. Geborgen fühlte man sich entweder im ›Mutterschoß der Erde‹, bei der eigenen Mutter oder bei Gott.«[20] Ich kann noch so raffinierte Strategien entwickeln, um mich geborgen zu fühlen, es wird nicht gelingen, wenn die Gemeinschaft, die Institution oder das soziale System, in welchen ich nach Geborgenheit suche, keine Möglichkeit dafür bietet; keine Berührung zulässt. Ich kann mich in einem Zuhause nicht geborgen fühlen, in dem Angst herrscht. Ohne Sicherheit keine Geborgenheit. Genauso wenig kann ich mich innerhalb einer Gruppe geborgen fühlen, der ich nicht zugehörig bin oder der ich mich nicht zugehörig fühle. Ohne Zugehörigkeit keine Geborgenheit.

Um noch einmal auf die anfängliche Frage zurückzukommen: Was ist nötig, damit sich Migrant*innen, Geflüchtete und ihre Nachkommen in Deutschland geborgen fühlen? Eine Politik der Geborgenheit, der Sicherheit, der sozialen

Anerkennung und der Zugehörigkeit. Also genau das Gegenteil von der »Anti-Einwanderungspolitik«, wie sie vor allem seit den 1960er Jahren und zum Teil bis heute noch von den wechselnden Bundesregierungen und Teilen der Medien sowie der nichtmigrantischen Mehrheitsgesellschaft betrieben wurde und wird. Die ersten Migrant*innen, die mit dieser Politik konfrontiert wurden, waren die Arbeiter*innen, die im Rahmen der verschiedenen Anwerbeabkommen mit Italien, Jugoslawien oder der Türkei nach Westdeutschland kamen sowie die »Vertragsarbeiter« aus Mosambik oder Vietnam, die in den Betrieben der DDR beschäftigt wurden und die zu den ersten Opfern rechtsextremistischer Gewalt (Hoyerswerda, Rostock-Lichtenhagen) zählten.

Noch heute wird von ihren Nachkommen eine diffuse und unterkomplexe Loyalität zu Deutschland verlangt, vor allem von den Kindern und Enkeln der türkischen »Gastarbeiter«. Dabei wird ignoriert, dass es einer über Jahrzehnte gepflegten Politik der Geborgenheit bedurft hätte, um Migrant*innen und ihre Nachkommen emotional dauerhaft an dieses Land zu binden. Das Gegenteil einer Politik der Geborgenheit haben die Bundesregierungen der vergangenen Jahrzehnte mit ihrer Anti-Einwanderungspolitik bzw. Geborgenheitsverweigerungspolitik betrieben und damit nicht nur die Gefühlsstrukturen der Migrant*innen maßgeblich geprägt, sondern auch Ressentiments in der nichtmigrantischen deutschen Mehrheitsgesellschaft geschürt und gefestigt. Um nicht den Rahmen der Untersuchung zu sprengen, werde ich mich in der folgenden Darstellung auf die westdeutsche Geschichte konzentrieren und die DDR-Geschichte vernachlässigen, obwohl sie auf keinen Fall vernachlässigt werden dürfte. Diese Entscheidung ist keineswegs einem etwaigen Desinteresse meinerseits geschuldet, sondern einzig dem Umfang des Buches.

Arbeit, Unsicherheit und Exklusion

Wenige Jahre nach dem Ende des Zweiten Weltkriegs erlebte der bundesrepublikanische Teil des geteilten Deutschlands eine so rasante Wirtschaftsentwicklung, dass dem Land die Arbeitskräfte auszugehen drohten. Die Bundesregierung reagierte auf den Arbeitskräftemangel und begann mit der Anwerbung von Arbeiter*innen in Italien, Spanien, Portugal, Jugoslawien sowie der Türkei. Das deutsch-türkische Anwerbeabkommen wurde am 30. Oktober 1961 unterzeichnet und trat rückwirkend zum 1. September 1961 in Kraft. In Istanbul wurde eine Deutsche Verbindungsstelle eingerichtet (eine Außenstelle der Bundesanstalt für Arbeit), die für Anwerbung von Arbeitsmigrant*innen verantwortlich war, ebenso für die Prüfung auf fachliche sowie gesundheitliche Eignung.[21] Die Gesundheitsprüfung stellte eine große Belastung dar. Blut und Urin wurden untersucht, Röntgenaufnahmen gemacht, Blutdruck gemessen, in Augen, Ohren und Mund geschaut.[22] Als besonders erniedrigend empfanden die Bewerber*innen die Untersuchung ihrer Geschlechtsorgane:

> *Diese Art von Untersuchung entsprach nicht den Gewohnheiten, Gepflogenheiten und Traditionen der zu untersuchenden Türkeistämmigen. […] Viele Arbeitnehmer bewer-*

ten die Gesundheitsuntersuchung als eine menschenunwürdige Behandlung, wenn sie darauf angesprochen werden. Man schämt sich, überhaupt darüber zu sprechen.[23]

Ausreisen durften jedoch nur jene Bewerber*innen, die an den Untersuchungen teilgenommen und Prüfungen bestanden hatten. Nach dem Ablegen der verschiedenen Tests begann eine Phase des Wartens und Bangens, denn ein »Ja oder Nein zur Ausreise war für viele eine Entscheidung von existenzieller Bedeutung«.[24] In ihrem Roman *Die Brücke am Goldenen Horn*, in dem sie auch ihre Erlebnisse als »Gastarbeiterin« in Westberlin verwoben hat, erinnert sich die Autorin Emine Sevgi Özdamar:

Ich dachte, ich werde nach Deutschland gehen, ein Jahr arbeiten, dann werde ich die Schauspielschule besuchen. Ich ging zur Istanbuler Vermittlungsstelle. »Wie alt bist du?« – »Achtzehn.« Ich war gesund und bekam nach zwei Wochen einen Paß und einen Einjahresvertrag für Telefunken in Berlin.[25]

Anschließend besteigt die Erzählerin in Emine Sevgi Özdamars Roman (genauso wie die Romanautorin zu jener Zeit selbst) gemeinsam mit anderen auserwählten Arbeiter*innen in Istanbul einen Zug nach München. Die Fahrt dauerte bis zu 70 Stunden. In München kamen die Züge für türkische »Gastarbeiter*innen« immer am selben Gleis an: Gleis 11. Anschließend wurden die Ankommenden zur »Weiterleitungsstelle« geführt, welche die Bundesanstalt für Arbeit in einem »ehemaligen Luftschutzbunker unterhalb des Münchener Hauptbahnhofs« eingerichtet hatte.[26] Von dort aus wurden sie, abhängig vom Ort ihrer zukünftigen Arbeitgeber*innen, auf verschiedene Bundesländer verteilt. Özdamars Erzählerin kommt nach Westberlin, wo sie in einer »Radiolampenfabrik« zu arbeiten beginnt.[27]

Die angeworbenen Arbeiter*innen kamen an verschiedenen Orten zum Einsatz: im Bergbau, in der Baubranche, in Kleinbetrieben, in der Industrie und Landwirtschaft. Häufig handelte es sich dabei um »Tätigkeiten, die monoton oder körperlich hart oder beides waren und für die sich so leicht kein Deutscher finden ließ«.[28] Untergebracht wurden sie anfangs in Wohnheimen, wo sie sich nicht selten die Zimmer mit anderen Arbeiter*innen teilen mussten: »In den Zimmern standen sechs Betten, immer zwei übereinander«, erinnert sich Özdamar in ihrem Roman.[29] Die Gründe dafür waren zum einen, dass die Betriebe für die Unterbringung ihrer »Gastarbeiter« verantwortlich waren, und zum anderen, »war man in Deutschland auf einen vorübergehenden Aufenthalt eingestellt«.[30] Erst nach und nach gelang es den Migrant*innen, eigene Wohnungen zu mieten. Genauso monoton wie ihre Arbeit gestaltete sich anfänglich auch ihr Alltag: Aufwachen im Wohnheim, Arbeit in der Fabrik, anschließend Einkäufe tätigen und wieder zurück ins Wohnheim. Aufgrund ihrer oft noch mangelnden Deutschkenntnisse erwies sich ein simpler Einkauf als große Hürde, wie Özdamar erzählt bzw. wie sie ihre Erzählerin beschreiben lässt:

> *Wir waren drei Mädchen, wollten bei Hertie Zucker, Salz, Eier, Toilettenpapier und Zahnpasta kaufen. Wir kannten die Wörter nicht. Zucker, Salz. Um Zucker zu beschreiben, machten wir vor einer Verkäuferin Kaffeetrinken nach, dann sagten wir Schak Schak. Um Salz zu beschreiben,*

spuckten wir auf Herties Boden, streckten unsere Zungen raus und sagten: »eeee«. Um Eier zu beschreiben, drehten wir unsere Rücken zu der Verkäuferin, wackelten mit unseren Hintern und sagten: »Gak gak gak.« Wir bekamen Zucker, Salz und Eier, bei Zahnpasta klappte es aber nicht. Wir bekamen Kachelputzmittel. So waren meine ersten deutschen Wörter Schak Schak, eeee, gak, gak, gak.[31]

Auch Dinçer Güçyeters Mutter hatte aufgrund mangelnder Deutschkenntnisse anfangs Schwierigkeiten mit dem Einkauf. Als sie in den ersten Tagen losgeht, um Butter, Marmelade und Shampoo zu kaufen, kommt sie stattdessen mit Seife, Leberpastete und Öl zurück.[32]

Trotz der Widrigkeiten, die mit der Erfahrung der Fremde einhergehen, versucht Fatma Güçyeter, sich in der Fremde einzurichten. Yilmaz Güçyeter, ihr Mann und Dinçer Güçyeters Vater – und meinem Vater erstaunlich ähnlich –, macht es ihr jedoch nicht einfach. Er will nicht mehr im Bergbau arbeiten und kündigt seine Stellung, um Webmaschinen zu importieren. Er fälscht Fatma Güçyeters Unterschrift, nimmt einen Kredit auf, reist nach Istanbul und fällt dort einem Betrug zum Opfer: »Nach sechs Monaten kehrt er mit nacktem Hintern zurück.«[33] Die Familie ist hoch verschuldet. Fatma Güçyeter versucht erneut, mit ihrem Schicksal klarzukommen. Sie macht Überstunden, arbeitet bis zu zwölf Stunden in der Fabrik: »Fatma flattert auf der Spitze eines Schuldenbergs, alle anderen bauen ihre Häuser.«[34] Ihr Mann übernimmt eine Kneipe, in der sie zusätzlich noch arbeiten muss: »Vor der Schicht in der Fabrik beginnt der Tag mit Putzen in der Kneipe. Nach der Schicht in der Fabrik geht es weiter.«[35] Die Kneipe brachte nicht viel ein,

Fatma Güçyeter fand jedoch eine neue und besser bezahlte Anstellung, mit der sie die Schulden schneller abbezahlen konnte. Und trotzdem galt für eine lange Zeit: »Jeden Tag werde ich von der überfüllten Spüle und vom leeren Kühlschrank empfangen.«[36]

Durch die mangelnde Sicherheit im Innern des Hauses (Schulden, Unzuverlässigkeit des Ehemanns) dürfte es Fatma Güçyeter sehr schwergefallen sein, für ihre Kinder eine Atmosphäre zu schaffen, in der sie sich geborgen fühlen konnten. Nicht dass es ihr nicht gelungen ist, es war jedoch mit erheblichen Entbehrungen und Anstrengungen verbunden. Wie sah es außerhalb ihrer Wohnung aus? Fühlte sie dort Geborgenheit, wenn auch nur flüchtig? Fatma Güçyeter begann, zusätzlich noch auf einem Feld zu arbeiten. Als sie dort einen sehr schweren Unfall erlitt und sich zwei Jahre in Behandlung begeben musste, mehrmals operiert wurde und in die Reha ging, weigerte sich die Fabrik, es als Arbeitsunfall anzuerkennen. Auch die Gewerkschaft unternahm nichts. Und Fatma Güçyeter traute sich nicht, »beim Amtsgericht anzuklopfen«: »Ein Dolmetscher, ein Rechtsanwalt kosteten wieder Geld, wer sollte das bezahlen? Es ist, wie es ist, du bist die Maschine, wenn du kaputt bist, bist du eben kaputt. Nichts zu machen.«[37] Eine Maschine im Wirtschaftssystem Deutschlands, eine entmenschlichte Arbeitskraft, die nur aufgrund ihrer Leistung Wert hat. Wenn die Maschine keine Leistung bringt, wird sie ausgetauscht. Noch deutlicher kann dem Individuum im System nicht kommuniziert werden, dass es entbehrlich ist. Eine Firma, die ihren Angestellten in schwierigen Zeiten nicht beisteht, eine Gewerkschaft, die Hilfe verweigert, und ein Rechtssystem, das nur für diejenigen funktioniert, die es sich leisten können.

Fatma Güçyeter hat jahrelang gearbeitet, Steuern bezahlt, war vermutlich Mitglied einer Gewerkschaft und verfügte (wahrscheinlich) über ein Bankkonto. Sie war, um systemtheoretisch zu sprechen, in der Sachdimension in die funktional differenzierten Teilsysteme Wirtschaft, Politik und Recht inkludiert. Gleichzeitig musste sie die Erfahrung machen, dass, sobald sie als Arbeitskraft (als »Maschine«) ausfällt, keinen Wert mehr hat, jederzeit austauschbar ist und dass sie sich kaum dagegen wehren kann. Die Wucht, mit der sie die soziale Exklusion getroffen hat, dürfte nur für wenige nachfühlbar sein. Vielleicht finden wir eine Beschreibung solcher Emotionen in den Worten der Dichterin Semra Ertan, die Anfang der 1970er Jahre aus der Türkei nach Deutschland zu ihren Eltern zog, die sich hier als Arbeitsmigrant*innen eingerichtet hatten:

> Mein Name ist Ausländer,
> Ich arbeite hier,
> Ich weiß, wie ich arbeite,
> Ob die Deutschen es auch wissen?
> Meine Arbeit ist schwer,
> Meine Arbeit ist schmutzig.
> Das gefällt mir nicht, sage ich.
> »Wenn dir die Arbeit nicht gefällt,
> Geh in deine Heimat«, sagen sie.
> Meine Arbeit ist schwer,
> Meine Arbeit ist schmutzig,
> Mein Lohn ist niedrig.
> Auch ich zahle Steuern, sage ich.
> Ich werde es immer wieder sagen,
> Wenn ich immer wieder hören muss:

»Suche dir eine andere Arbeit.«
Aber die Schuld liegt nicht bei den Deutschen,
Liegt nicht bei den Türken.
Die Türkei braucht Devisen,
Deutschland Arbeitskräfte.
Mein Land hat uns nach Deutschland verkauft,
Wie Stiefkinder,
Wie unbrauchbare Menschen.
Aber dennoch braucht sie Devisen,
Braucht sie Ruhe.
Mein Land hat mich nach Deutschland verkauft.
Mein Name ist AUSLÄNDER.[38]

Das Gefühl, dem Schicksal ausgeliefert, entbehrlich und jederzeit austauschbar zu sein, war wesentlicher Teil der vom Anwerbeabkommen geprägten Gefühlsstruktur. Verstärkt wurden diese Gefühle durch Vereinbarungen wie etwa dem Rotationsprinzip, wonach die Arbeitskräfte lediglich mit befristeten Verträgen eingestellt werden sollten und, sobald diese abgelaufen waren, Deutschland wieder verlassen mussten. Da die Unternehmen jedoch keine Lust hatten, alle zwei Jahre neue Arbeiter*innen anzuwerben, einzustellen und einzuarbeiten, wurde die Logik der Rotation aufgeweicht. Doch trotz verlängerter Verträge wussten die »Gäste«, die zum Arbeiten eingeladen worden waren, dass sie sich nur vorübergehend in Deutschland aufhalten würden. Diese »Migration auf Probe«, wie es der Psychotherapeut Ali Kemal Gün nennt, führte schließlich zu einer »ambivalenten Haltung«, die er als »Rückkehrsyndrom« bezeichnet: Die Migrant*innen lebten »jahrzehntelang aus ihren halbgepackten Koffern«.[39] Das Leben schmolz zu einem Provisorium aus

Arbeit und Unsicherheit zusammen, ein Transitraum ohne Zugehörigkeit – und damit ohne die Möglichkeit, sich dauerhaft geborgen zu fühlen: »So lebte ein Großteil der türkischen Migrantenfamilien in der Bundesrepublik«, wie es Patrice Poutrus zusammenfasst, »schon in den späten siebziger Jahren in einem gesellschaftlichen Paradox – in einer Einwanderungssituation in einem Nichteinwanderungsland«.[40]

Das System der Anwerbung von Arbeitsmigrant*innen war eine einzige Geborgenheitsverweigerungsmaschine. Denn das »Nichteinwanderungsland« Deutschland hatte gar kein Interesse daran, dass sich die Gäste hier dauerhaft einrichten. Und das bekamen die Migrant*innen auch zu spüren. Der Gedanke, dass »Ausländer« nur Gäste seien, die sich hier benehmen müssten, bis sie wieder in ihre Heimatländer zurückkehrten, bestimmte lange Zeit die Wahrnehmung in der nichtmigrantischen deutschen Mehrheitsgesellschaft. Wie die Historikerin Maria Alexopoulou in ihrem Buch *Deutschland und die Migration* eindringlich beschreibt, waren es bis Mitte der 1980er Jahre »noch hauptsächlich ›die Türken‹, die als Inbegriff des *Ausländers* im Fokus standen: Sie wurden in Lokalen nicht bedient, nicht in Nachtclubs gelassen oder mit Schildern, auf denen ›keine Türken‹ stand, abgewiesen.«[41]

Rassistische Diskriminierung wurde zur Alltagserfahrung und schrieb sich tief in die Körper, Gefühle und Gedächtnisse der Migrant*innen und ihrer Nachkommen ein. Von Anfang an wurde den Migrant*innen, die im Zuge des Anwerbeabkommens nach Deutschland gekommen waren, das Gefühl vermittelt, als »Gäste« oder »Maschinen«, wie es Dinçer Güçyeter mit der Stimme seiner Mutter beschreibt, außerhalb der deutschen Gesellschaft zu stehen, aus ihr exkludiert zu sein. Wie sehr die »Gastarbeiter« auch von der politischen Elite ignoriert und aus der deutschen Gesellschaft ausgeschlossen wurden, zeigt Ute Frevert anhand der Art, wie sie von Politikern (ja, es waren alles Männer) über die Jahre angesprochen wurden:

> *Es dauerte bis 1964, dass ein Bundespräsident erstmals in seiner Silvesteransprache von ihrer Existenz Notiz nahm und ihnen ein glückliches neues Jahr wünschte. 1966 schloss Kanzler Kurt Georg Kiesinger die Familien der Gastarbeiter in diesen Wunsch ein. In den folgenden Jahren blieb es beim Gruß an die »lieben Landsleute«, zu denen selbstverständlich auch die im Osten gehörten. Erst 1969 ging Willy Brandt ausführlicher auf die »Arbeitnehmer aus fremden Ländern« ein, die er als »Nachbarn« titulierte: »Wir müssen sie respektieren und ihnen – und sei es mit kleinen Gesten – beweisen, daß unser deutsches Volk gelernt hat, den Fremden als Freund aufzunehmen.« Zu »Mitbürgerinnen und Mitbürgern« aber taugten sie nicht.*[42]

Geborgenheit fanden viele Migrant*innen daher nur in den eigenen vier Wänden, im Freundeskreis oder vielleicht noch in Vereinen, also dort, wo sie sich sicher und zugehörig fühlten. Dies konnte die Bundesregierung nicht bieten, ganz im Gegenteil.

Geborgenheitsverweigerungspolitik

1973 war in der Bundesrepublik nichts mehr von dem Wirtschaftsaufschwung zu spüren, der die Bundesregierung dazu veranlasst hatte, Arbeitskräfte aus dem Ausland anzuwerben. Ganz im Gegenteil, die Ölkrise, die 1973/74 in den westlichen Ländern die schwerste Wirtschaftskrise seit dem Zweiten Weltkrieg auslöste, führte in Westdeutschland zu Beschäftigungsrückgang und anhaltender Inflation, was wiederum Spannungen erzeugte und Konflikte schürte. Vor allem alteingesessene deutsche Arbeiter*innen sahen ihre Arbeitsplätze durch die »Gastarbeiter« bedroht. Im November 1973 kündigte die Bundesregierung unter Willy Brandt einen Anwerbestopp an, der im Folgejahr durchgesetzt werden sollte. Für viele der seit mindestens einem Jahrzehnt in Deutschland lebenden Migrant*innen, die im Zuge des Anwerbeabkommens nach Deutschland gekommen waren und Teile ihrer Familien nachgeholt hatten, hatte der Anwerbestopp keine nennenswerten oder direkten Auswirkungen. Was sie jedoch besorgte, war die Frage der Rückkehr, die seitens deutscher Behörden und Medien immer lauter artikuliert wurde.[43] Deutschland sollte kein Einwanderungsland werden, daher sollten die »Gastarbeiter« und »Ausländer« zurück in ihre Heimatländer gehen.

Es war schließlich die Regierung unter Helmut Kohl, die »klar Stellung dagegen bezog, die *Ausländer* als Einwanderer*innen zu behandeln«.[44] Diese Einstellung wurde von der nächsten Bundesregierung unter Helmut Kohl, die eine »viel unverhohlenere Anti-Einwanderungspolitik« betrieb, nachdrücklich bekräftigt.[45] Wir erinnern uns an die Leitlinien von Kohls »Ausländerpolitik«: »Einwanderung verhindern, Nachzug begrenzen, Rückkehr erleichtern«[46] und die Auswirkungen, die solch eine Politik auf die Gefühle, Gedanken und Gemüter nichtmigrantischer Deutscher hatte, vor allem auf jene, die die »Gastarbeiter« und »Ausländer« nur aus Erzählungen kannten und als Bedrohung wahrnahmen. Wir erinnern uns an das »Heidelberger Manifest«, an die rassistischen Debatten um »Scheinasylanten«, an Hoyerswerda, Solingen und die Konjunktur des Rassismus in den 1980er und 1990er Jahren. Von dort aus war es nicht mehr weit bis zum rechtsextremistischen NSU-Trio (»Nationalsozialistischer Untergrund«) Uwe Böhnhardt, Uwe Mundlos und Beate Zschäpe, die zwischen 2000 und 2006 neun rassistisch motivierte Morde begingen: an Enver Şimşek, Abdurrahim Özüdoğru, Süleyman Taşköprü, Habil Kılıç, Mehmet Turgut, İsmail Yaşar, Theodoros Boulgarides, Mehmet Kubaşık und Halit Yozgat. Vielleicht erinnern wir uns auch noch an das Versagen der Sicherheitsbehörden und ihre mangelnde Empathie gegenüber den Opferfamilien.

Anstatt sie zu trösten, ihre Ängste ernst zu nehmen und ihnen das Gefühl zu vermitteln, dass sie sicher seien und dass alles unternommen werde, um die Verbrechen aufzuklären, gerieten die Opfer und ihre Familien selbst in Verdacht. Die Opfer wurden zu Tätern gemacht. »Die Kette von Versäumnissen und falschen Entscheidungen der Behörden ist so lang«, fasst der Journalist Tanjev Schultz zusammen, »dass für viele ein ›Verdacht gezielter Sabotage‹ nicht fernliegt.«[47] Begleitet wurden die Morde von einer diffamierenden Berichterstattung, in der sogar in seriösen Zeitungen und Zeitschriften von »Döner-Morden« gesprochen wurde. Navid Kermani bringt es auf den Punkt: »Was sagt das Wort

›Döner-Morde‹ anderes aus, als daß es sich um ein kulturbedingtes, einem westlich-rationalen Verständnis nicht zugängliches Verbrechen handelt, das nur ein weiteres Argument dafür liefert, den Türken mit Argwohn zu begegnen?«[48]

1998, zwei Jahre vor dem Beginn der Mordserie, veröffentlichte die Neonaziband »Nahkampf« einen Song namens »Taten statt Worte«, in dessen Refrain es heißt: »Und wie lang willst du noch warten / Mehr als Worte zähl'n die Taten.«[49] Die Parole »Taten statt Worte« machten sich auch Böhnhardt, Mundlos und Zschäpe in einem Bekennervideo, das 2011 auftauchte, zu eigen.[50] Welche Worte sollten durch Taten ersetzt werden, fragt Kermani.[51] Darauf werde ich gleich zurückkommen. Im selben Jahr, also 1998, durchsuchte das Thüringer Landeskriminalamt, das gegen die »Kameradschaft Jena« ermittelte, der Böhnhardt, Mundlos und Zschäpe als aktive Mitglieder angehörten, eine von Zschäpe gemietete Garage. Neben diversen Nazibroschüren fanden die Ermittler »1,2 bis 1,4 Kilogramm TNT« und eine Diskette mit dem Dateinamen »Ali.000«, auf dem ein Gedicht mit dem Titel »Alidrecksau – Wir hassen dich« gespeichert ist.[52] Darin heißt es: »Ein Türke, der in Deutschland lebt und sagt, er ist auch hier geboren, den sehen wir als verloren. Er darf jetzt rennen oder flehen, er kann auch zu den Bullen gehen, doch helfen wird ihm alles nicht – denn wir zertreten sein Gesicht.«[53]

Sind diese Worte wirklich so weit entfernt von Kohls »Ausländerpolitik« oder dem »Heidelberger Manifest«, wenn wir die Vulgärsprache und die Androhung physischer Gewalt außen vor lassen? Wie wir wissen, hatte das NSU-Trio genug Zeit, um seinen Worten – und ich möchte noch einmal betonen, auch den Worten Kohls, den Worten der Heidelberger Professoren und den Worten eines Großteils der Presse – Taten folgen zu lassen. Damit wären wir auf dem halben Weg, Kermanis Frage nach den Worten, welche Böhnhardt, Mundlos und Zschäpe durch Taten ersetzen wollten, zu beantworten. Kermani führt uns zu Thilo Sarrazin, der mit seinem 2010 erschienenen Buch *Deutschland schafft sich ab*, das »völkische Denken so sehr elektrisiert«[54] und Begriffe »ventiliert« hatte, die die Neue Rechte seit Jahren gebrauchte, jedoch nicht in den öffentlichen Raum tragen konnte.[55] Dazu gehörte die bei Sarrazin so prominent vertretene Idee von der Reinhaltung des deutschen Volkes. Oder, wie es Kermani präziser zusammenfasst:

> *Die eigene, als gewachsen und homogen vorgestellte Volksgemeinschaft vor der Überfremdung durch genetisch minderwertige Völker zu schützen, denen aufgrund ihrer biologischen Veranlagung und kulturellen Prägung nicht nur der Wille, sondern eben die Befähigung (!) zur Integration abgesprochen wird […].*[56]

Die Mordserie des NSU fand vor der Veröffentlichung von *Deutschland schafft sich ab* statt, dennoch gibt es eine direkte Verbindung zwischen ihren Taten und den Worten Sarrazins und der Neuen Rechten. Ihnen liegt eine an Gefühle des Hasses und Ekels gekoppelte Ideologie zugrunde, die weit in die Geschichte Deutschlands zurückreicht: bis zum Heidelberger Manifest 1981 und von dort aus noch weiter zurück ins nationalsozialistische Deutschland, wo der Begriff der Volksgemeinschaft für Adolf Hitlers Weltanschauung von zentraler Bedeutung war und »vor allem durch Grenzen, durch Exklusion bestimmt« wurde.[57] »Nicht so sehr die

Frage, wer zur Volksgemeinschaft gehörte«, erklärt der Historiker Michael Wildt, »beschäftigte die völkische Rechte als vielmehr, wer nicht zu ihr gehören durfte, eben jene bereits sprachlich ausgegrenzten ›Gemeinschaftsfremden‹, allen voran die Juden.«[58] Die Taten des NSU-Trios folgten somit lediglich der Logik der Worte, wie sie seit Jahrzehnten an oder gegen Migrant*innen gerichtet wurden: »Das Boot ist voll!«, »Kinder statt Inder!«, »Kein Doppelpass!«, »Deutsche Leitkultur!«. Der sprachlichen, sozialen Ausgrenzung sollte die körperliche Exklusion folgen.

Ganz im Geiste Sarrazins betrat die AfD 2013 die Bühne. Und obwohl diese »Alternative für Deutschland« sich zunächst hauptsächlich als eine Anti-Euro-Partei zu etablieren begann, versuchte ihr Mitbegründer Bernd Lucke von Anfang an, Sarrazin für die Partei zu »vereinnahmen«.[59] Auf Betreiben Luckes fanden auch die völkischen Ideen Sarrazins ins 2016 veröffentlichte Parteiprogramm, das zwar erst nach Luckes Austritt aus der Partei beschlossen wurde, es ist jedoch offenkundig, dass seine Verfasser im Sinn hatten, »den Arbeitsauftrag, der Lucke schon drei Jahre zuvor vorgeschwebt hatte, nämlich den Torso des ursprünglichen Zielkatalogs der Partei durch das Anfügen von Sarrazins Maßregeln für die Abwendung der Selbstabschaffung Deutschlands zu komplementieren«.[60] Die sich selbst als volksnahe Alternative zu den etablierten Parteien inszenierende AfD, die gerne von sich behauptet, sie spräche für die schweigende Mehrheit, verpasste in den Jahren vor und nach ihrem Einzug in den Bundestag keine Gelegenheit, um gegen Geflüchtete, Migrant*innen und vor allem gegen »den Islam« zu hetzen, wobei sie dem völkischen Denken Sarrazins immer treu blieb.

Es gibt unzählige Beispiele dafür (und während ich dies schreibe, kommen bestimmt beinahe täglich neue hinzu), aber besonders in Erinnerung bleiben die Worte der Fraktionsvorsitzenden Alice Weidel im Mai 2018 während ihrer Rede im Rahmen der Generalaussprache zur Regierungspolitik, die traditionell den Höhepunkt der Haushaltsberatungen bildet.[61] In ihrer Kritik am Entwurf des Haushaltsetats warf sie der Bundesregierung unter anderem vor, nicht dem »Volk« zu dienen, also jenen Menschen, »die schon länger hier leben«, und nichts gegen den demographischen Wandel zu unternehmen. In Deutschland würden seit 1972 »jedes Jahr weniger Kinder geboren, als Menschen sterben«, rechnete Weidel vor, um anschließend zu fragen: »Was haben sie dagegen getan? Nichts, na ja, jedenfalls nichts Wirksames.«[62] Anschließend schwang sich Weidel zum dramaturgischen Höhepunkt und eigentlichen Kern ihrer Rede auf:

> *Denn Sie setzen ausschließlich auf kompensatorische Einwanderung, das sagen Sie ja die ganze Zeit. Bei muslimischen Zuwanderern schaut die Geburtenrate nämlich ganz anders aus. Sogar die Auffettung der Einwohnerzahl durch zugewanderte Straftäter mit mehrfachen Identitäten scheint Sie überhaupt gar nicht zu stören. Doch ich kann Ihnen sagen, Burkas, Kopftuchmädchen und alimentierte Messermänner und sonstige Taugenichtse werden unseren Wohlstand, das Wirtschaftswachstum und vor allem den Sozialstaat nicht sichern.*[63]

Auch die CSU war sich nicht zu schade dafür, teilweise Inhalte sowie Rhetorik der AfD zu kopieren – und das nur wenige Monate nach der Rede von Alice Weidel. Während Markus

Söder vom »Asyl-Tourismus« sprach, prägte Alexander Dobrindt den Begriff »Anti-Abschiebe-Industrie«, der später zum Unwort des Jahres 2018 gekürt wurde. Und der damalige Innenminister Horst Seehofer freute sich auf einer Pressekonferenz über die Abschiebung von 69 Menschen an seinem 69. Geburtstag.

Zu den Aufgaben liberaler Demokratien sollte neben dem Streben nach Gerechtigkeit, Chancengleichheit und der Herstellung von Sicherheit auch die Prägung und Förderung positiver Emotionen gegenüber Minderheiten gehören, ganz unabhängig von ihren Zugehörigkeiten. »Eine gute Gesellschaft«, wie die Philosophin Martha C. Nussbaum schreibt, »kann verhindern, daß Gefühle des Abscheus gegenüber bestimmten Gruppen von Mitbürgern entstehen, da diese Form der Ablehnung und die damit verbundene Bildung von Hierarchien gemeinsame Prinzipien wie die Achtung vor der Menschenwürde aller untergraben.«[64] Seit den 1970er Jahren haben es die Bundesregierungen nicht nur versäumt, Ressentiments gegenüber »Fremden« einzudämmen und positive Emotionen zu fördern, sondern, ganz im Gegenteil, sie haben, wie ich oben dargestellt habe, sogar teilweise negative Gefühle befeuert. Gegen Geflüchtete, Migrant*innen und »den Islam« zu hetzen, Angst, Abscheu und Hass zu schüren gehört zum täglichen Brot der AfD. Und sie ist damit äußerst erfolgreich: In Umfragen lag sie 2018 bei 18 % und im Sommer 2023 bei 19 %. Die Methoden und die Rhetorik hat die AfD jedoch nicht erfunden. Das Schüren von Angst, Abscheu und Hass gegenüber »Fremden« hat eine lange Tradition in der konservativen Rechten. Die AfD erntet nur, was von Teilen der Volksparteien und einigen führenden Intellektuellen gesät wurde. Die Wurzeln der negativen Gefühle gegen »Gastarbeiter«, »Ausländer«, »Scheinasylanten« usw. reicht weit in die 1980er und 1990er zurück.

Eine liberale Demokratie trägt jedoch nicht nur die Verantwortung dafür, dass keine Ressentiments gegenüber Minderheiten und Schutzsuchenden entstehen, sondern auch dafür, dass sich marginalisierte, sozial ausgegrenzte und als fremd markierte Gruppen sicher, geborgen und zugehörig fühlen können. Die jüngste deutsche Geschichte aber hat gezeigt, dass die Bundesregierungen kein Interesse daran hatten. Vielmehr wurden Angst, Abscheu und Hass immer wieder neu angefacht, wenn es politische Ziele zu erreichen galt oder Wahlen zu gewinnen waren. Der sprachlichen Ausgrenzung folgten anschließend in nicht wenigen Fällen die psychische Exklusion durch rechte Gewalt. Eine liberale Demokratie, die diesen Namen auch verdient hat, sollte die Übel der Grausamkeit und der Furcht, welche die Freiheit, die Würde und das Wohl von Minderheiten bedrohen, zu vermeiden trachten, wie es die Philosophin Judith N. Shklar in ihrem Essay *Der Liberalismus der Furcht* verlangt.[65] Unter Grausamkeit versteht Shklar, »dass einer schwächeren Person oder Gruppe durch eine stärkere absichtlich physischer und, in zweiter Linie, emotionaler Schmerz zugefügt wird, um ein materielles oder immaterielles Ziel zu erreichen«.[66]

Dort, wo die Geborgenheit verweigert wurde, suchten Migrant*innen nach neuen Orten, an denen sie sich sicher, aufgehoben und zugehörig fühlen konnten. Solche Geborgenheitsorte entstanden und entstehen überall dort, wo die Berührung mit einer »Heimat« Deutschland nicht stattfindet; also überall dort, wo der Wunsch nach Sicherheit, Zugehörigkeit und Aufgehobensein nicht erfüllt wird.

Orte der Geborgenheit

Als Horst Seehofer im Jahr 2018, nur wenige Monate vor Weidels Rede und den rhetorischen Entgleisungen Söders und Dobrindts, sein Innenministerium um den Bereich »Heimat« erweiterte, um sich zukünftig um die Gefühle der Geborgenheit und Zugehörigkeit der Deutschen zu kümmern[67], erntete er viel Kritik und ein wenig Spott. Die Befürchtung war, dass der CSU-Minister damit nicht nur konservative Wünsche befriedigen, sondern gleichzeitig an den rechten, völkischen Rändern fischen wollte. In migrantischen Kreisen zeichneten sich zwei gegensätzliche Reaktionen ab: Auf der einen Seite wurde die Zugehörigkeit zur »Heimat« Deutschland eingefordert und auf der anderen Seite verweigert. Die Journalistin und heutige Leiterin der Antidiskriminierungsstelle des Bundes Ferda Ataman stellte in ihrer Kolumne für den *Spiegel* klar: »Das ist auch unsere Heimat, Herr Heimatminister«.[68] Die Autor*innen Fatma Aydemir und Hengameh Yaghoobifarah antworteten auf die Gründung des »Heimatministeriums« mit ihrem Essayband *Eure Heimat ist unser Albtraum*, in welchem sie »12 herausragende deutschsprachige Autor_innen« baten, mit ihnen »gemeinsam über oft übersehene, aber sehr existenzielle Aspekte marginalisierter Lebensrealitäten in Deutschland zu schreiben«.[69]

Zu diesen zwölf Autor*innen gehört die Theatermacherin und Aktivistin Simone Dede Ayivi, die in ihrem Beitrag »Zusammen« über ihre Arbeit und ihre Erfahrungen mit Rassismus, Sexismus und Ausgrenzung sowie die damit verknüpften Gefühle reflektiert. Sie schließt ihren Text mit einer Absage an eine »Heimat« Deutschland:

Ich glaube nicht an Heimat. Ich glaube an Heimaten. Das können besondere Orte sein, denen wir uns ewig verbunden fühlen, egal, wie weit wir weg sind, und egal, wie lange wir schon nicht mehr dort waren. Doch meistens sind es Menschen, die uns vertraut sind und denen wir vertrauen. Zu Hause ist, wo ihr seid.[70]

Sasha Marianna Salzmann, die ebenfalls zu den Autor*innen des Bandes gehört,[71] beschrieb in ihrem Interview für das *Archiv der Flucht* einen ähnlichen Ort als Antwort auf Ethel Matala de Mazzas Frage, ob und ab wann sie in Deutschland »angekommen« sei. Ayivi schreibt von Vertrautheit unter Menschen, denen sie sich zugehörig fühlt, Salzmann spricht vom »Angekommensein« bei Menschen, die sie kennt und denen sie ebenfalls vertraut. Saideh Saadat-Lendle und Nadja Salzmann ging es ähnlich. Zwar beschreiben beide ihr »Ankommen« in Deutschland zunächst in der Sachdimension (Diplome und Arbeit), doch Anerkennung und Zugehörigkeit erfuhren sie erst in der Sozialdimension in den Andockstellen (lesbische Community und Arztpraxis). Geborgenheit fanden und finden sie alle hauptsächlich in emotionalen Gemeinschaften, in denen sie Anerkennung erfahren, denen sie zugehörig sind, in denen sie vor Abwertungen und Diskriminierungen sicher sind und in denen sie die gleichen Gefühle teilen. Und schließlich: Geborgen fühlen sie sich in sozialen Systemen, in denen sie nicht nur in der Sachdimension, sondern auch (oder vor allem) in der Sozialdimension inkludiert sind.

Nicht ein einziges Mal habe ich meine Mutter gefragt, ob oder wann sie sich in Deutschland geborgen – geschweige denn zugehörig – gefühlt hat. Zugehörigkeit zu Deutschland – in der Sozialdimension – hat in unserer Familie nie eine Rolle gespielt. Anerkennungsfragen galten als Luxus. Bedeutend waren für meine Mutter jedoch die Staatsbürgerschaft und die Rechte, die mit ihr verbunden waren. Mit 18 Jahren erhielt ich meine Einbürgerungsurkunde und meinen Personalausweis. Niemanden machte das glücklicher als meine Mutter. Und vielleicht fühlte sie in dem Moment, in dem mir die Urkunde ausgehändigt wurde, Geborgenheit. Ich befürchte jedoch, dass sie so sehr mit ihrer Arbeit an der Hoffnung beschäftigt gewesen ist, dass sie dem warmen, tiefen Gefühl des Aufgehobenseins kaum Raum gegeben hat. Dieses Gefühl kam erst später mit ihrer Liebe zum Christentum und ihrer Konversion. In der christlich-iranischen Gemeinde in Hamburg fühlten sie und mein Bruder, der ebenfalls konvertiert war, sich wahrscheinlich zum ersten Mal in Deutschland geborgen. Es waren die Jahre der psychischen Erkrankung meines Bruders, die tiefe Wunden bei beiden hinterlassen hatten. Ihr neuer Glaube und die Zugehörigkeit zur christlichen Gemeinde gaben beiden Gelegenheit, sich zu erholen. Anschließend gewann mein Bruder die *Green Card*, von der schon die Rede war.

Die Gemeinde gab meiner Mutter und meinem Bruder Halt, die Religion verlieh ihren Schmerzen einen Sinn, und ihre Gefühle fanden einen Ort, wo sie nicht bewertet, nicht abgewertet wurden. Religiöse Gemeinschaften ebenso wie emotionale Gemeinschaften sind feste, physische Orte der Geborgenheit, jedoch gibt es auch metaphysische Geborgenheitsorte. Für viele migrierte Intellektuelle wurde die deutsche Sprache mit der Zeit zu einer Heimat, einem Ort der Geborgenheit. In seinen *Landschaften einer fernen*

Mutter erinnert sich SAID, wie er auf die Frage, wie er in der »häßlichen« deutschen Sprache schreiben könne, reagierte: »jahrelang bin ich auf diese frage hin wie ein pawlowscher hund aufgesprungen, habe eine kassette eingelegt, mit der stimme des unvergeßlichen oskar werner, der rilke zitiert, mörike und trakl, um dann kindlich zu triumphieren: ›das ist deutsch!‹«[72] Aber auch für den in Siegen geborenen Navid Kermani ist die deutsche Sprache, die deutsche Literatur eine Heimat: »Ja, Hölderlin ist Heimat, eindeutig«.[73]

Geborgenheitsorte können jedoch auch ganz profan sein, wie etwa Fußballvereine – erneut Kermani: »der 1. FC Köln, ebenfalls Heimat, seit ich vier Jahre alt bin«[74] –, Laientheatergruppen, türkische Teehäuser oder die mittlerweile in Verruf geratenen Shisha-Bars, die besonders »junge Menschen aus Einwandererfamilien« anziehen, wie der Politikwissenschaftler Mahmoud Jaraba erklärt, »weil sie einen sozialen Raum bieten, in dem sie mit ihrer Kultur und Gemeinschaft in Kontakt treten können« und in dem sie sich nicht »ausgegrenzt, isoliert und unerwünscht fühlen«, sondern vielmehr »Akzeptanz und Zugehörigkeit« erfahren.[75] Doch während Shisha-Bars und ähnliche Einrichtungen jungen migrantischen Menschen als Geborgenheitsorte dienen, werden sie von Teilen der *weißen* deutschen Mehrheitsgesellschaft als Bedrohung wahrgenommen, was nicht zuletzt am Framing seitens Politik, Sicherheitsbehörden und Medien liegt. Im Zuge des groß inszenierten Kampfes gegen die sogenannte Clan-Kriminalität und der Strategie der »Tausend Nadelstiche« wurden Shisha-Bars vermehrt in eine »semantische Relation« mit »Clan-Kriminalität« gebracht. Zwar existieren Fälle, in denen eine Verbindung zwischen einigen Shisha-Bars mit kriminellen Strukturen nachgewiesen werden konnte, jedoch sei es, wie Mahmoud Jaraba konstatiert, »unfair, sie alle zu verallgemeinern und zu verteufeln«.[76]

Doch weder die Politik noch die Verantwortlichen für die Berichterstattung haben sich an solche Empfehlungen gehalten. Ganz im Gegenteil, wie Jaraba erläutert:

> *Bei den Polizeikontrollen werden häufig Journalist*innen im Vorfeld über die Razzien informiert. So lassen sich die Politiker*innen dann als starke Akteure der Verbrechensbekämpfung inszenieren. Ein Großteil der Medienberichterstattung ist sorgfältig darauf ausgerichtet, Shisha Bars als Zufluchtsorte für kriminelle Aktivitäten darzustellen. Das führt jedoch zwangsläufig zu einer negativen Einstellung gegenüber den Cafés und ihren Gästen. Mit anderen Worten: Die Darstellung von Shisha Bars in den Medien hat zur Stigmatisierung bestimmter ethnischer Gruppen beigetragen und auch zu falschen Vorstellungen über die Kultur und den Zweck dieser Lokale geführt.*[77]

Der sprachlichen, emotionalen und ideologischen Ausgrenzung, so haben wir erfahren, folgt in nicht wenigen Fällen die physische Exklusion. In der Nacht des 20. Februar 2020 erschießt der psychisch kranke und rassistischen Wahnvorstellungen verfallene Tobias R. neun Menschen in Hanau: Kaloyan Velkov, Fatih Saraçoğlu, Sedat Gürbüz, Vili Viorel Paun, Gökhan Gültekin, Mercedes Kierpacz, Ferhat Unvar, Said Nesar Hashemi und Hamza Kurtović. Der Attentäter, der aus rassistischen Motiven mordete, ersetzte Worte durch Taten. Und die Orte, an denen er den wahrgenommenen

Worten seine Taten folgen ließ, waren eine Bar, ein Kiosk, eine Shisha-Lounge und die Straßen, die sie miteinander verbanden. Es waren Geborgenheitsorte für junge Menschen aus Einwandererfamilien – die wenigen, die ihnen noch geblieben waren.

Die Gefühle der anderen fühlen

Das Ziel des rassistischen Mobs von Hoyerswerda und Rostock-Lichtenhagen, der Brandstifter von Solingen und Mölln, der rechtsradikalen Mörder vom NSU und des psychisch kranken Attentäters von Hanau war es nicht nur, die als Feinde ihres Volkes eingestuften Menschen aus dem »deutschen Volkskörper« zu entfernen, sondern ihn zu zerstören, wenn es anders nicht möglich ist, »den Körper aus dem Weg oder an einen anderen Ort zu schaffen«.[78] Diese Form der Gewalt nennt der Soziologe und Germanist Jan Philipp Reemtsma »lozierende Gewalt«, die sich durch »ein brachiales *Desinteresse* am Körper des Anderen« auszeichnet und darauf abzielt, über den Ort dieses als fremd (volksfremd) wahrgenommenen Körpers im Raum zu verfügen bzw. diesen Ort zu bestimmen.[79] Lozierende Gewalt kann emotional distanziert, kalt und kalkulierend sein wie beispielsweise im strafrechtlichen Sinne: »der Körper des Kriminellen wird aus dem Teil der Welt geschafft, in dem die Wiederholung der Tat wahrscheinlich wäre«. Hierbei soll die lozierende Gewalt dem Wohl der Gesellschaft dienen, indem sie verurteilte Kriminelle aus dem öffentlichen Raum herausnimmt.

Lozierende Gewalt, die sich selbst durch stark verneinende Gefühle wie Hass, Angst und Abscheu bzw. Ekel legitimiert, möchte den »Fremdkörper« durch Zerstörung aus der Welt schaffen. Zur Ausübung von mörderischer Gewalt reichen Wut und Feindschaft allein nicht aus, wie die Soziologin Eva Illouz konstatiert, »wohl aber Abscheu vor einer anderen Gruppe«[80] – und Hass. Beide Gefühle rufen starke körperliche Reaktionen hervor und möchten die Subjekte, gegen die sie sich richten, entfernen. Während es beim Ekel, wie Uffa Jensen erklärt, nicht immer darum geht zu vernichten: »es reicht, den ekelhaften Gegenstand aus dem Feld unserer sensorischen Wahrnehmung zu entfernen«[81], verhält es sich beim Hass anders. Er »will den Gegenstand vernichten. Wenn wir einen anderen hassen, wollen wir ihn nicht bessern oder erziehen. Wir wollen ihn ausschalten, verbannen, zugrunde richten, entweihen.«[82]

Der Ekel, die Abscheu bringen »die Angst vor Nähe, Nachbarschaft und Vermischung zum Ausdruck«[83] und segregieren die als »fremd« wahrgenommenen und als »unrein« deklassierten Subjekte aus der »reinen«, homogenen Wir-Gruppe. Gefühle, die »ziemlich bezeichnend für Rassisten«[84] sind und grundlegend für Sarrazins völkische Theorien, die Weltanschauung der Neuen Rechten und für die von der AfD betriebene Politik der Angst und des Abscheus, die in der Rede Alice Weidels im Bundestag, in der sie von »Burkas, Kopftuchmädchen und alimentierten Messermännern und sonstigen Taugenichtsen« sprach, deutlich hervortraten. Sie schürte darin nicht nur Angst und Abscheu vor »Migranten«, »Ausländern« oder »Muslimen«, sondern verknüpfte eine Politik der Angst mit einer Politik des Abscheus:

> *Eine Politik der Angst eint Menschen gegen einen gemeinsamen Feind, während eine Politik des Abscheus sicherstellt, dass sie von ihm getrennt und in sicherer Distanz zu ihm bleiben […]. Abscheu ist das Gefühl, das am besten zu politischen Regimen passt, die auf einer geregelten Trennung von Bevölkerungsgruppen beruhen, politischen Regimen, die eine geografische und rechtliche Trennung zwischen Gruppen herbeiführen und diese Trennung permanent rechtfertigen müssen, indem sie den anderen als verabscheuungswürdig darstellen.*[85]

Angst, Abscheu (Ekel) und Hass mobilisieren jedoch nicht nur die Anhänger*innen der Neuen Rechten oder der AfD, sondern können auch Teile der moderaten Mitte der Mehrheitsgesellschaft bewegen, in dem sie auf ein rassistisches Wissen rekurrieren (und dieses reaktivieren), das eng mit der Geschichte von Flucht und Migration verflochten ist.[86] Im Verlauf der Migrationsgeschichte, in der Hoffnungen zerstört, Geborgenheit verweigert, soziale Exklusion fühlbar gemacht und eine Politik des Hasses, der Angst und der Abscheu betrieben wurden, wurde das rassistische Wissen mit den stark verneinenden Gefühlen gekoppelt. Es wurde, wie Jensen es formuliert, eine Verbindung zwischen Vorurteilen und Gefühlen hergestellt.[87] An dieser Stelle setzt der Historiker seine Analysen an und fragt: »Was läuft im diskriminierenden Subjekt ab, wenn es bestimmte Vorurteile hegt?«

Wie bereits am Anfang des Buchs erwähnt, drehe ich die Frage um: Was läuft im diskriminierten Subjekt ab, wenn es mit bestimmten Vorurteilen konfrontiert wird, wenn das Ausgeschlossensein zum (be-)herrschenden Gefühl wird, wenn Gesetze und Bürokratie die Hoffnungen auf ein besseres Leben schwinden lassen und wenn Geborgenheit verweigert wird? In den letzten drei Kapiteln betrachten wir Emotionen, die sich im Kontext solcher Störungen und Verweigerungen entwickelt haben bzw. durch sie geprägt wurden: Zorn, Ressentiment und Angst. Doch vorher eine kurze Zusammenfassung und Präzisierung der Arbeitsdefinition von Emotion, die diesem Buch zugrunde liegt. Damit versuche ich, die zwei losen Stränge zusammenzuführen, mit denen ich mein Hauptargument festzuzurren versuche: Habitus und Gefühl.

Intermezzo – oder:
Pierre Bourdieus Habitus-Konzept im Lichte von Lisa Feldman Barretts Theorie der konstruierten Emotion

»Verstehen heißt, zunächst das Feld zu verstehen, mit dem und gegen das man sich entwickelt hat.«[1] Es dürfte sich hier um einen der einprägsamsten Sätze aus Pierre Bourdieus *Soziologischem Selbstversuch* handeln, vielleicht sogar um einen der wichtigsten, weil darin nicht nur das ganze Bourdieu'sche Universum wie in einer Nussschale Platz findet, sondern auch weil der Soziologe damit auf seine persönliche intellektuelle Entwicklung rekurriert: vom Philosophen zum Soziologen durch die Abgrenzung zur Philosophie, also gegen das theoretische, scholastische Denken und für eine praktische, praxeologische Erkenntnisweise. Bourdieus Soziologie ist, wie Armin Nassehi erklärt, »eine Soziologie der Praxis, die an empirischen Situationen beschreibt, wie Menschen sich vor allem praktisch an das gewöhnen, was sie tun, dass für sie die Welt nicht in Form von abstrakten Ideen und Überzeugungen plausibel erscheint, sondern deswegen, weil sich diese Plausibilitäten praktisch bewährt haben«.[2] Zu den wichtigsten Komponenten in Bourdieus praxeologischer Theorie gehören die Konzepte »Feld« und »Habitus«. Wenn

Bourdieu schreibt, dass wir uns mit und gegen das Feld entwickeln, meint er damit, dass sich unser Habitus mit und gegen das Feld entwickelt.

Den sozialen Systemen Niklas Luhmanns ähnlich, können Bourdieu'sche Felder als soziale Einheit beschrieben werden, die sich durch fortschreitende Differenzierungsprozesse, welche die Grundlage moderner Gesellschaften bilden, nach Funktionen aufteilen und in ihrer Summe die Gesellschaft bilden; beispielsweise gibt es ein wirtschaftliches, ein akademisches, ein medizinisches Feld usw. – die systemtheoretischen Entsprechungen wären das Wirtschaftssystem, das Bildungssystem, das Gesundheitssystem usw. Bourdieus Felder unterscheiden sich jedoch von Luhmanns Funktionssystemen in drei wesentlichen Punkten, die alle von Macht- und Positionsverhältnissen abhängen: 1. Felder bilden sich durch Macht- und Positionskämpfe heraus; 2. Machtverhältnisse ordnen bzw. hierarchisieren die Felder untereinander (z. B. steht das politische Feld über dem kulturellen Feld); 3. Positions- und Machtkämpfe strukturieren die Felder intern, bzw. sie strukturieren die Positionen der Individuen innerhalb der Felder nach den jeweiligen Machtverhältnissen.[3] Der entscheidende Unterschied verläuft schließlich zwischen Sach- und Sozialdimension, denn während »Luhmann die Frage der *sachlichen*, das heißt funktionalen Differenzierung von Anschlusslogiken im Blick hat, scheint Bourdieu keinerlei Sinn für die Frage zu haben, wie es zur Differenzierung der verschiedenen Felder kommt beziehungsweise welchen *sozialen Sinn* diese Felddifferenzierung hat. [...] Denn sozialer Sinn«, so Nassehi weiter, »ist für Bourdieu tatsächlich ausschließlich *Sinn in der Sozialdimension.*«[4]

Die Felder Bourdieus, die zuweilen als Spielfelder erscheinen, auf denen beinahe ausschließlich Verteilungs- und Positionskämpfe zwischen Institutionen und Akteuren geführt werden,[5] stehen in einem direkten Zusammenhang zum Habitus; beide sind voneinander abhängig, beeinflussen sich gegenseitig und müssen immer zusammengedacht werden: »Habitus und Feld, Leib gewordene und Ding gewordene Geschichte«.[6] Damit möchte Bourdieu zum Ausdruck bringen, dass Geschichte und gesellschaftliche Strukturen sich zum einen sachlich in Institutionen und Gemeinschaften und zum anderen leiblich in den Körpern der Menschen festschreiben. Die Schemata oder Muster unserer Wahrnehmung, unseres Handelns und Denkens entstehen in der Relation dieser beiden, wie Bourdieu es nennt, »Zustände des Sozialen, nämlich der in Sachen, in der Gestalt von Institutionen objektivierten Geschichte auf der einen«, womit Bourdieu die Felder meint, und »in der Gestalt jenes Systems von dauerhaften Dispositionen«, das er Habitus nennt, also eine »leibhaft gewordene Geschichte auf der anderen Seite«.[7] Geschichte und gesellschaftliche Strukturen werden in Institutionen verdinglicht (als Feld) und in unseren Körpern eingeschrieben, einverleibt oder genauer: inkorporiert (als Habitus). Der Habitus ist nicht angeboren, sondern wird im Laufe des Lebens, durch Erfahrung und Praxis, konstruiert, und zwar immer in Abhängigkeit zum Feld: Die »spezifische Logik des Feldes nimmt als spezifischer Habitus Gestalt an«.[8]

Der Habitus ist, um es noch einmal zusammenzufassen, das Produkt unserer Biographie, unserer Zugehörigkeiten, vor allem zur Klasse, der wir angehören, und unserer Positionen in den jeweiligen Feldern, in denen wir uns bewegen.

Unsere Positionierungen in den Feldern sind wiederum maßgeblich von den uns zur Verfügung stehenden Kapitalsorten (ökonomisches, kulturelles und soziales Kapital) abhängig. Und als dieses Produkt einverleibter gesellschaftlicher Strukturen, also als inkorporierte Geschichte, produziert der Habitus, auf unsere früheren Erfahrungen zurückgreifend, Schemata der Muster, die unsere Wahrnehmung, unser Denken und unser Handeln – oft unbewusst – beeinflussen und lenken.[9] Mit anderen Worten: Wie ich spreche oder mich bewege, welche Musik ich höre oder welche Speisen mir schmecken, wie ich esse oder mich kleide, ob ich lieber ein Museum besuche oder in ein Fußballstadion gehe usw. – alles ist von jenen vorbewussten Mustern abhängig, die durch Feld und Habitus geprägt wurden und sich in meinen Körper einschrieben. Was im Bourdieu'schen Habitus- und Feld-Konzept allerdings unerwähnt bleibt: Die Schemata, Muster oder strukturierenden Strukturen, um mit Bourdieu zu sprechen, können ihre Wirkung nur in ihrer Kopplung an Emotionen entfalten. Habitus steht in einem direkten Zusammenhang mit der Konstruktion unserer Emotionen, mehr noch: Habitus und Emotion sind (fast) dasselbe. Sie bedingen sich gegenseitig, können nur gemeinsam wirken und sind nicht voneinander zu trennen. Beide sind weder angeboren noch universell, sie sind sozial konstruiert, wandelbar und entwickeln sich mit und gegen die Felder bzw. sozialen Systeme. Und genauso wie der Habitus entstehen auch Emotionen (bzw. Emotionskonzepte; dazu gleich mehr) durch soziale Praxis: »Während also einerseits Ihr Gehirn Ihre Welt modelliert, trägt die Außenwelt dazu bei, Ihr Gehirn zu verkabeln.«[10]

Habitus, Körper, Gefühl

Auch wenn Bourdieu in den Definitionen seines Feld-Habitus-Konzepts kaum auf Emotionen eingeht, dürfte ihm nicht entgangen sein, welch tragende Rolle Gefühle bei der Erschaffung und Prägung des Habitus spielen. Er selbst verwendet beispielsweise Emotionsbegriffe (Instanzen und Kategorien von Emotionen), wenn er die Besonderheiten seines Habitus zusammenfasst: »eine gewisse Neigung zum übertriebenen Stolz, das Zurschaustellen von Männlichkeit, eine bekannte, meist eher gespielte Streitlust, der Hang, sich über ›nichts und wieder nichts‹ zu erregen«.[11] In seinen *Meditationen* scheint Bourdieu ein wenig mehr auf den Zusammenhang von Emotionen (Affekten) bei der Prägung des Habitus einzugehen, indem er festhält: »Wir lernen durch den Körper. Durch diese permanente, mehr oder weniger dramatische, aber der Affektivität, genauer gesagt dem affektiven Austausch mit der gesellschaftlichen Umgebung viel Platz einräumenden Konfrontation dringt die Gesellschaftsordnung in die Körper ein.«[12]

Unser Körper bewegt sich, weil unser Gehirn die Befehle dazu gibt. Anders ausgedrückt: Das Gehirn trifft Vorhersagen, die auf unseren Erfahrungen beruhen, um die Sinneseindrücke aus der Außenwelt zu ordnen und uns – also den Körper – auf die möglichen Szenarien vorzubereiten.[13] Wenn Bourdieu also schreibt, dass wir nur durch unsere Körper lernen und dass sich Geschichte und Gesellschaftsstrukturen in unsere Körper einschreiben, dann meint er eigentlich die Verkabelung bzw. das Lernen unserer Gehirne – und damit letztendlich unsere Fähigkeit, Gefühle zu konstruieren und zu empfinden. Die Inkorporation, die Einverleibung der »Leib gewordenen Geschichte«, kann nur über dieses zentrale und hochkomplexe Organ verlaufen; dort, wo die Gefühle ihren Ort haben. Es sind die Schaltkreise unseres Gehirns, die unsere Körper »erinnern« und unbewusst den eingeschriebenen Mustern folgen lassen. Aus der Perspektive unseres Gehirns ist unser »Körper nur ein weiterer Teil der Welt, den es sich erklären muss«.[14] So kann beispielsweise ein Druckgefühl in der Magengegend auf verschiedene Eindrücke oder Emotionen hinweisen: Magenschmerzen, Hunger, Anspannung, Angst usw. Unser Gehirn muss nun herausfinden, worum es sich handelt, damit es unseren Körper in den Zustand versetzen kann, sinnvoll darauf zu reagieren.[15] Hierfür ist es auf unsere früheren Erfahrungen angewiesen. Auf diese Weise »erinnert« sich der Körper.

In der Einleitung habe ich einige kurze Passagen aus Didier Eribons *Grundlagen eines kritischen Denkens* zitiert, in welchen er von seinen sowie den Erfahrungen Roland Barthes mit sozialer Exklusion berichtet. An der prägnantesten Stelle heißt es:

> *Ein Gefühl der Exklusion beschränkt sich nicht auf den Moment, in dem man es erlebt (dieser »seltene Moment, in dem sich die ganze symbolische Kraft versammelt und den Körper zum Erzittern bringt«, wie Barthes schreibt). Wie flüchtig er [sic!] auch sein mag, in dem Moment, in dem ich ihn [sic!] erlebe – und umso mehr, wenn ich ihn [sic!] an Orten oder in Kontexten von Institutionen erlebe, an denen ich gar nicht teilhaben will –, erlebe ich, dass ich als ein ausgeschlossenes, herabgewürdigtes Wesen sozialisiert wurde.*

> *Tatsächlich ist die Exklusion tief in mein Wesen eingeschrieben und das Gefühl ist, so stark es in gewissen Momenten auch sein mag, ein Teil von mir, ein Teil von dem, was ich die ganze Zeit bin, auch wenn ich gar nicht daran denke – ein Teil, der in diesen Momenten nur an die Oberfläche meines Bewusstseins dringt.*
> *[…]*
> *Im Grunde ist das Unbewusste vielleicht nichts anderes als die soziale Welt mit all ihrer ordinären Gewalt, ihren Hierarchien und Grenzen, die sich in unseren Körper und in unser Gehirn eingeschrieben haben. Es ist immer schon die fleischgewordene Erinnerung unserer alltäglichen Praktiken und Gesten. Eine einzige kurze und unerwartete Szene des Alltagslebens kann ausreichen, um all das zu erwecken, was in uns schlummert. Sie kann alle Nervenstränge in unserem Körper zum Vibrieren bringen.*[16]

Die Erfahrung sozialer Exklusion ist Teil seines Habitus geworden, und darüber hinaus – oder besser: damit zusammenhängend – wurde daraus ein Emotionskonzept, das mit der Zeit weiterausgebaut und verfeinert wurde. Und immer dann, wenn er in Situationen geriet, die jenen Exklusionsmomenten ähnelten, (re-)konstruierte sein Gehirn die Gefühle der Exklusion. Aber wie? Dazu gleich mehr.

»Sie fühlen, was Ihr Gehirn glaubt«

Über Bourdieu schreibt Armin Nassehi, dass dieser ein Denker sei, »der sehr genau gezeigt hat, dass das, was wir denken, Resultat unseres Tuns ist, nicht umgekehrt«.[17] Über Lisa Feldman Barrett ließe sich in Zukunft vielleicht sagen, dass sie eine Denkerin sei, die sehr genau gezeigt habe, dass das, was wir tun, das Resultat unseres Fühlens ist, nicht umgekehrt. In ihrem Buch *Wie Gefühle entstehen* stellt die Psychologin anhand von eigenen Forschungen, Experimenten und Metaanalysen überzeugend dar, dass unser Gehirn Emotionen erschafft, damit wir mit den Widrigkeiten des Lebens besser zurechtkommen. Aufbauend auf unseren Erfahrungen, unseren Zugehörigkeiten und Positionen in den sozialen Systemen konstruiert unser Gehirn Emotionen, die unser Leben stärker beeinflussen, als viele von uns es wahrhaben wollen. »Sie denken vermutlich«, schreibt Lisa Feldman Barrett, »dass das, was Sie im Alltag sehen und hören, beeinflusst, was Sie fühlen, aber meist ist es genau andersherum: Das, was Sie fühlen, verändert Ihr Sehen und Hören. Die Interozeption des Augenblicks beeinflusst Ihre Wahrnehmung und Ihr Handeln stärker als die Außenwelt.«[18]

Interozeption ist, wie Sie sich vielleicht noch erinnern, eine andere Bezeichnung für den bereits vorgestellten *core affect*, also das »emotionale Grundrauschen«, das mal leichter, mal stärker als Affekt bzw. Stimmung wahrnehmbar ist und sich stets zwischen verschiedenen Intensitäten und Variationen von angenehm / unangenehm *(Valenz)* sowie nicht erregt / erregt (*Arousal*) bewegt. Wie aber werden aus diesen »interozeptiven Empfindungen«, wie Barrett sie nennt, Emotionen? In der Arbeitsdefinition habe ich lediglich festgehalten, dass die Benennung und Einordnung einer Emotion vom Kontext abhängig ist und auf unserer Erfahrung sowie unseren Zugehörigkeiten und Positionen basiert. Wie wir fühlen und wie wir den Gefühlen Ausdruck verleihen, hängt von der sozialen Klasse ab, in der wir sozialisiert wurden, ebenso von unserem Geschlecht, unserer ethnischen Herkunft usw. und schließlich von unserem Gefühlswissen. Mit Rückgriff auf die Ergebnisse von Lisa Feldman Barrett möchte ich im Folgenden darstellen, wie wir Emotionen konstruieren und wie das alles mit unserem Habitus zusammenhängt. Dafür müssen wir zunächst einen Schritt zurück.

Unsere Wahrnehmung beruht auf Differenzierungen, Kategorisierungen, Vorhersagen und Simulationen. Weil unser Gehirn in unserem Kopf »gefangen« ist, muss es sich durch Interpretationen, basierend auf unseren Erfahrungen und Prägungen, einen Reim darauf machen, was gerade in der Außenwelt und / oder im Körperinneren geschieht, damit es die ihm zur Verfügung stehenden Mittel einsetzen kann, um unseren Körper zu regulieren, auszubalancieren oder auf Gefahren vorzubereiten. Die Sinnesinformationen, die wir bewusst oder unbewusst wahrnehmen, beschreibt Lisa Feldman Barrett als ein sich ständig veränderndes Puzzle, das unser Gehirn zu lösen sucht:

> *Die Dinge, die Sie sehen, die Geräusche, die Sie hören, die Gerüche, die Sie schnuppern, die Berührungen, die Sie fühlen, die Geschmackseindrücke auf Ihrer Zunge und die interozeptiven Empfindungen, die Sie als Schmerzen und Affekte erleben … sie alle haben mit einem kontinuierlichen*

Strom von Sinnesdaten zu tun, die extrem variabel und uneindeutig sind, wenn sie in Ihrem Gehirn ankommen. Die Aufgabe ist es, sie vorherzusagen, bevor sie da sind, die fehlenden Details zu ergänzen und wenn möglich Regelmäßigkeiten zu entdecken, damit Sie eine Welt voller Objekte, Menschen, Musik und Ereignisse erleben und nicht die »blühende, brodelnde Konfusion«, die tatsächlich da draußen herrscht.[19]

Diese Interpretationsleistung erbringt das Gehirn über Konzepte. Ich weiß z. B., dass ein Auto ein Auto ist und kein Stuhl, weil ich Konzepte für beide habe und sie durch Differenzierung voneinander unterscheiden und anschließend kategorisieren kann. Ein Konzept für ein Auto könnte beispielsweise so ausfallen: Ein fahrbares Mittel, mit dem ich mich, andere Personen oder auch Objekte von A nach B transportieren kann und das aus (meist) vier Rädern, einem metallenen Gehäuse mit Dach, Türen, Fenstern usw. besteht und – wenn nicht gerade elektrisch – die Umwelt belastet. Die Konzepte für »Auto« können natürlich je nach sozialer Zugehörigkeit oder Wertvorstellung leicht variieren (z. B. hinsichtlich der Bedeutung für die Umwelt etc.). Davon abgesehen, wissen die meisten, wovon wir sprechen, wenn wir vom »Auto« sprechen. Wir alle haben gelernt, was das Konzept »Auto« bedeutet, und haben uns gesellschaftlich darauf geeinigt, was ein »Auto« ist. Mit Emotionskonzepten, auf denen die Interpretation und Kategorisierung von Gefühlen basiert, ist es ähnlich, jedoch mit dem Unterschied, dass das Gehirn bei der Übersetzung nicht auf äußere Sinneseindrücke angewiesen ist, sondern auf die Vorgänge im Körperinneren, also u. a. auf die Interozeption.

Auch in unserem Inneren herrscht, um das Zitat von William James aufzugreifen, eine »blühende, brodelnde Konfusion«, die wir bereits als »emotionales Grundrauschen« kennengelernt haben. Und genauso wie bei den Sinneseindrücken aus der Außenwelt versucht das Gehirn zu begreifen, was beispielsweise eine unangenehme und angespannte Stimmung in der Magengegend bedeutet, um darauf entsprechend zu reagieren bzw. den Körper darauf angemessen reagieren zu lassen. Handelt es sich dabei nur um eine Magenverstimmung? Oder ist es Angst? In diesem Fall benötigt der Körper mehr Energie, um mit einer drohenden Gefahr umgehen zu können: Die Bronchien müssen erweitert werden, um das Blut mit mehr Sauerstoff zu versorgen, die Herzfrequenz muss gesteigert und die Blutgefäße müssen verengt werden, damit es (durch einen erhöhten Blutdruck) zu einer besseren Durchblutung und Sauerstoffversorgung der Muskeln kommt, womit die Muskelleistung erhöht und gleichzeitig die Gehirnleistung verringert wird, die Pupillen müssen erweitert werden, damit die Gefahr besser erkannt wird, und schließlich wird die Verdauungsleistung gesteigert, um zusätzliche und schnellere Energie bereitzustellen.[20] Doch bevor das Gehirn die Signale an den Körper sendet, um so zu reagieren, muss es zuvor die interozeptive Empfindung »unangenehme und angespannte Stimmung in der Magengegend« als »Angst« gedeutet haben. Und diese Interpretationsleistung verläuft, ähnlich wie bei »Auto«, über Konzepte, die den Sinneseindrücken Sinn verleihen, hier ein Emotionskonzept »Angst«. Die Fähigkeit, Konzepte zu bilden, ist universell, die jeweiligen Konzepte sind jedoch sozialkonstruktivistisch und können sich deutlich voneinander unterscheiden.[21]

Wie entstehen Emotionskonzepte, wie werden sie konstruiert? Im ersten Jahr unseres Lebens lädt, wie Barrett erklärt, unser Gehirn »sein konzeptionelles System hoch«, und wir entwickeln die Fähigkeit, Strukturen und Regelmäßigkeiten zu erkennen und abzuspeichern:

> *Ihr kleines Gehirn fängt also an, Wahrscheinlichkeiten dafür zu errechnen, welche Bilder, Geräusche, Gerüche, Berührungen, Geschmacksempfindungen und Signale aus dem Körperinneren zusammenpassen oder nicht […]. Schritt für Schritt lernt Ihr Gehirn, dieses Meer vager Empfindungen zu Mustern zu ordnen: Bilder, Geräusche, Gerüche, Geschmackserlebnisse, Berührungen, interozeptive Empfindungen und deren Kombinationen.*[22]

Wir lernen – praktisch und im sozialen Austausch –, verschiedenen Empfindungen einen Begriff zu geben, die in der Gesellschaft zu jener Zeit vorherrschen, und daraus ein Emotionskonzept zu entwickeln, indem wir das benannte Gefühl mit verschiedenen Sinneseindrücken kombinieren. Die Emotion »Wut« kann beispielsweise mit einer erhöhten Lautstärke der Stimme, dem Hämmern mit der Faust auf den Tisch, dem Treten gegen eine Tür oder auch nur einer bestimmten Gereiztheit zu einem Emotionskonzept kombiniert werden. Dieses Konzept ermöglicht es uns, »Wut« bei anderen zu erkennen bzw. vorauszusagen – oder, um mit Barrett zu sprechen, die Wut (bei anderen) für uns zu konstruieren. Dies geschieht, indem unser Gehirn auf vergangene Erfahrungen und Sinneseindrücke zurückgreift und durch Simulationen Vorhersagen trifft: »Ihr Gehirn holt sich Beispiele aus Ihrem umfangreichen Konzeptsystem, je nach Ziel, das Sie in einer bestimmten Situation haben.«[23]

Mein Bruder und ich hatten als Kinder ein besonders feines Sensorium für die Wut unseres Vaters entwickelt und konnten bereits durch die Art, wie er die Haustür öffnete, vorhersagen, ob es beim Abendessen zu einem Ausbruch kommen würde oder nicht. Wir waren zu diesen Vorhersagen fähig, weil wir über das gleiche Emotionskonzept »Wut des Vaters« verfügten. Zu diesem Konzept gehörte auch Angst, unsere Angst vor der Wut des Vaters. In dem Moment, in dem wir hörten, wie sein Haustürschlüssel das Schloss drehte und die Schlossfalle zurückschnappte, wurde unser Warnsystem hochgefahren. Nun war es jedoch nicht so, wie viele an dieser Stelle vermutlich denken, da es unserem Alltagswissen über Gefühle entspricht, dass das Öffnen der Haustür irgendetwas in uns »getriggert« hätte. Barrett zufolge werden Gefühle nicht »getriggert«, sondern von uns konstruiert: »Das Gehirn, das auf Reize reagiert, ist ein Mythos. Die Aktivität des Gehirns besteht aus Vorhersagen und Korrekturen. Wir konstruieren unsere emotionale Erfahrung unterhalb der Bewusstseinsschwelle.«[24] Die Vorhersagen unseres Gehirns beruhen auf Wahrscheinlichkeiten. Barrett erklärt dies an einem Beispiel, das in der Psychologie und Emotionsforschung lange Zeit zum Standard gehörte (und noch immer herangezogen wird): Joseph LeDoux' universalistische Reiz-Reaktion-Erklärung der zwei Angstpfade. Wenn wir im Wald einer Schlange begegnen, wird dieser bedrohliche Reiz (die Schlange) »in zwölf Millisekunden zur Amygdala geleitet, die das vegetative Nervensystem für eine evolutionsbiologisch verankerte Kampf-oder-Flucht-Reaktion *(fight-or-flight-reaction)* aktiviert«.[25] Der andere Pfad verläuft laut LeDoux über den Kortex und benötigt mehr Zeit (»24 Millisekunden«), weil die Information in diesem Teil des Gehirns differenziert betrachtet und eingeordnet wird: »Handelt es sich wirklich um eine Schlange oder etwa nur um einen schlangenförmigen Stock? Falls es sich um eine Schlange handelt, ist sie tot oder lebendig?« usw. Erkennt der Kortex keine Gefahr, sendet es diese Information an die Amygdala, die daraufhin das vegetative Nervensystem beruhigt.[26] Dieser Erklärung zufolge ist unsere Angstreaktion eine anthropologische Konstante: »hart, unveränderlich, kulturuniversell, speziesübergreifend, überzeitlich, biologisch, physiologisch, essentiell, basal, verdrahtet, *hard wired.*«[27]

Barrett widerspricht LeDoux und ersetzt die universalistische Erklärung, die unser Verständnis von Emotionen seit Jahrzehnten prägt, durch eine sozialkonstruktivistische:

> *Ich habe, aufbauend auf früheren Erfahrungen, eine Instanz des Konzepts »Angst« konstruiert, das auf meine Umwelt passt. Mein Gehirn hat das Feuern meiner visuellen Neuronen verändert, noch bevor die Schlange auf dem Weg erschien. Das hat mich darauf vorbereitet, die Schlange zu sehen und in der entgegengesetzten Richtung davonzurennen. Sobald meine Vorhersage bestätigt und meine Empfindungen kategorisiert waren, habe ich eine Erfahrung von Angst konstruiert, die meine Empfindungen zielgerecht erklärte. Ich habe geistig den Schluss gezogen, die Schlange als Ursache meiner Gefühle zu betrachten und das Weglaufen als deren Konsequenz.*
> *[…]*
> *Ich habe nicht eine Schlange gesehen und kategorisiert.*

Weder habe ich den Drang wegzulaufen gespürt und diesen kategorisiert, noch habe ich mein Herz klopfen verspürt und das kategorisiert. Ich habe Empfindungen kategorisiert, um die Schlange zu sehen, mein Herz klopfen zu fühlen und loszulaufen. Ich habe diese Empfindungen korrekt vorhergesagt und sie mit einer Instanz des Konzepts »Angst« erklärt. So werden Emotionen gemacht.[28]

Wäre sie hingegen ein achtjähriges Mädchen, das sich zum Geburtstag eine Schlange als Haustier wünscht, hätte sie nicht »Angst«, sondern »freudige Erregung« konstruiert. Wir sind, wie Barrett konstatiert, die Architekten unserer Erfahrung und Wahrnehmung.[29] Damit kommen wir zurück zu dem Emotionskonzept »Wut des Vaters«, das mein Bruder und ich basierend auf unseren Erfahrungen entworfen hatten und das damit zusammenhängende Konzept »Angst« bzw. »Angst vor der Wut des Vaters«. Hätten wir in all den Jahren keine Erfahrung mit den Wutausbrüchen unseres Vaters gesammelt, wären wir nicht immer in Alarmbereitschaft versetzt worden, wenn er durch die Haustür kam. Wir hätten kein Konzept für »Angst« in Zusammenhang mit seiner Wut entwickelt, hätten nicht jedes Mal gehofft, dass ihm das Abendessen schmeckt, dass unsere Mutter ihm nicht sagt, was ihr im Leben fehlt, dass sie ihn fürsorglich behandelt, obwohl eigentlich ihr Fürsorge und Zuneigung zustanden, die sie aber spätestens seit der Migration nach Deutschland nicht mehr von ihm zu erwarten hatte.

Wir bzw. unsere Gehirne sind also dazu fähig, bereits bestehende Emotionskonzepte zu erweitern und sie mit anderen Emotionskonzepten zu kombinieren: die Fähigkeit der

»konzeptuellen Kombination«, wie Barrett sie nennt, eine beinahe »grenzenlose Anzahl von neuen Konzepten aus den bereits vorhandenen zu generieren«.[30] Um diese Fähigkeit zu veranschaulichen, bringt Lisa Feldman Barrett ein eingängiges Beispiel:

> *Stellen Sie sich vor, Sie greifen in eine Tüte mit Kartoffelchips und müssen feststellen, dass Sie deren Inhalt bereits komplett vertilgt haben. Sie sind enttäuscht, weil in der Tüte nichts mehr drin ist, aber auch erleichtert, dass Sie nicht noch mehr Kalorien in sich hineinstopfen können. Dazu kommen Schuldgefühle, weil Sie die Tüte im Alleingang geleert haben. Und Sie haben noch Hunger.*[31]

Mit diesen wenigen Worten hat Barrett ein Emotionskonzept erfunden, für das es bis dahin noch keinen Begriff gegeben hat, das wir jedoch kennen oder uns zumindest vorstellen können. Dieses Emotionskonzept ist für uns vorstellbar, weil wir die Fähigkeit besitzen, die einzelnen Konzepte »Chips«, »Enttäuschung«, »Erleichterung«, »Schuldgefühl« und »Hunger« zu kombinieren. »Wenn ich meine Kreation nun«, erklärt Barrett weiter, »›Chiplosigkeit‹ nenne und sie anderen Mitmenschen vermittle, dann wird sie genauso real wie solche Emotionskonzepte wie ›Glück‹, oder ›Traurigkeit‹.«[32]

Unser Gehirn, um es noch einmal zusammenzufassen, versucht also, jene interozeptiven Empfindungen, die es ununterbrochen empfängt, zu interpretieren und Aussagen über den Zustand unseres Körpers zu treffen. Dabei kann es sich um Schmerzen handeln, wenn wir uns z. B. an irgendwas gestoßen oder geschnitten haben, es können Magenschmerzen sein, weil wir etwas Falsches gegessen haben, oder es kann eine noch nicht näher definierte Anspannung sein, die sich zwischen angenehm / unangenehm (*Valenz*) sowie nicht erregt / erregt (*Arousal*) bewegt. Immerzu ist das Gehirn bei der Interpretation auf unsere Erfahrungen angewiesen, die aus der Praxis, aus unserem Agieren mit der Außenwelt und dem sozialen Austausch entstanden sind. Wenn ich mir den Kopf an einem Fenster stoße, weiß mein Gehirn schnell, dass die Ursache dieses Schmerzes ebendieser Zusammenstoß ist, weil ich mich schon so oft auf ähnliche Weise gestoßen habe. Verspüre ich jedoch eine zunächst nicht näher zu definierende Stimmung, die sich zwischen sehr unangenehm und sehr erregt bewegt, muss mein Gehirn auf Emotionskonzepte zurückgreifen, um diese deuten zu können. Und je häufiger diese bestimmte (oder eine ähnliche) Stimmung mit einem Konzept wie »Angst« gedeutet und als diese eingeordnet wurde, desto wahrscheinlicher ist es, dass es sich auch dieses Mal wieder um »Angst« handelt. Mit dem Einordnen der körperlichen Empfindung als »Angst« schaffen wir schließlich eine Bedeutung, die sagt, dass es »Angst« ist, welche diese physischen Veränderungen im Körper verursacht.[33]

Exklusion und Selbstexklusion

Mit diesem Wissen kann ich mir ein wenig genauer erklären, warum ich bei der Rede des Berliner Bürgermeisters an jenem 20. März 2019 im Lichthof der Technischen Universität Berlin derart in Zorn geriet. Dieser wurde letztendlich weniger von dem entfacht, was der Bürgermeister gesagt hatte, als vielmehr von all dem befeuert, was sich Jahre zuvor mit und gegen das Feld entwickelt hatte und noch heute weiterentwickelt: all die Besonderheiten meines Habitus, um mit Bourdieu zu sprechen, und, mit Rückgriff auf Barrett, all meine Emotionskonzepte. Von jenem Moment an, als der Junge, der ich einmal war, auf den Balkon der Freunde meiner Eltern trat, die umherlaufenden Kinder fragte, ob er mitspielen dürfe, und sofort abgelehnt, ausgeschlossen wurde, entwickelten sich Exklusion und später eine auf Kränkungen beruhende, grollende Selbstexklusion zum Wesenskern meines Charakters oder, genauer, meines Habitus und meiner Emotionskonzepte. Exklusion und Selbstexklusion, nicht nur aufgrund meiner ethnischen, religiösen und nationalen Herkunft (geboren in Iran als Sohn schiitisch-muslimischer Eltern), sondern später, d.h. spätestens mit dem Eintritt ins akademische Feld, auch oder vor allem aufgrund der Zugehörigkeit zu einer oft abgewerteten sozialen Klasse, schrieben sich mit den Jahren immer tiefer in meinen Körper hinein.

Ich entwickelte eine frühe Abneigung gegenüber jeglicher Form von Intellektualismus, obwohl mich dieses Feld zugleich beinahe magisch anzog. Denn Trost fand ich immer in Büchern, die ich anfangs kaum verstand (Dantes *Commedia* oder die Tragödien Shakespeares), oder in den Lebensbeschreibungen von Schriftstellern, die sich selbst nicht retten konnten, wie etwa Hölderlin, Kleist, Dostojewskij, Kafka oder Robert Walser. Ich grenzte mich also im Feld vom Feld ab, indem ich Zuflucht in ihren Schriften fand; wie heißt es so schön bei Béla Hamvas: »Das Buch ist die schweigsamste, einsamste, friedlichste Wirklichkeit der Welt […].«[34] Die Melancholie, die, wie ich bereits mit Rückgriff auf Bourdieu und Eribon zu erklären suchte, aus meinem »gespaltenen Habitus« erwachsen ist[35] und die ich in jener Zeit der Zurückgezogenheit und Zurückgeworfenheit (auf mein nacktes Ich) verspürte, war Segen und Trost; der »letzte, allerletzte Tropfen Honig«.[36] Die aus der Gespaltenheit des Habitus entstandene Melancholie stellt sich als ein Gefühl dar, »zugleich Teil der Welt [oder im Sinne Bourdieus: Teil des Feldes] und ein ihr entfremdetes, auf sich selbst angewiesenes Wesen [zu sein], das sich überall als ausgestoßen und heimatlos empfindet und keine Ahnung davon hat, welches Ziel es seiner unstillbaren Sehnsucht setzen könnte«.[37] Die auf Ausgrenzungserfahrungen basierenden Gefühle der Kränkung, des Zorns und der Melancholie wurden somit zu einem festen Bestandteil meines Emotionskonzepts »Exklusion« (und die Reaktionen, die dieses Konzept in meinem Körper auslöst, verlaufen nach einem Muster, wie ich es am Beispiel der Bürgermeisterrede im Lichthof der TU Berlin beschrieben habe – mitsamt dem Exkurs zu Földényis Essay über Dostojewskij und Hegel).

Die auf Kränkungen zurückzuführende Selbstexklusion gehört zu den Besonderheiten meines Habitus. Noch heute versuche ich, mich dem intellektuellen Feld zu entziehen, sooft es mir möglich ist. Am wohlsten fühle ich mich, wenn ich körperliche Arbeit verrichten kann und Menschen nahe bin, die ich mein ganzes Leben kenne; Menschen meiner sozialen Klasse (dabei macht es keinen Unterschied für mich, ob *weiß* oder nicht*weiß*, migrantisch oder nichtmigrantisch usw.). Auf Veranstaltungen gehe ich daher am liebsten in die Küche, spüle Geschirr oder räume Tische auf. Alles, um nur nicht ins Gespräch zu kommen. Dabei versuche ich nicht nur, auf Abstand zu *weißen*, bildungsbürgerlichen, nichtmigrantischen Deutschen zu gehen, sondern auch zu Kulturschaffenden, Akademiker*innen oder Journalist*innen *of Color*. Etwas an ihrem Habitus ist für mich nur schwer zu ertragen. Bourdieu, der seine eigenen Probleme mit der intellektuellen Welt hatte – obschon er ihr (so wie ich auch) zugleich angehörte –, beschreibt dieses Spannungsverhältnis in seinem *Soziologischen Selbstversuch* wie folgt:

> *Das Gefühl der Zwiespältigkeit gegenüber der intellektuellen Welt […] beschreibt im wesentlichen das Verhältnis einer zweifachen Distanz, die ich an unzähligen Beispielen verdeutlichen könnte: Distanz gegenüber dem großen Spiel der französischen Intellektuellen, die sich an jeder aufsehenerregenden Petition, jeder schicken Demonstration beteiligen, ohne das Vorwort für einen Kunstkatalog zu vergessen, aber auch gegenüber dem großen Spiel der professoralen Machtausübung, ihrer Allgegenwart in jedem Ausschuß und Preisgericht, in den Spielen und bei den Spieleinsätzen der Herrschaft über universitäre Reproduktion.*[38]

In der Gegenwart jener Menschen, die ich womöglich oft zu Unrecht zu dieser Welt zähle, fühle ich die Exklusion am ganzen Körper; werde wieder zu dem kleinen Jungen auf dem Balkon. Anschließend setzt der Mechanismus der Selbstexklusion ein. Ich ziehe mich zurück – gekränkt, grollend und verbittert –, um womöglich dem Moment zuvorzukommen, in dem ich wirklich ausgegrenzt werde und dadurch Gefahr laufe, meine Selbstachtung zu verlieren. Oft verweile ich jedoch im Ressentiment gegen sie, das sich in den vergangenen Jahren in mir festgesetzt und meine Wahrnehmung verzerrt hat.

Vor einigen Jahren, als ich noch für eine Kultureinrichtung arbeitete, bat mich der dortige Leiter, während meiner Arbeitszeit Kinokarten abzuholen, die für ihn hinterlegt waren. Es war nicht nur die Frage, die mich damals erzürnte, sondern auch die Situation, in der sie gestellt wurde. Wir befanden uns in einem Großraumbüro, in dem sich fünf weitere Kolleg*innen aufhielten. Ich war der Älteste, das einzige »Ausländerkind« und der Einzige mit Promotion. Was mich noch Wochen, ja Monate später beschäftigte: Warum hat er gerade mich gefragt und nicht eine andere, sich im selben Raum befindliche Person? Dafür gibt es verschiedene Erklärungen. Die erste, die sich sofort einstellt (so haben wir es mittlerweile gelernt): rassistische Diskriminierung – was auch oft zutrifft (und hier auch zutreffen mag), aber eben nicht immer. Eine andere wäre: weil ich habituell sehr hilfsbereit bin und sehr oft Arbeiten verrichte, die andere nicht mögen (für die sie sich zu »fein« sind) oder zu denen sie gar nicht imstande sind (z. B. bin ich recht kräftig und gut darin, schwere Gegenstände zu tragen oder diverse mechanische Geräte zu bedienen). Darüber hinaus habe ich oft die Sekretärin des Leiters der Einrichtung vertreten; demnach war er schon daran gewöhnt, mich um die Erledigung gewisser Aufgaben zu bitten, auch an jenem genannten Tag war sie nicht da, und somit hat er vermutlich angenommen, dass ich sie vertrete. Doch in jenem Augenblick kam für mich auf die Frage »Warum ich?« nur eine Antwort in Frage: »Weil ich ein ›Ausländerarbeiterkind‹ bin.« Warum? Weil ich diese Antwort gebraucht habe, um meine Gefühle – Kränkung, Zorn und Melancholie – besser verarbeiten zu können, ganz unabhängig davon, ob sie tatsächlich zutrifft (was schwer zu beweisen wäre). Ich wählte diese Erklärung, weil sie simpel war, entlastend und, vor allem, weil sie mir selbst jegliche Verantwortung für diese Situation nahm und mir ein Ventil für meinen Zorn und meine Melancholie bot. Diese Erklärung – ganz gleich, ob zutreffend oder nicht, denn darauf kommt es mir an dieser Stelle nicht an – war geradezu kathartisch. Ich gab mich meinem Groll gänzlich hin – und damit auch meinen Ressentiments. (Auf den Zusammenhang zwischen Zorn, Groll und Ressentiment werde ich im nächsten Kapitel genauer eingehen.)

In jenem Moment des Grollens geschah jedoch noch etwas anderes: Ich verlor meine Selbstachtung; jene Selbstachtung, von der Joan Didion in ihrem gleichnamigen Essay schreibt, aus dem ich am Anfang des Buchs zitiert habe. Der Kinokarten-Situation fehlte eigentlich jegliche Tragik, dennoch behandelte ich sie mit großem Pathos. Meine Kränkung war absolut. Es war jedoch nicht die Frage, die mir meine Selbstachtung nahm, sondern meine Reaktion darauf. Ich nahm mir die Selbstachtung selbst, indem ich mich als Opfer einer rassistisch-klassistischen Diskriminierung wahrnahm (auch wenn diese Erklärung oft und in anderen Situationen durchaus zutrifft). Ich nahm mir die Selbstachtung, weil ich, wie ein Teenager, gekränkt darauf pochte, für das, was ich bin (oder zu sein glaubte), respektiert zu werden. Weil ich den damaligen Leiter der Einrichtung so sehr bewunderte – und es noch heute tue –, wollte ich unbedingt von ihm ernst genommen und gelobt werden. Ich wollte als promovierter Historiker wahrgenommen werden. Ein falscher Stolz, denn warum sollte der Herr Historiker sich zu fein sein, um Kinokarten abzuholen?

Die »trostlose Tatsache ist«, wie Joan Didion festhält, »daß Selbstachtung nichts mit dem Lob anderer zu tun hat, die schließlich leicht genug zu täuschen sind, sie hat nichts mit dem eigenen Ruf zu tun, den […] couragierte Menschen gar nicht brauchen«.[39] Selbstachtung verleihen wir uns selbst, und Selbstachtung hat auch »nichts mit dem Angesicht der Dinge zu tun, sondern betrifft einen gesonderten Frieden, eine Versöhnung mit sich selbst«.[40] Und die Quelle, aus der Selbstachtung entspringt, ist »der Wille, Verantwortung für das eigene Leben zu übernehmen«.[41] Selbstachtung beschreibt Didion als »eine Disziplin, eine Gepflogenheit des Denkens, die nie vorgetäuscht, aber entwickelt, trainiert, hervorgelockt werden kann«.[42] Doch weil es mir nicht gelungen war, mir diese Denkweise anzueignen, und weil die andere Reaktion und Erklärung viel angenehmer waren, zog ich an jenem Tag gekränkt, grollend und schmollend aus dem Büro und inszenierte mich als ein weiteres Opfer des strukturellen Rassismus. Diese Erklärung ist nicht falsch, sie ist jedoch auf eine andere, komplexere Art richtig.

Um mit Samuel Beckett und Lisa Feldman Barrett zu sprechen: Ich ging durch den Wald, sah eine Schlange, erschrak mich und lief davon. Ich war jedoch nicht im Wald, und es gab keine Schlange. Damit meine ich nicht (mitnichten!), dass Gefühle illusorisch seien, reine Einbildungen, die wir ignorieren können. Nein, ganz im Gegenteil: »Sie sind real, aber eben Teil der sozialen Realität«.[43] Ich möchte es noch einmal betonen: Gefühle sind echt, sie sind keine reinen Einbildungen, und es gibt triftige Gründe dafür, dass wir fühlen, was und wie wir fühlen. Dass ich mich an jenem Tag aufgrund meiner Zugehörigkeit diskriminiert gefühlt habe, liegt daran, dass ich über all die Jahre viele Erfahrungen mit rassistischer und klassistischer Ausgrenzung gesammelt hatte oder hatte sammeln müssen: in Asylbewerberheimen, Behörden, Schulen, bei meinen vielen Jobs und sogar in Freundeskreisen. Das Wissen oder die Annahme, aufgrund meiner nationalen und sozialen Herkunft jederzeit ausgegrenzt werden zu können, hat sich tief in meinen Körper eingeschrieben, wurde Teil meines Habitus, prägte meine Emotionskonzepte. Daher verläuft in Situationen, in denen ich diskriminiert werde, und in Situationen, in denen ich denke, diskriminiert zu werden, das gleiche Muster ab. Oder, um noch einmal auf Barrett zurückzugreifen, ich erschrecke vor der Schlange auch dann, wenn sie nicht da ist, weil mein Körper gelernt hat, dass überall Schlangen lauern (könnten) – und das nicht ohne Grund.

Anders formuliert – um zu verdeutlichen, dass ich keinen Relativismus vertrete –: Rassismus ist real und gehört auch in Deutschland zu den großen gesellschaftlichen Problemen, die sehr lange vernachlässigt worden sind. Rassismus tötet und zerreißt Familien, wie die Morde des NSU oder das Attentat von Hanau zeigen. Rassismus wirkt nicht nur durch physische, sondern auch durch strukturelle, symbolische Gewalt: auf dem Wohnungs- und Arbeitsmarkt, in Schulen, in der Ausbildung, in Universitäten, im öffentlichen Raum, er begegnet uns in der U-Bahn oder an der Supermarktkasse. Rassistische Diskriminierung muss nicht einmal gegenwärtig sein, um fühlbar zu sein, da sie schon längst tiefe Schneisen in unsere Wahrnehmung, in unser Fühlen geschlagen hat. Und genau auf diesen Punkt möchte ich mit dem obigen Beispiel hinaus: auf die Spuren, welche die Migrations- und Diskriminierungserfahrung in uns (Habitus, Emotionskonzepte) und unserem Alltag hinterlassen haben, die Exklusion aus der Sozialdimension, die

Widrigkeiten der Hoffnungszerstörungsmaschine und die Geborgenheitsverweigerungspolitik. Ich suche eine Erklärung für die, wie Aras Ören schreibt, »Kränkung, die uns in den Kleidern steckt«.[44] In seiner Rede im *Literarischen Colloquium Berlin* fand der Dichter eine Alternative für Aladin El-Mafaalanis Tisch-Metapher:

> *Ich habe Konflikte nie schöngeredet. Aber ich habe immer vermittelt. Meine Arbeit hat – glaube ich – Früchte getragen. Sie wird von einer anderen Generation aufgenommen und auf deren Weise fortgesetzt. In einem anderen Ton, mit neuer Dringlichkeit, anderen zeitgemäßen Diskursen. So wie es sich für die Jüngeren gehört. Was ich aber feststelle, ist: Es geht noch immer um Ausgrenzung und Sichtbarkeit, in der Gesellschaft und im literarischen Betrieb. Es geht um Ankommen und Angenommensein. Es geht um viele Jahre der Kränkung, die uns in den Kleidern stecken. Wir trugen Kleider, die nicht passten. Heute beanspruchen wir Maßanzüge. Viele von uns tragen sie auch schon.*[45]

Die Kränkung steckt jedoch nicht in unseren Kleidern, sondern in unseren Körpern. Steckte sie in unseren Kleidern, könnten wir sie einfach ablegen, wenn wir schlafen gehen. Stattdessen liegen wir nachts wach und kauen wieder und wieder auf den Ungerechtigkeiten herum, die uns im Laufe unseres Lebens in Deutschland widerfahren sind, bis die Bitterkeit der Kränkungen unsere Gaumen betäubt und das Ressentiment sich in uns festsetzt.[46]

Vor dem Exkurs zu Bourdieu und Barrett habe ich die Frage aufgeworfen, was im Inneren jener Menschen abläuft, die über Jahre, ja Jahrzehnte von Ausgrenzung, Ausschluss und rassistischer Diskriminierung betroffen sind. Im Folgenden möchte ich zu dieser Frage zurückkehren, allerdings mit dem in diesem Kapitel erworbenen Wissen.

Wut, Zorn und Ressentiment

»Manchmal geht es nur um ein Gefühl. Oder um den Wechsel von Gefühlen: Ich erlebe eine Ungerechtigkeit. Werde wütend. Und muss entscheiden: Was wird aus meiner Wut?«[47], schreibt die Aktivistin Simone Dede Ayivi in ihrem Essay »Zusammen« in *Eure Heimat ist unser Albtraum*. Falls sie »nur zusehe« und bei einer erlebten rassistischen Beleidigung nicht widerspreche, »wächst aus der Wut Hilflosigkeit, Resignation«, hinzukäme »Scham« über ihr »Nichtstun«. »Doch falls ich reagiere«, so Ayivi weiter, »und die Wut dorthin schicke, wo sie hingehört – gegen das, was mich wütend macht –, bleibt der Stress im Körper: Das Gefühl, immer wachsam sein zu müssen, weil du dich nur auf dich selbst verlassen kannst.«[48] Im selben Band beschreibt auch der Journalist Enrico Ippolito eine Instanz der Wut. In seinem Essay »Beleidigung« heißt es gegen Ende:

> *Für ihn bleibt Wut der Motor. Sie führt dazu, dass er keinen Bock mehr hat, höflich zu erklären, was an bestimmten Positionen rassistisch ist. Sie bringt ihn auch dazu, nicht jedes Gespräch höflich und pädagogisch zu führen, sondern direkt und schroff. Die Wut in ihm ist wie eine kleine Flamme, die seine Körpertemperatur immer leicht über*

40 Grad Celsius hält und nur darauf wartet, sie auf 100 hochkochen zu dürfen. Diese Wut, die die Menschen um ihn herum spüren, macht ihnen Angst. Es ist zugleich aber auch seine Achillesferse, weil sie denken, er hätte keine Argumente mehr, sondern nur seine Wut. Er weiß, er bedient damit ein rassistisches Klischee: der aggressive Ausländer. Aber das ist ihm egal.[49]

Der Politik- und Islamwissenschaftler Rami Ali realisiert seit einigen Jahren das Online-Filmprojekt »Jamal al-Khatib«, das muslimischen Jugendlichen, die eine Affinität zu einem radikalisierten Islam (wie sie etwa vom sogenannten Islamischen Staat propagiert wurde) entwickeln, alternative Erzählungen entgegensetzt.[50] Mit der fiktiven Figur werden die Geschichten von Jugendlichen erzählt, die entweder schon Annäherungsversuche zum Islamischen Staat unternommen haben oder zumindest mit diesem sympathisierten, auch wenn sie sich nicht hineinziehen lassen wollten.[51] Zu den auf *YouTube* erschienenen Clips erklärt Rami Ali:

Es gibt in den Videos ganz verschiedene Themen und damit auch unterschiedliche Anknüpfungspunkte für Jugendliche: Da wäre zum einen dieses Gefühl der Ohnmacht bei den Jugendlichen. Es geht ja in der ersten Staffel viel um Zorn, darum, dass es gut ist, zornig zu sein, und in welchen Kanälen man das rauslassen kann. Jamal spricht den Begriff der Heimat an und was es für ihn bedeutet, wenn er ständig negative Dinge über den Islam in den Medien liest. Er fragt sich, warum es denn nicht auch positive Erzählungen gibt. Auch Diskriminierung ist ein großes Thema bei den Jugendlichen. Es geht dabei um emotionale Integration, und wenn wir das nicht angehen, dann lassen wir ein Riesenfeld für andere Akteure, die diese Themen besetzen können. Wir müssen die Entfremdungserfahrungen von Jugendlichen benennen, sichtbar machen und aufarbeiten. Themen wie Heimat, Zugehörigkeit und Identität – das sind alles Dinge, die für die meisten muslimischen Jugendlichen tatsächlich relevant sind und die die Videos auch breit anknüpfungsfähig machen. Jamal al-Khatib ist deshalb ein Charakter, mit dem sich viele identifizieren können, auch wenn sie nicht exakt dasselbe durchlebt haben.[52]

Gegen Ende des Gesprächs, das Rami Ali mit den wissenschaftlichen Mitarbeiter*innen des Vereins ufuq e. V. (einem anerkannten Träger der politischen Bildung in Berlin) Sakina Abushi und Pierre Assisi führte, kommt er noch einmal auf den Zorn der muslimischen Jugendlichen zu sprechen – und auf dessen Ursprünge: »Es geht uns um Menschen, die noch suchen, die auf Identitätssuche sind, die auch einen gewissen Zorn verspüren, einen berechtigten Zorn wegen total vieler Ungerechtigkeiten, die passieren.«[53]

Simone Dede Ayivi, Enrico Ippolito und Rami Ali sprechen über ähnliche Phänomene, Emotionen (Emotionskonzepte) und Themen: Wut, Zorn, Ungerechtigkeit, Zugehörigkeit, Ausgrenzung, Diskriminierung und Rassismus sowie das gesellschaftliche Urteil über »wütende Ausländer« und schließlich die Frage nach dem Umgang mit der Wut oder dem Zorn. Sie alle stehen in einem besonderen Verhältnis zueinander, wie ich im Folgenden darstellen werde. Zunächst lohnt sich ein differenzierender Blick auf die Emotionskonzepte »Wut« und »Zorn«, die (heute) nah beieinanderliegen und oft als Synonyme verwendet werden. In der

Emotionsgeschichte, in Wörterbüchern sowie in der phänomenologischen Literatur werden jedoch zuweilen klare Grenzen zwischen beiden Begriffen gezogen. Um Wut zu definieren, greift beispielsweise Ute Frevert auf den *Brockhaus* von 1974 zurück. Darin heißt es, Wut sei ein »Zustand hoher affektiver Erregung«, der sich »als Reaktion auf eine Beeinträchtigung der Persönlichkeits- oder Vitalsphäre« entwickle und sich »in Form eines auf Zerstörung gerichteten Aktes« entladen könne.[54] Wer wütend wird, gerät außer sich, gilt als »aggressiv, destruktiv und unbeherrscht«, dem Zorn hingegen, so Frevert, »fehlt diese Maßlosigkeit, er hat, so der *Brockhaus* 2006, eine ›rationale und im weitesten Sinne ethische Komponente‹«.[55]

Uffa Jensen beschreibt Wut als einen individuellen »Zustand der Besessenheit«.[56] Wir können rasend vor Wut werden, sind dabei völlig enthemmt und beinahe krankhaft. Im Gegensatz zum Zorn benötigt Wut kein Gegenüber und braucht sich auch »nicht unbedingt auf ein konkretes Unrecht [zu] beziehen«, vielmehr kann sie »auch von allgemeinen Hindernissen, Frustrationen etc. ausgelöst« werden.[57] Ich kann zum Beispiel bei dem erfolglosen Versuch wütend werden, einen Wickeltisch zusammenzubauen, bei dem die Schrauben fehlen, oder wenn ich mir mit dem Hammer auf die Finger gehauen habe. Es ist kein moralisches Unrecht vonnöten, um mich in Wut zu versetzen. »Zorn hingegen braucht ein Objekt, dem wir zürnen, und ein Unrecht, das unseren Zorn auslöst«.[58] Denn im Zorn »fühlen wir uns missachtet und verlangen nach Genugtuung, sogar nach Rache. Wir erfahren Geringschätzung und verstehen Zorn daher als ein gerechtfertigtes, ja gerechtes Gefühl.«[59] Wenn wir in den Beschreibungen des Zorns und der Wut noch ein paar Jahrhunderte zurückgehen, werden wir bemerken, dass sich das (europäische) Verständnis und das Wissen über diese Emotionen, also die Emotionskonzepte von »Zorn« und »Wut«, in ihrem Kern kaum verändert haben, was uns nicht verwundern dürfte, schließlich haben sich die antiken und neuzeitlichen Denker (ja, alles Männer) aufeinander bezogen, von Homer und Aristoteles bis zu John Locke und Immanuel Kant.

Unser heutiges Wissen über Zorn (und Wut) basiert auf ihren Beschreibungen und Deutungen. Wir sollten nicht vergessen, dass das Gefühl, wie Lisa Feldman Barrett erklärt, »die Kreation« unseres Gehirns ist, das unseren »körperlichen Empfindungen in Bezug auf das Geschehen Bedeutung zuweist«.[60] Und diese Bedeutung basiert auf dem Wissen, das in der Gesellschaft über Gefühle existiert – und weitergegeben wird. Zugespitzt formuliert: Wir wissen heute, dass eine bestimmte, intensive und unangenehme Erregtheit Zorn ist, weil es uns Homer erzählt hat.

Geringschätzung und Rache

Für Aristoteles (384–322 v. u. Z.) stellt der Zorn des Achilleus, wie er in Homers *Ilias* besungen wird, »das Paradigma des Zorns« dar.[61] Der Philosoph entwickelte seine Definition von Zorn, die in seiner *Rhetorik* überliefert ist und zu den ältesten Beschreibungen dieses Gefühls zählt, aus dem in Schweiß, Blut und Testosteron getränkten Werk Homers.[62] Wir erinnern uns: Vor dem Hintergrund der zehnjährigen griechischen Belagerung Trojas erzählt die *Ilias* die Geschichte eines Streits zwischen zwei mächtigen Männern – Agamemnon und Achilleus –, die sich abwechselnd in ihrer Ehre gekränkt fühlen und in Zorn geraten, weil ihnen ihre »Kriegsbeute« – zwei junge Frauen: Chryseis und Briseis – weggenommen werden. Philip Roths Protagonist aus *Der menschliche Makel*, der Professor für klassische Literatur Coleman Silk, vergleicht die Banalität dieses Streits treffend mit »einer Schlägerei in einer Bar«.[63]

Die Geschichte beginnt mit der Weigerung des Agamemnon, Chryseis, Tochter des Chryses, des Priesters des Gottes Apollon, freizulassen. Die Missachtung des Chryses durch Agamemnon erzürnt Apollon – aber nicht Chryses selbst, denn der Zorn ist »im antiken Diskurs [...] an die Macht (bzw. die Gewalt)« gebunden[64] –, der aus Rache eine Seuche herablässt, die mehrere Tage wütet und vielen Männern das Leben kostet, woraufhin Achilleus mit Agamemnon, den er zu Recht für den Urheber dieses Unglücks hält, zum ersten Mal in Streit gerät.[65] Agamemnon lenkt ein, schickt Chryseis zurück, und Apollon ist besänftigt. Für seinen Verzicht verlangt Agamemnon jedoch einen Ausgleich: »Aber schafft mir sogleich ein Geschenk, damit ich allein nicht / Von den Argeiern geschenklos bin, das wäre nicht ziemlich.«[66] Und er hat sogar eine sehr genaue Vorstellung, was oder, genauer, wer dieses Geschenk sein soll: Briseis, die junge Frau, die Achilleus in den Jahren vor der Belagerung Trojas entführte, nachdem er ihre Familie und ihren Ehemann ermordet hatte. Achilleus, durch diese Forderung, ja Drohung, gekränkt und in seiner Ehre verletzt, gerät in Zorn, beschimpft Agamemnon und droht, aus dem Krieg auszusteigen.[67] Agamemnon zeigt sich von alldem wenig beeindruckt und schickt seine Männer los, um Briseis aus dem Zelt des Achilleus zu holen, der sie bereits erwartet, ehrenhaft empfängt und ihnen Briseis durch seinen Vertrauten Patroklos übergeben lässt.[68] Und Achilleus, die »empfindlichste Tötungsmaschine in der Geschichte der Kriegführung«,[69] sonderte »von den Gefährten sich ab und setzte sich weinend / Nieder am Ufer der See und sah aufs unendliche Meer hin«.[70] Zornig, gekränkt, grollend und schmollend entzieht sich Achilleus den Kampfhandlungen – als ein Akt der Rache –, bis der Tod des geliebten Patroklos ihn zurück aufs Schlachtfeld holt.

Die in der *Ilias* dargestellte Dynamik des Zorns prägte das Verständnis und das Wissen des Aristoteles von diesem Gefühl. Der Philosoph beschäftigte sich mit dem Zorn sowohl in der *Rhetorik* als auch in der *Nikomachischen Ethik*. Besonders die Definition des Zorns, wie sie in der *Rhetorik* zu lesen ist, scheint unter starkem Einfluss des homerischen Epos entstanden zu sein (wovon auch die vielen Zitate aus der *Ilias* zeugen): »Zorn ist also (definiert als) ein von Schmerz begleitetes Trachten nach offenkundiger Vergeltung wegen offenkundig erfolgter Geringschätzung, die uns selbst oder einem der Unsrigen von Leuten, denen dies nicht zusteht, zugefügt wurde.«[71] Der Kränkung und dem Groll folgt »eine gewisse Lust«, wie Aristoteles schreibt, die »notwendigerweise« mit dem Zorn einhergeht, eine Lust, »die der Hoffnung auf Vergeltung entspringt«.[72] In der europäischen Geistesgeschichte fanden die aristotelischen Deutungen dieses Gefühls einen festen Platz und wurden immer wieder neu aufgegriffen, wiederholt und zum Teil erweitert. Variationen der Definition des Aristoteles finden wir beispielsweise bei Cicero (106–43 v. u. Z.): »Zorn ist die Begierde, den zu strafen, der zu Unrecht verletzt zu haben scheint.«[73] Oder bei Seneca (1–50 n. u. Z.): »Die Wut [in dieser Ausgabe wird das lateinische »ira« mit »Wut« übersetzt anstatt »Zorn«, *Anm. M. S.*] ist das unbändige Verlangen nach Rache für ein Unrecht oder, wie Poseidonios sagt, das unbändige Verlangen, denjenigen zu strafen, von dem du dich zu Unrecht verletzt glaubst.«[74] In einer anderen Passage der Abhandlung wird sein Bezug auf Aristoteles noch deutlicher: »Aristoteles' Definition kommt unserer sehr nahe. Nach ihm ist nämlich die Wut das unbändige Verlangen, Schmerzen zurückzuzahlen.«[75] Ein besonderes Augenmerk legt der Stoiker Seneca jedoch auf die »Möglichkeiten zur Linderung« dieses Gefühls,[76] wobei er auch hier auf die *Rhetorik* zurückgreift, denn Aristoteles hat sich ebenfalls mit der Besänftigung des Zorns beschäftigt.[77]

Francis Bacon (1561–1626), ein Kenner der Stoiker im Allgemeinen und Senecas im Besonderen, widmet sich in seinem Essay *Über den Zorn* ebenfalls den Ursachen und der Bezähmung des Zorns: »[...] erstens Leichtverletzbarkeit, denn niemand gerät in Zorn, der sich nicht verletzt fühlt. [...] Die nächste Ursache liegt in der ängstlichen Vorstellung, daß die begleitenden Umstände einer Beleidigung Verachtung ausdrücken. Denn Verachtung schärft den Zorn ebenso sehr oder noch mehr als die Verletzung selbst.«[78] Um den Zorn zu besänftigen, rät uns Francis Bacon, »Zeit zu gewinnen und sich zu überreden, daß die Gelegenheit zur Rache noch nicht herbeigekommen sei, aber daß man den Zeitpunkt dafür schon voraussehe: auf diese Weise beruhigt man sich inzwischen und läßt ab von seinem Zorn«.[79] Aristoteles riet zur Sanftmut[80] und Seneca zur Liebe und Solidarität.[81] Auch John Locke (1632–1704) ließ sich von der aristotelischen Zorn-Definition beeinflussen. Im zweiten Buch seines *Versuchs über den menschlichen Verstand* lesen wir:

»*Zorn* ist das Unbehagen oder die Aufregung des Geistes, die aus einem uns zugefügten Unrecht entspringt, in Verbindung mit dem gegenwärtigen Vorsatz der Rache.«[82] Den rund einhundert Jahre früher geborenen Michel de Montaigne (1533–1592) beschäftigte jedoch ein anderer Aspekt des antiken Zorns: »Aristoteles sagt: ›Manchmal ist der Zorn eine gute Waffe für die Tugend und für die Tapferkeit.‹«[83] Montaigne bezieht sich jedoch nicht auf die *Rhetorik*, sondern auf die *Nikomachische Ethik*. Darin heißt es im dritten Buch:

> *Auch zwischen Zorn und Tapferkeit stellt man eine Beziehung her. Als tapfer gelten nämlich auch solche, die in einer Wallung des Zorns handeln – wie z. B. das wilde Tier, das sich auf den Jäger stürzt, der es verwundet hat –, weil auch dem Tapferen Zornesmut eignet. […]*

Die Art, wie der Zorn von den Tapferen wird, wie Aristoteles schreibt, unterscheidet die Qualität des Antriebs und der Tat:

> *Die Tapferen nun handeln, um edlen Ruhm zu gewinnen, wobei der Zorn nur mitwirkt. Die wilden Tiere aber handeln unter dem Antrieb des Schmerzes […]. Von Tapferkeit kann also bei ihnen keine Rede sein, nur weil sie von Schmerz oder Wut getrieben der Gefahr entgegenstürzen.*[84]

Den Gedanken, dass Zorn, wenn er nur mitwirkt und nicht anführt, auch eine produktive und widerständige Kraft sein kann, verfolgte auch Immanuel Kant (1724–1804). In seiner *Anthropologie in pragmatischer Hinsicht* bezeichnet er den Zorn als »ein Schreck, der zugleich die Kräfte zum Widerstand gegen das Übel schnell rege macht«.[85] Das Übel ist auch bei Kant die »Beleidigung«, und er rät, dem dadurch erregten Zorn und den freigesetzten Kräften die Möglichkeit einzuräumen, sich zu entladen oder, wie er schreibt, »die behende Fassung des Gemüts Luft [zu] machen«, was »der Gesundheit nicht nachteilig« wäre; wo aber solch ein Luftmachen ausbleibt, hinterlassen derart geladene Gefühle »einen Groll, d. i. eine Kränkung darüber, sich gegen Beleidigung nicht mit Anstand genommen zu haben; welche aber vermieden wird, wenn sie nur zu Worten kommen können«.[86]

Beleidigte und Ignorierte

Das antike Zornkonzept, bestehend aus einer erfahrenen Geringschätzung (bzw. Beleidigung), dem dadurch verursachten Schmerz und dem anschließend daraus resultierenden Wunsch nach Rache, prägte das europäische Verständnis vom Zorn bis ins 18. Jahrhundert.[87] Und wenn wir uns heutige Definitionen anschauen, wie sie beispielsweise von Ute Frevert und Uffa Jensen verwendet werden, dann liegt der Schluss nahe, dass das antike Nachdenken über Zorn (und Wut) noch heute relevant und wirksam ist, zumindest in seinem Kern, denn unsere Ansichten über Geringschätzung und Unrecht haben sich – nicht zuletzt durch den progressiven Normenwandel – erweitert, wie zu zeigen sein wird. Noch heute greifen wir unbewusst auf dieses Wissen bzw. auf Kernelemente dieses Emotionskonzepts zurück, um eine bestimmte, interozeptive Intensität und Erregung als »Zorn« zu deuten. Auch in unserer gegenwärtigen Zeit konstruieren wir eine Instanz von Zorn, wenn uns mit Geringschätzung und Ausgrenzung begegnet wird oder wenn wir ein Unrecht erfahren. Das lässt sich in den Texten Simone Dede Ayivis und Enrico Ippolitos sowie in den Aussagen Rami Alis deutlich erkennen. Während Ayivi und Ippolito rassistische Beleidigung und Diskriminierungen thematisieren, treiben die fiktive Figur Jamal al-Khatib in der Folge *Heimat*, auf die Rami Ali in seiner Aussage rekurriert, die mangelnde Anerkennung und das Gefühl des Ausgeschlossenseins um.

Ayivi, Ippolito und Ali gehören ebenso wie Sasha Marianna Salzmann, Fatma Aydemir und Hengameh Yaghoobifarah zu jener Generation, die an El-Mafaalanis Tisch sitzen und das Menü (mit-)bestimmen möchten, jene Generation von der Aras Ören schreibt, dass sie noch heute dieselben Konflikte austragen müssen, die schon seine Generation herausgefordert haben. Die jüngere Generation tut es jedoch in »einem anderen Ton«, wie Ören schreibt, »mit neuer Dringlichkeit« und »neuen zeitgemäßen Diskursen«.[88] Zu diesem Ton gehört jene Wut, die Ayivi und Ippolito (aber auch Aydemir und Yaghoobifarah) umtreibt. Zuweilen ist diese Wut, ich nenne sie eher Zorn, mit Hoffnung verknüpft, was sie produktiv macht, manchmal aber mit Ressentiment, was am Ende dazu führt, dass der Körper vergiftet wird – durch die Bitterkeit, den Groll, das Wiederkäuen der Kränkungen, die wir im Körper tragen. Ayivi und Ali bieten jedoch je auf ihre Weise einen Umgang mit dem Zorn an, der heilsam ist und der Gesundheit förderlich.

Um es noch einmal zu wiederholen: Das ist alles kein Beleg dafür, dass Gefühle angeboren, universell, unveränderbar und pankulturell sind oder dass es sich gar um »Artefakte der Evolution«[89] handelt. Ganz im Gegenteil: Unsere Emotionen sind »keineswegs angeboren«, wie Lisa Feldman Barrett erklärt, sondern sie bestehen aus »grundlegenden Bausteinen«, und sie »variieren von Kultur zu Kultur«.[90] Und um es noch einmal in den Worten Barretts zusammenzufassen:

> *Sie [Emotionen] werden nicht getriggert, sondern erzeugt. Sie sind äußere Anzeichen einer Kombination aus den physischen Eigenschaften unseres Körpers, einem flexiblen Gehirn, das sich auf seine Umgebung einstellt, und der Kultur, in der wir aufwachsen, denn diese ist Teil unserer Umgebung. Emotionen sind real, aber nicht im selben objektiven Sinn wie Moleküle oder Neuronen – eher auf eine Weise, wie Geld real ist –, also keineswegs eine Illusion, sondern ein Produkt der Übereinkunft zwischen Menschen.*[91]

Das bedeutet, dass Gefühle nur dann universell sind, wenn in einer Gesellschaft die gleichen Emotionskonzepte benutzt werden, denn universell können wir letztendlich nur die Fähigkeit nennen, »Konzepte zu bilden, die unseren Sinnesdaten Sinn verleihen«.[92]

In ihrem Essay »Zusammen« berichtet Ayivi von ihren Erfahrungen als Aktivistin und dem Preis, den sie zuweilen für ihre Arbeit zahlen muss – emotional, sozial und auch finanziell. Dann erzählt sie von einem Erlebnis vor einem Supermarkt in Berlin-Kreuzberg: »Zwei Polizisten kontrollieren eine Person. Reden auf sie ein, verhalten sich grob und arrogant und wedeln ihr mit ihren Papieren vor dem Gesicht herum. Als sie versucht, danach zu greifen, ruft einer der Polizisten laut: ›Hey! So was kannst du vielleicht zu Hause in Afghanistan machen, aber nicht hier bei uns in Deutschland.‹«[93] Es sind solche Situationen, in denen sie

Zeugin einer Ungerechtigkeit[94] wird und in sich jenen Wechsel von Gefühlen registriert, von dem bereits zu Beginn dieses Kapitels die Rede war. Ayivi spürt, dass sie wütend (oder eher zornig) wird und anschließend nach einem Ventil sucht, um sich, wie Kant sagen würde, Luft zu machen. Gelingt ihr dies nicht, bleiben die Wut, der Zorn oder, wie sie selbst schreibt, »der Stress im Körper« und wandeln sich dort – ihrer Gesundheit zum Nachteil – in Hilflosigkeit, Resignation und Scham.[95] In Ayivis Beschreibungen finden wir erstaunliche Parallelen zu Kants Reflexionen über den Zorn und die Spuren, die er im Körper hinterlässt, wenn ihm kein Ausweg geboten wird bzw. er nicht besänftigt werden kann. Nun weiß ich natürlich nicht, ob Ayivi Kants Reflexionen über den Zorn, den Groll und die Kränkung aus seiner *Anthropologie in pragmatischer Hinsicht* kennt. Das spielt aber auch keine Rolle, denn sie muss diesen Text – und die Texte, auf die er sich bezieht – nicht gelesen haben, um von dem Gefühlswissen geprägt zu sein, auf dem der Text basiert bzw. auf das der Text wiederum zurückgreift.

Ayivi kennt das westliche Emotionskonzept »Wut« bzw. »Zorn«, weil sie in einer Gesellschaft aufgewachsen ist, in der dieses Wissen über Zorn und Wut seit Jahrhunderten existiert und erweitert wird. Unser Gehirn hat gelernt, einer bestimmten Intensität und Abfolge von Sinnesdaten – Interzeption – den Sinn »Zorn« (bzw. »Wut«) zu verleihen. Diesem Konzept von »Zorn«, wie er aus der Antike überliefert ist, wurden im Zuge der Zeit weitere Konzepte hinzugefügt, andere verblassten jedoch oder wurden umbenannt. So war Zorn / Wut, wie der Altphilologe Johannes Lehmann konstatiert, im antiken Diskurs an die Macht gebunden, heute hingegen, also im modernen Diskurs, an die Ohnmacht.[96]

Von einer Ohnmacht (»Hilflosigkeit« und »Resignation«), die sie zuweilen im Aufkommen der Wut verspürt, berichtet auch Ayivi. Ähnliche Schilderungen finden wir z. B. auch in Dilek Güngörs Roman *Ich bin Özlem*, in welchem die titelgebende Figur von einer Situation an der Supermarktkasse berichtet. Ich möchte diese Episode in ihrer ganzen Länge zitieren und in ihrer ganzen Wucht wiedergeben – und ich möchte Sie, liebe Leser*innen, bitten, sie ganz zu lesen und sich ein wenig Zeit dabei zu lassen:

> *Es ist noch keine zwei Wochen her. Ich war im Supermarkt, es war Vormittag und wenig los. Ich hatte jede Menge Sachen im Einkaufswagen und legte sie aufs Band. An der Kasse nebenan standen drei, vier Männer an. Sie trugen Handwerkerhosen mit schwarz gepolsterten Knien und hatten sich Brötchen und etwas zum Trinken gekauft. Und als ich meine Kiwis und Gurken aufs Band legte, rief die Kassiererin vom Band, an dem die Bauarbeiter gerade bezahlt hatten, zu der Frau an unserer Kasse herüber: »Die sind von der Baustelle da drüben. Alles Ausländer.« Die Männer waren zum Glück schon weg.*
> *Die Kassiererin in meiner Reihe sagte nichts darauf. Ich legte meine Einkäufe weiter aufs Band. Mit einem Mal kamen mir die Tränen, vor allen Leuten, ich konnte meine Wut nicht bremsen. Ich heulte und dachte die ganze Zeit, jetzt sagst du etwas. Jetzt drehst du dich um und fragst sie, warum sie das gesagt hat. Aber ich fragte sie nicht, ich legte weiter Milch und Toastbrot und Spülmittel aufs Band und heulte vor mich hin. Als ich meine EC-Karte in das Lesegerät stecken wollte, sah die Kassiererin zu mir hoch und griff nach meiner Hand.*

»Was haben Sie denn?«

Statt mich zur anderen Kasse zu drehen, fragte ich sie.

»Warum sagt sie das?«

»Was denn?«

»Das mit den Ausländern?« Ich wandte mich ein wenig zu der Frau vom Band gegenüber, aber wagte es nicht, sie direkt anzusprechen, ich wollte nicht einmal zu ihr rübersehen.

Die Kassiererin riss ein Stück Papier von einer Küchenrolle ab und reichte es mir.

»Wie lange müssen wir uns das noch anhören, dass wir Ausländer sind?« Endlich brachte ich es über mich, den Kopf zu der Frau zu drehen, die über die Bauarbeiter geschimpft hatte.

»Wann ist es denn endlich gut? Wie lange geht das denn noch? Wie lange müssen wir uns noch beschimpfen lassen?«

Ich stand zwischen den beiden Kassen, und obwohl ich laut geworden war, schienen die Leute hinter mir in der Schlange nicht zu verstehen, worum es ging. Einige sahen mich an. Plötzlich kamen mir meine Wut und meine Tränen lächerlich vor. Ich war dabei, mich vor allen zu blamieren.

»Ich habe Ihnen gar nichts getan, junge Frau«, sagte die Kassiererin gegenüber und zog die Einkäufe des nächsten Kunden über den Scanner.

»Die Männer haben da ihren Müll hingeworfen und angetrunken waren sie auch«, rief sie.

»Wenn die da ihren Müll hinwerfen, dann nicht, weil sie Ausländer, sondern weil es vielleicht Idioten sind.«

»Junge Frau, ich weiß nicht, was Sie von mir wollen.«

»Ja, das kenne ich. Dich meinen wir nicht, wir meinen die anderen Ausländer, seit hundert Jahren geht das schon so.«

»Das hat die Kollegin nicht so gemeint.« Die Frau an meiner Kasse tätschelte wieder meine Hand. Gleich würde sie ein Bonbon aus ihrer Kitteltasche ziehen. Ihre gute Absicht regte mich auf.
»Wenn ich in den Urlaub fahre, bin ich doch auch Ausländer, wir sind doch alle Ausländer«, sagte sie.[97]

Das Unrecht, das Gefühl der Geringschätzung, auch wenn das Urteil der Kassiererin, das auf rassistischen Denkmustern basiert, nicht Özlem galt, wurde durch das Unverständnis, das ihr entgegengebracht wurde, noch verstärkt. Damit meine ich das Unverständnis der beiden Kassiererinnen über ihr rassistisches Verhalten sowohl gegenüber den Männern vom Bau als auch gegenüber Özlem.

Rassistische Diskriminierung, das zeigt die Szene sehr deutlich, gehört nicht zur Lebensrealität der beiden Kassiererinnen, es ist nicht Teil ihrer Lebenswelt, auch wenn sie von Zeit zu Zeit von Betroffenen daran erinnert werden (und sich womöglich jedes Mal dagegen erwehren). Sie wissen nicht, wie es sich anfühlt, rassistisch beleidigt zu werden, sie haben dafür kein Emotionskonzept. Das hätten sie, wenn sie mit diesen Erfahrungen und Gefühlen aufgewachsen wären oder es über eine lange Zeit hätten erdulden müssen. Das saisonale »Ausländersein« für zwei bis drei Wochen während des Urlaubs zählt nicht. Die Fremde und das Fremdsein werden sich so nicht in ihren Leibern festschreiben können. Ganz zu schweigen davon, dass es durchaus einen Unterschied macht, ob es sich um *weiße* Deutsche handelt, die sich in ihrem Griechenlandurlaub fremd fühlen, oder um afghanische Geflüchtete, die am LaGeSo (Landesamt für Gesundheit und Soziales in Berlin) anstehen müssen.

All diese Erfahrungen und Emotionen fehlen den beiden Kassiererinnen. Sie mussten sich nie mit solchen Fragen und Situationen auseinandersetzen. Das Gefühl, aufgrund der vermeintlichen Herkunft jederzeit ausgeschlossen oder beleidigt oder gar verprügelt werden zu können, kennen die beiden nicht. Die rassistische Diskriminierung hat sich ihnen nicht in die Körper, in ihre Emotionskonzepte geschrieben. Ihr Zorn ist ein anderer Zorn, ihre Trauer eine andere Trauer, ihre Frustration eine andere Frustration, weil keine ihrer Emotionen mit der Erfahrung der Migration durchtränkt wurde. Dafür können sie natürlich nichts, und vielleicht ist es auch zu viel verlangt, aber sie hätten ein wenig Empathie, ein wenig Mitgefühl und Verständnis zeigen können. Stattdessen ist es Özlem, die sich lächerlich fühlt und glaubt, dass sie sich vor allen anderen blamiert.

Enrico Ippolito hat ähnliche Erfahrungen gemacht wie Dilek Güngörs Protagonistin. In seinem Essay *Beleidigung* erzählt er davon:

> *Wie oft hatte er es schon gehört? Zwanzigmal? Dreitausendmal? Jedenfalls kann er es nicht mehr an seinen zwei Händen abzählen. Bei jedem Besuch im Jobcenter begrüßt ihn die Sachbearbeiterin mit einem »Wir sind hier nicht in Italien« oder wahlweise auch mit einem »Wenn es Ihnen nicht passt, gehen Sie doch zuruck!«. Wenn sie gute Laune hatte, sprach sie ihm ein gut gemeintes, aber dennoch vergiftetes Kompliment aus wie »Sie sprechen aber gut Deutsch«. Jedes Mal hatte er sich gefragt, wohin er denn eigentlich zurückgehen solle. Er war hier in Deutschland aufgewachsen, nur trug er einen Namen, der nicht Müller oder Schmidt war.*[98]

An einer anderen Stelle berichtet er von den Beleidigungen in der Grundschule, wo alles angefangen hat, und wie diese ihm aufs Gymnasium gefolgt sind: »In der Grundschule wurde schnell klar, dass er anders war. […] Nicht weil er sich so fühlte, sondern weil sie ihn jedes Mal darauf aufmerksam machten.«[99] Später, als er mit Bekannten und Freund*innen, die nicht von rassistischer Diskriminierung betroffen waren, von seinen Erfahrungen erzählte, begegneten sie ihm mit der gleichen Skepsis und demselben Unverständnis, wie die Kassiererinnen Özlem begegnet waren: »›Ich will dir nicht grundsätzlich deine Rassismus-Erfahrungen absprechen, aber …‹ Da war es wieder, dieses einschränkende ›aber‹. ›… aber in diesem Fall weißt du es eben nicht hundertprozentig. Vielleicht hast du es einfach nur falsch interpretiert.‹«[100]

Was wir für ungerecht halten, wie wir Unrecht erkennen, deuten, beschreiben und einordnen, welche Normen und Werte wir vertreten, all das ist von unseren Positionen im Feld, unseren Zugehörigkeiten (Geschlecht, sexuelle Identität, soziale Klasse, religiöse, nationale oder ethnische Herkunft usw.) und schließlich von unseren Emotionskonzepten abhängig, die wiederum durch unsere Positionen und Zugehörigkeiten geprägt werden. Die Kassiererinnen und die Freundin Ippolitos haben nicht am eigenen Leib erfahren müssen, wie es sich anfühlt, mit der Allgegenwart rassistischer Beleidigungen aufzuwachsen – und später zu bemerken, welche Spuren diese hinterlassen haben. Die Beleidigung ziele auf das Innerste, »das Tiefste des Wesens«, schreibt Didier Eribon in seinen *Betrachtungen zur Schwulenfrage*; sie ziele »auf das, was die gesamte spiritualistische Tradition ›Person‹ oder ›Seele‹ nennt. Und wenn die tatsächlich zugefügte Beleidigung ein derart starkes Echo im

Bewusstsein dessen auslöst, dem sie zugefügt wird, so deshalb, weil diese ›Seele‹ durch die Sozialisierung unter den Bedingungen einer Welt von Erniedrigungen und Beleidigungen hergestellt wurde«.[101] Eribon setzt sich sehr konzentriert mit den Mustern und Mechanismen der Beleidigung auseinander:

> *Das Erlernen des Blicks auf die Welt und die Anderen, das Erlernen des Blicks, den die Welt und die Anderen auf uns richten, das Erlernen des Platzes, den man in der Welt und der Beziehung zu anderen einnehmen kann: Diese Lernprozesse vollziehen sich gleichzeitig mit der Einschreibung der Tatsache, dass es beleidigende Bezeichnungen für eine bestimmte Anzahl von Personen gibt, von denen vorausgesetzt wird, dass sie gemeinsame Kennzeichen haben […], in die tiefsten mentalen Strukturen, mögen diese Kennzeichen real oder imaginär sein, naturgegeben oder von ein und derselben Geschichte produziert.*[102]

Und wenn das Beleidigtwerden zur Gewohnheit geworden ist, sich die Beleidigung also in uns festgeschrieben hat, dann bedarf es, wie Eribon schreibt, keiner effektiven Diskreditierung, da wir von »vornherein ›diskreditierbar‹« sind. Denn allein »schon ›diskreditierbar‹ zu sein (und zu wissen, dass man es ist, und zu fürchten, ›diskreditiert‹ zu werden) wirkt sich auf das Bewusstsein und das Unbewusste der Individuen« aus. Wir tragen die Kränkungen im Körper, die Momente der Ausgrenzung, das Gefühl, keine Rolle zu spielen, von der Geschichte ignoriert zu werden, auch wenn wir uns um sie verdient gemacht haben.

Gefährlicher Zorn

Die Folge »Heimat«[103] aus der ersten Staffel der *Jamal al-Khatib*-Reihe, die von Rami Ali mitproduziert wurde, handelt ebenfalls von Geringschätzung, dem Gefühl der Ausgrenzung und dem Zorn – aber von jungen muslimischen Männern oder als Muslime wahrgenommenen jungen Männern, eine Gruppe, die es in dieser Heterogenität, wie es der verallgemeinernde Begriff suggeriert, natürlich nicht gibt. Die Konstruktion dieser Gruppe folgt vielmehr einer rassistischen Logik, die Individuen mit unterschiedlichen Lebensläufen und Lebensentwürfen auf ein einziges, meist nur zugeschriebenes Merkmal reduziert und daraus eine Gruppenidentität erschafft, die den Menschen übergestülpt bzw. ihnen zugeordnet wird. Von jungen muslimischen Männern, das glauben viele zu wissen, gehe eine besondere Bedrohung aus, eine Zornesgewalt antiken und ungebändigten Ausmaßes, die jederzeit in islamistischen Terror umschlagen kann. Der Philosoph Peter Sloterdijk stellt die »Jungmännerbewegung«, deren Rekrutierungspotenzial er als den »politisch bei weitem bedeutendste[n] Grund für die unvermeidlich wachsende Dynamik des politischen Islam« betrachtet, gar in eine Reihe mit den totalitären Bewegungen des 20. Jahrhunderts.[104]

Der »Elan« des politischen Islam, so weiß der Philosoph auch ohne besondere Kenntnisse zu berichten, resultiere »zum größten Teil aus dem Vitalitätsüberschuß einer unaufhaltsam anschwellenden Riesenwelle von arbeitslosen und sozial hoffnungslosen männlichen Jugendlichen zwischen fünfzehn und dreißig Jahren – mehrheitlich zweite, dritte, vierte Söhne, die ihren aussichtslosen Zorn nur durch die Beteiligung an den nächstbesten Aggressionsprogrammen ausleben können«.[105] Hat sich Sloterdijk je gefragt, woher dieser aussichtslose Zorn kommt? Aus welchen Erfahrungen er sich speist? Welche Umstände dafür gesorgt haben, dass sich dieser Zorn geformt hat? Nein, leider nicht, stattdessen fährt er fort und fürchtet sich nicht davor, rassistische Klischees zu bedienen:

> *Indem die islamistischen Organisationen in ihren Basisländern Gegenwelten zu den bestehenden Ordnungen schaffen, kreieren sie Gitter von alternativen Positionen, in denen sich zornige junge Männer mit Ambitionen wichtig fühlen dürfen – dazu gehört der Drang zum Losschlagen gegen nahe und ferne Feinde, lieber heute als morgen.*
> *Diese zahlenmäßig enormen Gruppen bilden die natürliche Gefolgschaft von Agitatoren aus der älteren Generation, deren Predigtstoffe sich wie von selbst aus der Empörungsbereitschaft ihrer Klientel ergeben – wobei die islamische Tradition lediglich die semantischen Formen zur Vertextung von aktuellen Wut- und Gewaltspannungen bereitstellt.*[106]

Immer wieder verknüpft Sloterdijk die Bedrohung, die von jungen muslimischen Männern aufgrund ihrer Religion und ihrer Position außerhalb der deutschen Mehrheitsgesellschaft ausgeht, mit der seiner Meinung nach »extreme[n] demographische[n] Dynamik«[107] von Muslim*innen (der Philosoph benutzt gerne auch mal den Begriff »Bevölkerungswaffe«[108]): »In Tausenden von Koranschulen, die jüngst überall aus dem Boden gestampft werden, wo es aufkochende Jungmännerüberschüsse gibt, werden die unruhigen Scharen in den Begriffen des Heiligen Krieges gedrillt.«[109] Sloterdijks Buch *Zorn und Zeit*, aus dem hier zitiert wird, erschien erstmals 2006, vier Jahre vor Sarrazins Bestseller *Deutschland schafft sich ab* und elf Jahre bevor die AfD in den 19. Deutschen Bundestag einzog. Durch »seine inhaltlichen Vorarbeiten«, so Uffa Jensen, »fühlte sich Sloterdijk gut vorbereitet, um im Frühjahr 2016 die deutsche Flüchtlingspolitik grundlegend zu kritisieren«.[110] Der Philosoph sah mit Schrecken die »Riesenwelle« bestehend aus zornigen jungen Muslimen auf sich zurollen und fühlte sich berufen, die Regierung zu warnen. In einem Interview mit der Zeitschrift *Cicero* erklärte er, dass die Regierung von Angela Merkel sich »in einem Akt des Souveränitätsverlusts der Überrollung preisgegeben« habe.[111] Ohne eine effiziente Grenzpolitik, so Sloterdijk, würde sich Deutschland der Selbstzerstörung preisgeben.

All jenen Themen, die Sloterdijk, Sarrazin und der AfD den Schlaf raubten und noch heute nicht loslassen – also »Messermänner« und »Kopftuchmädchen«, die sich unkontrolliert fortpflanzen und die Sicherheit sowie den Reichtum Deutschlands bedrohen –, widmeten sich Rami Ali und seine Kolleg*innen mit ihrem Videoprojekt *Jamal al-Khatib*, um zum einen muslimisch geprägten Jugendlichen eine Gegenerzählung zu den für sie attraktiven salafistisch-islamistischen Narrativen zu bieten und zum anderen all jenen einen Einblick in die komplexen und schwierigen Lebenswelten dieser Jugendlichen zu bieten, die davon keine Ahnung haben und darüber vielleicht auch nichts wissen möchten. In der Folge »Heimat« erzählt die fiktive Figur Jamal al-Khatib – basierend auf wahren Erlebnissen einer Reihe von Jugendlichen –, wie er mit seiner Familie vor dem

Krieg (vermutlich in Syrien) nach Österreich geflohen ist und sich dort zum ersten Mal in seinem Leben sicher gefühlt habe.

Er bezeichnet Wien als seine neue Heimat, aber er bemerkt eine Veränderung. Die Menschen hätten Angst vor ihm, wenn er erzähle, woher er stamme und welche Religion er ausübe: »Ich bin gläubiger Muslim. In meiner alten Heimat waren das die meisten. In Österreich ist das anders. Wenn ich sage, dass ich ein Muslim bin, glauben manche, dass ich ein Salafist bin oder, noch schlimmer, ein Terrorist.«[112] Jamal al-Khatib erzählt davon, dass in Zeitungen sehr oft »nur Schlechtes« über Muslime berichtet werde und dass ihn dies »manchmal traurig, manchmal wütend und manchmal auch irgendwie paranoid« mache. Das führe dazu, dass er sich in seiner neuen Heimat nicht willkommen fühle bzw. das Gefühl habe, in dieser neuen Heimat nicht willkommen zu sein. Am Ende des Videos erzählt er die Geschichte von Rustam und Movser, zwei jungen Norwegern »mit tschetschenischen Wurzeln«, die während des Anschlags von Utoya am 22. Juli 2011 dreiundzwanzig Kindern, die im eiskalten Wasser zu ertrinken drohten, das Leben retteten. Solche Taten von Muslimen habe er nie in der Zeitung gelesen.

Jamal al-Khatib verweilt jedoch nicht in seinem Zorn, verliert keine Zeit mit Kränkung, vielmehr macht er darauf aufmerksam, dass es »bei allen Menschen solche und solche [gibt], man kann nicht ›Die‹ sagen«.[113] Und am Ende wünscht er sich: »Ich möchte meine alte Heimat in meinem Herzen behalten, aber in meinem Herzen ist nicht nur für eine Heimat Platz. Ich möchte eine Welt schaffen, in der das, was ich in meiner alten Heimat gesehen habe, nicht mehr möglich ist. Insha'allah, dafür werde ich jetzt kämpfen – hier in meiner neuen Heimat!«[114] Jamal al-Khatibs Zorn treibt zur Handlung, stellt Handlungsmacht her. Dieser Zorn ist nicht gefährlich, sondern nur widerständig und einer liberalen Demokratie dienlich. Hier trifft zu, was der Philosoph Josef Früchtl in seinem Essay *Demokratie der Gefühle* festhält: »Zorn ist eine treibende Kraft des Handelns. Er speist das Handeln mit Energie, hält es aufrecht und stellt ihm ein Ziel vor Augen. [...] Er richtet sich gegen etwas oder jemanden (der dieses Etwas, eine Institution oder ein Unternehmen, repräsentiert). Er ist umso stärker, je größer die moralisch-psychologische Verletzung ist, aus der er hervorgeht.«[115] Zorn verleiht Handlungsmacht, setzt »Kräfte zum Widerstand«[116] frei, wie schon Kant bemerkte. Diese Erfahrung macht auch Özlem gegen Ende des Romans von Dilek Güngör (wobei sie von Wut spricht und nicht von Zorn), als sie erkennt, dass sie sich aus eigener Kraft von den Urteilen, die über sie gefällt werden, befreien kann: »In mir steigt ein Gefühl auf, das ich lange nicht mehr gespürt habe, eine Wut voller Energie und Kraft, eine gute Wut, mit der ich etwas anfangen kann.«[117] Wenn Zorn nicht die Führung übernimmt, sondern lediglich mitwirkt, geht er eine Verbindung mit der Tapferkeit ein, wie Aristoteles in seiner *Nikomachischen Ethik* erklärte.[118]

Sympathie und Empathie: Wege aus Wut und Zorn

Simone Dede Ayivis Erzählung von den rassistischen Vorkommnissen vor dem Supermarkt in Kreuzberg, deren Zeugin sie geworden war, endeten nicht mit der öffentlich stattgefundenen Diskriminierung, sondern mit einem Akt der Solidarität, während sie selbst noch nach Worten der Erwiderung suchte:

> *Ich glaube, ich brauchte etwa vier Sekunden, bis sich etwas in meinem Mund formte, von dem ich heute nicht mehr weiß, was es mal werden sollte.*
> *Denn bevor ich sprechen konnte, geschah Folgendes:*
> *Person hinter mir: »Was sagen Sie denn da?«*
> *Person mit Kinderwagen neben mir: »Das ist rassistisch!«*
> *Person auf dem Fahrrad: »So was kannst du vielleicht bei dir zu Hause in Sachsen sagen, aber nicht hier bei uns in Kreuzberg.«*[119]

Ayivi beschreibt, dass ihr solche Erfahrungen der Solidarität – sie spricht von »Alltagssolidarität«, mit der wir Alltagsrassismus begegnen sollten[120] – halfen, mit jenem Wechsel von Gefühlen besser umzugehen, die Wut loszuwerden und ein Ventil für den »Stress im Körper« zu finden, der aus der angestauten Wut entsteht: »Erst dann, wenn noch jemand außer mir selbst reagiert, wird das anders. Dann folgen auf Wut und Stress Entspannung und Zuversicht.«[121] Von der heilenden Kraft der Solidarität wusste schon Seneca zu berichten:

Der Mensch ist zu gegenseitiger Unterstützung geboren, Wut führt zu gegenseitiger Zerstörung; er möchte Vereinigung, sie die Trennung; er will nützen, sie schaden […]. Wut ist, wie gesagt, gierig auf Rache, und es entspricht der Natur des Menschen keineswegs, dass in seiner Brust ausgerechnet danach ein unbändiges Verlangen ist. Denn das Leben der Menschen beruht auf Altruismus und Einigkeit. Nicht durch Terror, sondern durch gegenseitige Liebe wird es eng zu einer solidarischen Hilfsgemeinschaft verbunden.[122]

Liebe, Mitgefühl und Solidarität eröffnen nicht nur Wege aus der Wut bzw. dem Zorn, sondern können auch einen bedeutenden Beitrag zur Etablierung zivilgesellschaftlicher Verantwortung sowie politischer Bindung in liberalen Demokratien leisten. Davon sind Martha C. Nussbaum und Eva Illouz überzeugt, auch wenn die Ergebnisse ihrer Analysen leicht voneinander divergieren. Nussbaum glaubt, dass »ein demokratisches Miteinander der Liebe und Zuwendung bedarf«.[123] Respekt und Mitgefühl allein reichen der Philosophin zufolge nicht aus, da sie »instabil« seien, wenn sie für sich alleine stehen und »nicht von Liebe getragen sind«.[124] Jene Formen der Liebe, die zur Stabilität von Respekt und Mitgefühl beitragen und somit »zu einem guten Verhalten führen«, fasst Nussbaum am Ende ihres Buchs zusammen, »haben einige gemeinsame Merkmale: eine Sorge um seine Lieben, als Selbstzweck und nicht als bloßes Mittel zum Zweck; Achtung vor der Menschenwürde seiner Lieben; die Bereitschaft, die eigenen gierigen Wünsche zugunsten seiner Lieben zurückzustellen«.[125]

Eva Illouz bestreitet, dass die Liebe (allein) »die Grundlage staatsbürgerlicher Bindungen« bilden kann und argumentiert (mit Rückgriff auf Hannah Arendt), dass eine solche Liebe es den Menschen nicht erlaube »zu urteilen und zu bewerten« und sie so daran hindere, »selbst zu entscheiden und Gerechtigkeit und Fairness zu üben«.[126] Die Soziologin hält Mitgefühl und Brüderlichkeit für »weitaus bessere Kandidaten« für jene Emotionen, »die konstitutiv für eine gute Zivilgesellschaft sind, weil beide Emotionen die radikale Fremdheit und Unterschiedlichkeit derer voraussetzen, denen sie gelten«.[127] Solidarität gründet sich auf die Fähigkeit der Mitglieder von Gemeinschaften, »sich mit anderen zu identifizieren und sie als Teil einer ›Familie‹ zu betrachten, statt sie nach allgemeinen Grundsätzen zu beurteilen«, und wie in einer Familie, fährt Illouz fort, »entwickelt man hier das Gefühl, von dem mitbetroffen zu sein, was mit anderen geschieht«; in diesem Sinne ist Solidarität »die Gesamtheit der Verpflichtungen, die wir gegenüber denjenigen empfinden, die mit uns ein Territorium oder eine Geschichte teilen, gegenüber denjenigen, die wir als uns ähnlich betrachten«.[128] Illouz differenziert hier jedoch zwischen einer auf »wechselseitiger Übereinkunft« bestehenden Solidarität und der Brüderlichkeit, die eben »nicht auf Übereinstimmung oder einer gefühlsmäßigen Bindung an andere [basiert], sondern auf der moralischen und rechtlichen Idee der Gerechtigkeit innerhalb der politischen Gemeinschaft«.[129] Schließlich beschreibt sie Brüderlichkeit als

> *eine wohlwollende emotionale Ausrichtung auf andere, die nicht unbedingt Angehörige meiner Primärgruppe sind. Deshalb impliziert sie notwendig eine universalistische Komponente. Als Emotion, die typischerweise von Fremden hervorgerufen wird, schließt Brüderlichkeit Mitgefühl ein,*

geht aber darüber hinaus. Sie impliziert die Fähigkeit zu einer wohlwollenden oder zumindest nicht misstrauischen Gefühlshaltung fremden anderen gegenüber ebenso wie zur Anteilnahme daran, was Menschen widerfährt, die nicht meiner Primärgruppe angehören […]. Nur ein tiefsitzender universalistischer Begriff vom Menschen, der im Recht und in der moralischen Kultur verankert ist, ermöglicht die Entwicklung einer solchen Brüderlichkeit.[130]

Illouz' Brüderlichkeit ist ein kälteres, distanzierteres Gefühl der Zuneigung als Nussbaums Liebe und letztendlich durch die zugewandte Kälte und Distanz für die Bindung an liberale Demokratien und den gesellschaftlichen Zusammenhalt produktiver. Ich muss meinen Nächsten, die mir gegenüberstehenden Anderen nicht unbedingt lieben, aber ich sollte fähig sein, mich für ihre Belange zu interessieren, ihre Schmerzen, ihre Ängste nachzuvollziehen und – das ist besonders relevant – mit ihnen zusammenarbeiten, kooperieren zu können. Das ist schließlich, was Kooperation ausmacht: Die »Fähigkeit, einander zu verstehen und aufeinander zu reagieren, um gemeinsames Handeln zu ermöglichen«, wie es der Soziologe Richard Sennett erklärt.[131]

Verständnis gegenüber meinen Nächsten, meinen Anderen setzt voraus, dass ich ihnen zuhöre, ihnen zuhören kann. Das klingt zunächst einmal banal, schließlich hören wir dauernd irgendjemandem zu, wenn nicht gerade unseren eigenen Gedanken. Doch wenn wir kurz innehalten, dann bemerken wir vielleicht, dass wir in Zeiten leben, in denen die schnelle Meinung, das schnelle Urteil einen größeren Raum einnehmen und eine bedeutendere mediale Präsenz genießen als das Zuhören, das mehr Zeit braucht und auf

Kooperation angewiesen ist. Denn das Zuhören, das wirkliche Zuhören, verlangt uns sehr viel mehr ab. Letztendlich bedeutet es, mich und meine Meinung nicht so ernst zu nehmen und einen Raum für die Gesprächspartner*innen zu öffnen – ganz so, wie es in Oral-History-Interviews üblich ist. Das Gegenteil des Zuhörens besteht in dem »Behauptungsfetischismus«, wie Richard Sennett mit Rückgriff auf den Philosophen Bernard Williams erklärt, also »dem Drang, unter allen Umständen recht zu behalten«, dabei spielt die »Fähigkeit des Zuhörens«, so Sennett weiter, »bei solch einem verbalen Wettstreit kaum eine Rolle. Der Gesprächspartner soll voller Bewunderung zustimmen oder ähnlich selbstbewusst kontern«.[132]

Dieses sich auf das Gegenüber einlassende Gespräch, wie es in der Oral History üblich ist – oder üblich sein sollte –, bildet auch die Grundlage in soziologischen Interviews, wie sie Pierre Bourdieu beschrieben hat. Diese Interviews sollten im besten Fall, so der Soziologe, »als eine Art *geistiger Übung* angesehen« werden, »die darauf abzielt, über die *Selbstvergessenheit* zu einer wahren *Konversion des Blickes* zu gelangen, den wir unter den gewöhnlichen Umständen des täglichen Lebens auf die anderen richten«.[133] Bourdieu zufolge bewirkt solch eine Offenheit, dass wir die Probleme unseres Gegenübers zu unseren eigenen machen, was uns die Möglichkeit gibt, diesen Anderen »zu nehmen und zu verstehen, wie er ist, mit seiner ganz besonderen Bedingtheit«.[134] Diese besondere Form der Sympathie, wie sie Bourdieu beschreibt, bringt Anerkennung zum Ausdruck – ähnlich ist es mit der Empathie. Beide Gefühle schaffen eine Verbindung zum Anderen, jedoch auf unterschiedlichen Wegen, wie Richard Sennett erklärt:

[…] im einen Fall ist diese Verbindung eine Umarmung, im anderen eine Begegnung. Sympathie überwindet Unterschiede durch eine in der Vorstellung vollzogene Identifikation. Empathie geht auf den anderen nach dessen eigenen Bedingungen ein. Sympathie gilt gemeinhin als das stärkere Gefühl, denn ›Ich fühle Ihren Schmerz‹ legt die Betonung auf die Gefühle und aktiviert damit das eigene Ich. Empathie ist dagegen die anspruchsvollere Übung, zumindest beim Zuhören. Der Zuhörer muss aus sich selbst herausgehen.[135]

Die Differenz zwischen Sympathie und Empathie ähnelt jener zwischen Liebe und Brüderlichkeit, wie sie Martha Nussbaum und Eva Illouz verstehen. Gemeinsam ist diesen Emotionen, dass sie eine Möglichkeit bieten, um in Kontakt zu unserem Gegenüber zu treten oder eine Berührung herstellen zu können. Das Gegenteil bildet das aus einer verhärteten Kränkung entstandene Ressentiment, in welchem wir vor uns hin grollen, ein endloses bitteres Gespräch mit uns selbst führen und nur dann unseren Blick auf die Anderen richten, wenn wir nach Bestätigung suchen.

Ressentiment – oder von der Bitterkeit

Erst nachdem der geliebte Patroklos durch die Hand Hektors, Sohn des trojanischen Königs Priamos und Bruder des Paris, der Helena in beiderseitigem Einverständnis entführt und damit den Trojanischen Krieg entfesselt hatte, gestorben ist, legt Achilleus seinen Zorn ab und kehrt auf das Schlachtfeld zurück, um den Tod seines Freundes zu rächen:

> *Wenn doch der Streit von den Göttern und von den Menschen verginge / Und der Zorn, der selbst den Verständigen treibt, daß er bös wird, / Und der noch viel süßer als niedergeleitender Honig / Sich in der Brust der Männer vermehrt, wie Rauch, wenn er aufquillt; / So hat mich nun erzürnt Agamemnon, der Herrscher der Männer. / Aber das vorher Geschehne lassen wir, wenn auch bekümmert, / Notgedrungen den Mut im eigenen Herz bezwingend. – / Nun geh ich hin, den Vernichter des lieben Hauptes zu treffen, Hektor, und nehme das Todeslos entgegen, wann immer / Zeus es vollenden will und die anderen unsterblichen Götter.*[136]

Bis zu diesem Zeitpunkt saß Achilleus in seinem Zelt und ließ seinen Zorn auf Agamemnon und die erfahrene Kränkung immer wieder aufs Neue aufleben. Immerzu denkt Achilleus an seine Rache, an das noch nicht erreichte, aber erreichbare Ziel. Diesen Zustand, in dem Kränkung und Zorn wiedergekäut werden, bezeichnete Aristoteles als »Groll« und erkannte darin eine eigenartige Lust, die, er zitierte aus der *Ilias*, süßer sei »als niedergeleitender Honig«: »Es folgt ein gewisses Vergnügen aus diesem Grund und auch deshalb, weil man in Gedanken bei der Vergeltung verweilt. Die dabei entstehende Vorstellung erzeugt Lust, wie es bei Traumvorstellungen der Fall ist.«[137]

In diesem Grollen sah der Soziologe und Philosoph Max Scheler im Gegensatz zu Aristoteles jedoch nichts Süßes, sondern vielmehr eine Vergiftung der Seele, eine, wie er in seinem 1912 verfassten Essay *Das Ressentiment im Aufbau der Moralen* festhielt, eine »seelische Selbstvergiftung«, die durch »das wiederholte Durch- und Nachleben einer bestimmten emotionalen Antwortreaktion gegen einen anderen« hervorgerufen wurde.[138] Scheler nahm dabei Bezug auf Friedrich Nietzsches *Zur Genealogie der Moral*, in welchem dieser ebenfalls von einer »Vergiftung« schreibt.[139] Das Grollen bezeichnete Scheler als ein »dunkel durch die Seele wandelndes, verhaltenes und von der Aktivität des Ich unabhängiges Zürnen, das durch wiederholtes Durchleben von Haßintentionen oder anderen feindseligen Emotionen schließlich sich bildet«.[140] Im wiederholten Durch- und Nachleben bzw. Wiedererleben der erfahrenen Kränkung und des erlebten Zorns sieht die Philosophin und Psychoanalytikerin Cynthia Fleury einen »Schlüsselbegriff, um die Dynamik des Ressentiments zu verstehen«, die daraus besteht, dass eine Kränkung immer wieder »durchgekaut und wiedergekäut« wird, bis die Bitterkeit den ganzen Mundraum belegt.[141] Das Ressentiment nimmt so allmählich den ganzen Körper ein, unser ganzes Innerstes. Und wenn es sich erst einmal in uns festgesetzt hat, können wir es nicht mehr so leicht loswerden.

Eine Erfahrung, die ich immer wieder gemacht habe: bei der Rede des Bürgermeisters, beim Abholen der Kinokarten des Direktors und bei fast jeder anderen Gelegenheit, in der mein Zorn erregt wurde, weil ich mich aufgrund meiner Herkunft rassistisch oder klassistisch diskriminiert fühlte. Dann kochte mein Zorn auf hundert Grad hoch, wie Enrico Ippolito es beschreibt. Doch darin liegt nichts Produktives noch besonders Angenehmes. Denn wenn der Zorn, die Kränkung und das Grollen sich festgeschrieben haben, gibt es nur noch das Bittere oder, wie Cynthia Fleury schreibt, deren Worte viel mehr Kraft und Poesie besitzen als meine:

> *Die einzige Fähigkeit des Ressentiments, in der es brilliert, ist: zu verbittern, die Persönlichkeit zu verbittern, die Situation zu verbittern. Das Ressentiment verhindert die Öffnung, es verschließt, es schließt aus, kein Ausweg ist möglich. Das Subjekt ist vielleicht außer sich, aber in sich, es zerfrisst das Selbst und zerfrisst damit die einzig mögliche Vermittlung zur Welt.*[142]

Womöglich liegt am Ende nichts Produktives, nichts Gutes, nichts Tapferes im Zorn und in der Wut; ganz gleich, wie berechtigt, wie moralisch richtig, wie gerecht und gerechtfertigt sie auch seien. Das erkannten bereits die Stoiker. Cicero verglich den Zorn mit Wahnsinn und fragte (rhetorisch): »Wo sind also diejenigen, die den Zorn als nützlich – kann Wahnsinn nützlich sein? – oder naturgegeben ansehen?«[143] Und die Tapferkeit sei schließlich, so Cicero, nicht auf den Zorn angewiesen; »sie ist in sich hinreichend ausgestattet, gerüstet und gewappnet«.[144]

Ein kurzes und persönliches Kapitel über Angst

Alle angstfreien Familien sind einander ähnlich, jede ängstliche Familie ist ängstlich auf ihre Weise.[1] Die Art meiner Familie, Angst zu fühlen und Angst zu zeigen, bestand aus Verdrängen und Beschweigen, bis die Angst in der Gestalt einer psychischen Störung mit ganzer Wucht über unser aller Leben hineinbrach. »Angst kann Leben retten, eine hilfreiche Ratgeberin sein oder ein Gefängnis und eine Qual«,[2] schreibt der Psychologe und Psychotherapeut Daniel Voigt in seinem Buch *Ängste, Sorgen, Panik*. Für meinen Bruder war die Angst tatsächlich ein Gefängnis und eine Qual; eine Qual, die wir kaum wahrnahmen und deren Ursprung wir erst recht nicht hätten erraten können. Seine schulischen Leistungen verschlechterten sich, er zog sich immer weiter zurück in sein Zimmer und ins Schweigen, schlief nachts kaum noch und begann, stark abzunehmen. Es schien, als würde er allmählich vor unser aller Augen verschwinden. In unserer Unwissenheit schickten wir ihn zu einem Psychoanalytiker anstatt zu einer Psychotherapeut* in. Durch diese falsche Behandlung verstärkten sich seine Symptome, und unsere Unkenntnis über psychische Störungen war dem Ganzen auch nicht gerade zuträglich. Auf der

Hochzeit meines besten Freundes fragte er mich, ob er sterben müsse. Natürlich nicht, antwortete ich ungehalten. Wie sich später herausstellen sollte, hatte er diese Frage noch vielen anderen Hochzeitsgästen gestellt und war bei ihnen ebenfalls auf Unverständnis gestoßen.

Er muss sich völlig allein gelassen und hilflos gefühlt haben, als er um Mitternacht mit unserer Mutter nach Hause fuhr. Nirgends hatte er Trost gefunden, niemand konnte ihm eine Antwort geben, ihm erklären, was gerade ihn ihm vorging. Als ich frühmorgens von der Hochzeit zurückkehrte, saß er allein auf seinem Fensterbrett und hörte bei offenem Fenster Ice Cubes *AmeriKKKa's Most Wanted*. Ich trat ohne ein Wort in sein Zimmer, und ohne sich zu rühren, sagte er, dass er es jetzt wisse, er müsse doch nicht sterben, und ich bräuchte mir keine Sorgen um ihn zu machen. Ein Tropfen Angst färbt alles mit Angst. Und mein Bruder fühlte die alles einfärbende Angst am ganzen Körper, eine Angst vor dem nahenden Tod. Zwei Tage hatte er weder etwas gegessen noch geschlafen. Dennoch versuchte er, mich zu beruhigen, mich zu beschützen. Denn im Gegensatz zu dem, was er mir sagte, fühlte er das überwältigende Gefühl eines nahenden Todes. Wenige Wochen danach wies er sich freiwillig in eine psychiatrische Klinik ein, die er jedoch nach einer Woche und gegen jeden medizinischen Rat wieder verließ. Eine wochenlange Tortur begann, die schließlich damit endete, dass wir ihn aus Angst davor, dass er sich oder anderen schaden könnte, einweisen ließen. Eine Notwendigkeit, von der sich meine Mutter jahrelang nicht erholen, die sie sich nicht verzeihen konnte. Nach seiner Entlassung bekam er die richtige Therapie und Medikamente, die ihn stabilisierten. Wie schon erzählt, zog er anschließend nach Kalifornien, wo er und meine Mutter heute ein glückliches Leben führen.

»Angst ist ein Rätsel, das nach seiner Lösung harrt«,[3] räumt Lisa Feldman Barrett ein. Ute Frevert weist auf die Etymologie des Angstbegriffs hin, auf seine Verwandtschaft mit dem Lateinischen *angustus*, was übersetzt u.a. »eng, gedrängt« oder »Enge, enger Raum« bedeutet.[4] Die Historikerin greift auf den *Brockhaus* von 1892 sowie 2006 zurück, um eine Beschreibung der Symptome zu liefern:

> *»Druck in der Herzgegend, Zusammenschnüren der Brust oder auch der Kehle, eigenartige Empfindungen im Unterleib, Gefühl allgemeiner Kraftlosigkeit, Verengung zahlreicher Pulsadern«. Die Ausgabe von 2006 nannte »Herzklopfen, Schweißausbrüche, Bewusstseins-, Denk- oder Wahrnehmungsstörungen, Anstieg von Puls- und Atemfrequenz«, aber auch Erschöpfungsgefühle, Gliederschwere und Muskelverspannungen. Alles in allem ein »depressiver«, mit Unlustgefühlen einhergehender »Erwartungsaffekt«, ein »meist quälender, stets beunruhigender und bedrückender Gefühlszustand«, der auf eine »vermeintliche oder tatsächliche Bedrohung« reagiere.*[5]

Angst engt ein, wir spüren eine Verengung des Magens, der Gedanken, aber auch die Welt um uns herum verengt sich, wir verlieren die Perspektive. Angst »füllt unsere ganze Person aus«.[6]

Angst kann jedoch, wie Daniel Voigt erläutert, eine gute Ratgeberin sein und sogar Leben retten. Denn sie »signalisiert, dass etwas unsicher oder bedrohlich ist und verändert werden soll. Als sinnvolle Anpassungsreaktion auf Bedrohungen oder Gefahren ist sie ausgesprochen hilfreich und eine primäre adaptive Emotion«. Angst macht »kreativ, erfinderisch und aktiv«, und sie kann dabei helfen, »alte Verschaltungen zu lösen und neue Wege einzuschlagen«.[7] Sogar in Form von Sorgen kann die Angst dabei helfen, die eigene Zukunft sorgsamer zu gestalten, Risiken abzuwägen und misstrauisch zu sein, wo Misstrauen geboten ist. »Wenn Angst uns aber dauerhaft überflutet«, so Voigt, »oder wir die Bedrohung nicht abwehren können, wird Angst eine maladaptive Emotion. Sie führt dann nicht dazu, dass wir durch Handeln zu mehr Sicherheit kommen – die Gefahr geht nicht vorbei, lässt sich nicht lösen oder klären. Die Angst bleibt, aber Hilflosigkeit gesellt sich dazu.«[8]

Was mein Bruder in jenen Tagen nicht ahnen konnte, war, dass sich auch bei mir bereits seit einigen Jahren Störungssymptome zeigten, die ich jedoch zum einen nicht wirklich einordnen konnte und über die ich zum anderen komplett schwieg – vor allem aus Scham. Jahre später, als auch ich mich in Behandlung begab, wurde bei mir eine »Generalisierte Angststörung (GAS)« diagnostiziert, eine Störung, die auch »Sorgenkrankheit« genannt wird und sich besonders durch eine »ausgeprägte Ängstlichkeit« ausdrückt, ein ständiges Sorgen »über eine Vielzahl von Situationen«, eine unkontrollierbare »Sorgenkette« und eine »Vorahnung zukünftigen Unglücks«.[9] Jede Katastrophe ist jederzeit denkbar. Wie Daniel Voigt erläutert, konstruieren psychische Störungen Wirklichkeit.[10] Und genau das tat ich bzw. meine Störung. Sie konstruierte eine Wirklichkeit, in der jederzeit eine Katastrophe mein Leben ins Elend stürzen könnte. Und mit der Zeit (es sollten mehr als fünfzehn Jahre vergehen, bis ich mich in eine Therapie begab) wurde meine Welt immer enger, die Unsicherheit immer größer, mein Vertrauen, im Sinne eines »Weltvertrauens«, erodierte. »Angst ist wohl der unheimlichste der vielen Dämonen, die in den offenen Gesellschaften unserer Zeit nisten«, stellt der Soziologe Zygmunt Bauman in seiner erstmals 2006 auf Englisch erschienenen Untersuchung *Liquid Fear* fest und erklärt: »Aber es sind die Unsicherheit der Gegenwart und die Ungewissheit über die Zukunft, die die furchterregendsten und unerträglichen unserer Ängste hervorbringen und vermehren.«[11]

Angst gehört zum Leben, das ist zunächst eine etwas banale Feststellung. Ich erwähne es, weil ich hier zwischen einem »normalen«, alltäglichen und einem übersteigerten Maß an Angst unterscheiden möchte, das letztendlich zu einer Störung führt. Die Gründe für eine Angststörung sind vielfältig, es gibt jedoch drei gewichtige Faktoren, die sie begünstigen: erstens wie in der Vergangenheit mit Angst umgegangen wurde und wie sich die Angst ins Körpergedächtnis eingeschrieben hat, zweitens die Strategien, die entwickelt wurden, um das Sicherheitsgefühl wiederherzustellen (Vermeidung und Kontrolle), und schließlich drittens, die Angst *vor* der Angst, also »die Angst vor dem Erleben von Angst«.[12] Dabei wird, wie Daniel Voigt erläutert, die »Beziehung der Betroffenen zu ihrer Angst« von ebendieser »Angst *vor* der Angst bestimmt. Oberstes Ziel ist dann das Vermeiden und Kontrollieren dieses Gefühls.«[13] Aber auch hier gilt es, das Maß bzw. Ausmaß des Vermeidens und Kontrollierens zu berücksichtigen. Denn in der Regel veranlassen Ängste uns dazu, »Abwehrmaßnahmen zu ergreifen«,[14] um unsere Körper, Finanzen, unseren sozialen Status etc. zu schützen; »Angst will schließlich Abstand zu dem Gegenstand schaffen«,[15] von dem eine Bedrohung ausgeht oder auszugehen scheint. Es sind daher nicht nur die Vermeidungs- und Kontrollstrategien, die aufgefahren werden, um sich die Bedrohung möglichst vom Leibe zu halten, sondern auch die auf belastenden und nicht immer bewusst wahrgenommenen Erinnerungen an Ängste der Vergangenheit. Dazu Voigt:

> *Angststörungen sind typische Folgestörungen von traumatischem Stress (neben einfacher oder komplexer PTSD, Depression, Suchterkrankungen usw.). Viele Angstpatienten haben traumatisierende Erfahrungen gemacht, die in direktem Bezug zur Angstsymptomatik und zum Umgang mit Belastungen stehen. […] Angst, Furcht und Hilflosigkeit bilden meist den Kern traumatischer Erfahrungen.*[16]

Die Kombination aus Stress und übermäßigen Ängsten in der Kindheit, die zu jener Zeit gesammelte Erfahrung von Überforderung, Ohnmacht und Hilflosigkeit kann zu einem Trauma führen, dessen destruktive Wirkung sich erst viel später im Leben zeigt. Aber noch ein anderer Faktor ist bei der Entwicklung einer Angststörung relevant:

> *Neben der Belastung durch das Ereignis selbst (Ausmaß der Lebens- oder Existenzbedrohung) sind die danach verfügbaren Ressourcen entscheidend für die Verarbeitung und Integration der Erfahrung (z. B. Sicherheit, Kontrollierbarkeit, Trost, Gesundheit, materielle Bedingungen). Die bedrohliche Erfahrung wird bei Traumatisierung nicht integriert, sondern durch sensorische Trigger unkontrolliert und oft in Fragmenten aufgerufen und wiedererlebt, als würde sie ›hier und jetzt‹ passieren.*[17]

Traumatisierende Erfahrungen, die in der Vergangenheit erlebt und nicht verarbeitet wurden, melden sich in der Gegenwart wieder. Das Gefühl der Angst richtet sich dabei nicht auf ein gegenwärtiges Ereignis, sondern auf eine in der Vergangenheit erfahrene Bedrohung, die im Körper, im Gedächtnis gespeichert ist. Der Körper, das Gehirn können nicht unterscheiden, dass wir im Hier und Jetzt sind und dass es sich nicht um eine Bedrohung handelt. Daher spricht Daniel Voigt bei solch einer klinischen Angst von einem »Verrutschen in der Zeit«.[18] Wir verrutschen in die Zeit der traumatischen Erfahrung. Und wenn wir dadurch erst einmal das Gefühl der Angst für uns konstruiert bzw. rekonstruiert haben, versuchen wir, es mit aller Gewalt wieder loszuwerden. Wir unternehmen alles, damit das konstruierte, befürchtete Ereignis nicht eintritt: Wir kontrollieren und vermeiden. Die verlorene Sicherheit, das verlorene Sicherheitsgefühl sollen durch diese Strategien wiederhergestellt werden. Wir stecken im Treibsand, und je mehr wir uns bewegen, desto tiefer versinken wir, desto tiefer werden wir hineingezogen. Klinische Angst gründet auf zwei Kerngedanken: »Jede Katastrophe ist jederzeit denkbar«, und »Was muss ich tun, um sie zu verhindern?«.

Die Emotionskonzepte von Angst, die mein Bruder und ich über die Jahre entwickelten und verfeinerten und mit denen wir Instanzen der Angst konstruierten bzw. rekonstruierten, können ohne unsere Migrationsgeschichte nicht verstanden werden. Unsere Migrationserfahrung prägte unsere Ängste, die Art, wie wir sie fühlten und wie wir ihnen Ausdruck verliehen. »Wenn ein Kind sich entwickelt«, schreibt der Neuropsychiater Boris Cyrulnik, »ist es zunächst dem Einfluss des Körpers seiner Mutter und ihren

Gefühlen ausgesetzt. Wenn es im dritten Lebensjahr seine Sprachfähigkeit erlangt und im sechsten in die Welt der Erzählungen eintritt, lebt es in der Welt der Wörter, die es hört.«[19] Die ersten Lebensjahre seines Lebens, eine Zeitspanne, in der, wie wir von Lisa Feldman Barrett erfahren haben,[20] das menschliche Gehirn sein konzeptionelles System hochfährt, verbrachte mein Bruder mit uns in stetiger Ungewissheit, Unsicherheit und Angst. Wir lebten in wechselnden Unterkünften und verbrachten viel Zeit in Behörden, von denen eine Kälte ausging, die meine Eltern nirgends zuvor erfahren hatten. Durch die anderen Mitbewohner*innen der Heime erfuhren sie auch zum ersten Mal von jenen deutschen Bürger*innen, einfach Nazis genannt, die eine ernst zu nehmende Gefahr für unsere körperliche Unversehrtheit darstellten. Mein Bruder und ich wuchsen mit den Ängsten unserer Eltern und den Wörtern deutscher Behörden und Rechtsextremer auf. Die Angst vor Behörden und Nazis wurde Teil unseres Lebens mitsamt den damit verbundenen Gefühlen des Ausgeliefertseins, des Gefühls, entbehrlich zu sein und jederzeit abgeschoben werden zu können. Diese Gefühle, die ebenfalls zu meinem Emotionskonzept von Angst gehören, trug ich lange in mir (und tue es noch immer).

Als ich im Oktober 2013 nach Berlin zog, um in Geschichte zu promovieren, musste ich, wie es üblich ist, meinen neuen Wohnsitz in einem Bürgeramt anmelden. Die Sachbearbeiterin, eine gebürtige, *weiße* deutsche Berlinerin mit einem großen und unübersehbaren Faible für Katzen, schaute sich meine Anmeldung an und sagte mir, dass in der Spalte »Staatsangehörigkeit« »deutsch-iranisch« stehen müsse anstatt nur »deutsch«. Die Islamische Republik Iran bürgert nämlich nicht aus, und da ich dadurch eine doppelte Staatsangehörigkeit besäße, wäre es Dokumentenfälschung, wenn ich nur »deutsch« schriebe. Ich folgte ihrer Anweisung und ergänzte »iranisch«. Als ich aus dem Amt trat, zog sich mein Magen zusammen, Blut schoss in meinen Kopf, und es stellte sich mir die Frage, wie viele Dokumentenfälschungen ich wohl schon begangen hatte? Panisch fuhr ich in die Humboldt-Universität, wo ich wenige Monate zuvor meinen Vertrag als wissenschaftlicher Mitarbeiter unterschrieben hatte, denn darin hatte ich ja auch nur »deutsch« geschrieben. Da war sie, die Katastrophe, die ich jeden Tag erwartete und die mich gänzlich aus der Bahn werfen würde. Denn in der Wirklichkeit, die ich konstruiert hatte und weiter ausbaute, hatte ich mich strafbar gemacht: Ich verlor dadurch nicht nur meine Anstellung und die Möglichkeit zu promovieren, sondern auch die deutsche Staatsangehörigkeit, die mir Jahre zuvor verliehen worden war. Am Ende würde ich sogar abgeschoben werden, in ein Land, das ich kaum kannte.

In der Personalabteilung der HU angekommen, hatte die Angst bereits meinen ganzen Körper gefüllt. Eine verständnisvolle Sachbearbeiterin, der ich die Geschichte schilderte und die ich anschließend fragte, ob mein Vertrag noch gültig sei, schüttelte verärgert den Kopf: »Deutsche Bürokratie!« Ihre Verärgerung galt nicht mir, sondern richtete sich an die Katzen liebende Beamtin vom Bürgeramt. Ich kam dennoch nicht zur Ruhe, das Angstkarussell hatte längst eingesetzt, und ich versank immer tiefer im Treibsand. Ich musste Kontrolle über die Situation bekommen, die verlorene Sicherheit wieder komplett herstellen. Ich telefonierte mit einer befreundeten Anwältin für Asyl- und Aufenthaltsrecht. Sie versicherte mir, dass ich mir keine Sorgen zu machen bräuchte, und schlug vor, disziplinarisch gegen die Beamtin vorzugehen. Doch die Beamtin interessierte mich nicht. Ich wollte nur eines: dieses Gefühl wieder loswerden, mich wieder sicher fühlen. Zu Hause durchwühlte ich meine Papiere, las alle Dokumente zu meiner Einbürgerung. Es half nichts, ich versank gänzlich im Treibsand. Solche Angstspiralen begleiteten mich seit meiner Jugend, wiederholten sich bei jedem behördlichen Brief (Finanzamt, Rentenversicherung, Krankenversicherung usw.) und sickerten in weitere Lebensbereiche. Ein Tropfen Angst färbt alles mit Angst. Noch heute fühle ich mich ausbürgerbar und abschiebbar beim kleinsten Fehler, jetzt, während ich diese Zeilen schreibe.

Behörden ängstigten meinen Bruder weniger, seine Ängste waren mit einer Bedrohung seiner körperlichen Unversehrtheit verbunden. Die Angst, auf der Straße angegriffen und verletzt zu werden, die Angst zu sterben. Als ich ihn in der psychiatrischen Klinik besuchte, in die wir ihn hatten einweisen müssen, warnte er mich davor, mit der U-Bahn zu fahren, denn dort könnte ich angegriffen werden, könnte Gewalt erfahren. Einer, wie Didier Eribon schreibt, »inferiosierten« Kategorien anzugehören bedeutet, »jederzeit verwundbar, jederzeit Beleidigungen oder Aggressionen ausgesetzt zu sein. Mehr noch, es heißt, in seinem tiefsten Inneren von einer geradezu ontologischen Verletzbarkeit bestimmt zu sein.«[21] Zu dieser Kategorie zählt Eribon alle, die aufgrund ihrer Herkunft, Religion, ihres Geschlechts, ihrer sexuellen Orientierung und Identität sowie ihrer Klassenzugehörigkeit Diskriminierungen erfahren müssen. Und auch Eribon beschreibt die Angst, die mit der Zugehörigkeit zu diesen Kategorien einhergeht:

> *Manchmal ergreift sie [die Angst] die stigmatisierten oder stigmatisierbaren Individuen mit der Intensität einer unüberwindbaren Panik, meistens jedoch als ein dumpfes Gefühl der Unruhe, das immerzu zur Wachsamkeit gegenüber einer Umwelt aufruft, von der man weiß, dass ihre tiefe, fürchterliche Feindseligkeit niemals schläft. Die Möglichkeit der Beleidigung oder körperlichen Aggression kann sich jederzeit aktualisieren und zu einer realen Geste oder einer realen Aussage werden (weil man in ständiger Furcht vor ihr lebt, zeitigt sie ihre Effekte schon vor jeder Aktualisierung).*[22]

Um es zugespitzt zu formulieren, wuchsen mein Bruder und ich in Deutschland ohne Vertrauen auf: ohne Vertrauen in das soziale Umfeld, wie bei meinem Bruder, und in meinem Fall ohne jegliches Vertrauen in Institutionen. Unsere klinischen Ängste können zu einem großen Teil auf das erodierte Vertrauen in unsere Umwelt zurückgeführt werden. Ohne jegliches Vertrauen aber könnten wir morgens unser Bett nicht verlassen, heißt es bei Niklas Luhmann. »Unbestimmte Angst, lähmendes Entsetzen« befielen uns: »Alles wäre möglich.«[23] Jan Philipp Reemtsma, der sich in seiner epochalen Studie *Vertrauen und Gewalt* ebenfalls auf Luhmann bezieht, führt den Gedanken des »alles ist möglich«, des existenziellen Ausgeliefertseins, auf Thomas Hobbes zurück, der in seinem *Leviathan* den Naturzustand des Menschen als »einen Zustand der permanenten Unsicherheit« beschrieb.[24] Im *Leviathan* lesen wir von der »Furcht, gemordet zu werden« als »stündliche Gefahr«, die uns »ein einsames, kümmerliches, rohes und kurz dauerndes Leben« beschert.[25]

Mein Bruder und ich wuchsen mit der sicheren Annahme auf, dass das soziale Umfeld (bei meinem Bruder) oder staatliche Institutionen (bei mir) uns in Gefahrenlagen nicht nur nicht zu Hilfe eilen würden, sondern, ganz im Gegenteil, dass die Bedrohung von diesen Instanzen ausgehe; sie waren die Bedrohung – und es gab keinen Schutz, nirgends. Wir hatten jegliche Berührung zu diesen Feldern verloren, wir waren ihnen abhandengekommen. Und ich bin davon überzeugt, dass die klinischen Ängste, die wir entwickelten, zu einem überwiegenden Teil auf unsere Migrationserfahrungen zurückzuführen sind; auf die Ungewissheiten, Ambivalenzen, Unsicherheiten, die soziale Exklusion und die kalkulierte Kälte der deutschen Migrationspraxis. Ich möchte mit meiner Behauptung noch einen Schritt weitergehen: Meines Erachtens war die gesamte Asyl- und Migrationspraxis der Bundesrepublik Deutschland von Beginn an darauf ausgerichtet, abzuschrecken und Ängste zu konstruieren, zu prägen und zu schüren – sowohl bei jenen, die in das Land hineinwollten (oder es nicht wieder verlassen wollten, nur weil sie nicht mehr gebraucht wurden), als auch bei denen, die schon immer in diesem Land gelebt haben. Doch damit wären wir wieder beim »Hinweis auf den Irrtum des weißen Blattes« angelangt, den Armin Nassehi in seiner *Kritik der komplexitätsvergessenen Vernunft* artikuliert und den ich an dieser Stelle erneut und ausführlich zitieren möchte:

> *Das weiße Blatt entzieht sich der Komplexität der Welt geradezu, sein Zugzwang ist nicht die Komplexität des Beschriebenen. Die Zugzwänge des Schreibens verlangen eher Geschichten, die aufgehen, und genau deshalb erzeugt die*

> *Praxis des Schreibtisches und des Beschreibens des weißen Blattes meistens kohärente Geschichten, die aufgehen in einer inkohärenten Welt, die eben nicht aufgeht.*[26]

Diese eine Variante einer Emotionsgeschichte der Migration, die ich erzähle, geht nur in meinem Schreiben auf, entzieht sich jedoch der Komplexität der Welt. Das ist aber vielleicht kein Mangel, wie Nassehi weiter ausführt, vielmehr ist das »der Status von Komplexität, mit dem stets begonnen werden muss«.[27]

Kalkulierte Kälte

In der Serie »Worüber denken Sie gerade nach?«, die in unregelmäßigen Abständen in der Wochenzeitung *Die Zeit* erscheint, werden namhafte und meist populäre Wissenschaftler*innen und Publizist*innen danach gefragt (wie der Titel bereits verrät), welche Themen sie gerade besonders beschäftigen. Im Oktober 2018 wurde Achille Mbembe diese Ehre zuteil. »Und worüber denken Sie gerade nach, Achille Mbembe?«, fragte die Journalistin Elisabeth von Thadden. »Ich denke über zweierlei nach: Bewegung und Begrenzung. Wer oder was kann sich in der heutigen Welt bewegen? Mich beschäftigt, wie Menschen mobil sind und an welche Grenzen sie mit ihrer Mobilität stoßen.«[1] Er möchte, so Mbembe, eine »Ethik des Passanten« entwickeln; dabei habe er vor allem ein Ziel vor Augen: »eine Welt, in der nicht nur wenige, sondern wir alle uns frei bewegen können und fortbestehen«.[2] Ein Theorieentwurf, den er bereits im Schlusskapitel seines 2016 im Original und 2017 in Deutschland erschienenen Buchs *Politik der Feindschaft* skizziert und der nicht zufällig den Titel »Ethik des Passanten« trägt. »Durch die Welt wandern«, lesen wir dort, *das Ausmaß des Zufalls ermessen, den unser Geburtsort mit seiner Bürde aus Willkür und Beschränkung darstellt; sich dem unumkehrbaren Strom der Zeit des Lebens und des Daseins fügen; akzeptieren, dass wir Reisende, Passanten sind, weil dies vielleicht das Wesen unseres Menschseins ist, der Sockel, auf dem wir die Kultur errichten – das sind womöglich die am schwersten zu beantwortenden Fragen unserer Zeit […].*[3]

Es ist oft nur eine Frage des Zufalls, der über unsere Bewegungsfreiheit bestimmt, also darüber, »wer in der heutigen Welt das Recht hat, sich frei über Grenzen zu bewegen, während andere an ihrem Ort bleiben müssen«[4], wie Mbembe in der *Zeit* ausführt. Von dieser Selektions- und Sortierfunktion von Grenzen handelt auch die 2021 veröffentlichte Studie *Sortiermaschinen* des Berliner Soziologen Steffen Mau, der ebenfalls der Frage nachgeht, wer zur Mobilität befähigt und berechtigt ist und wer dazu verdammt ist, an seinem Geburtsort zu bleiben. »Die tagtägliche Grenzerfahrung eines großen – des größten! – Teils der Weltbevölkerung«, fasst Steffen Mau zusammen, »ist die des Ausschlusses, der Mobilitätsabwehr, der Wegversperrung, des Draußen-Seins, des Re-bordering.«[5] Grenzregime fungieren in der globalisierten Welt als Sortiermaschinen, so Mau. Sie filtern, selektieren, sortieren und entscheiden, wer passieren darf und wer draußen bleiben muss. Und für viele enden diese Entscheidungen tödlich, wie Mbembe konstatiert:

In Afrika bedeuten Grenzen in besonderer Weise auch Endlichkeit: Wie kann es sein, dass wir Afrika zu einem Gefängnis machen, aus dem man nur unter Lebensgefahr aus-

brechen kann und in dem auch die inneren Grenzen zwischen den Staaten hochgezogen werden, während Europäer und andere Menschen aus den mächtigen Staaten weltweite Reisefreiheit haben?

Die planetarische Entgrenzung, wie sie durch die Globalisierung vorangetrieben wurde oder werden sollte, hat letztendlich nicht dazu geführt, dass Grenzen gänzlich wegfallen – außer für die relativ wenigen Privilegierten –, sondern weiterausgebaut werden. Mehr noch: »Grenzen, Grenzbefestigungen und Grenzkontrollen [sind] vielmehr Teil der Globalisierung«.[6]

Grenzbewegungen

Die von Mbembe, Mau und anderen Wissenschaftler*innen aufgeworfenen Fragen danach, wer in der globalisierten Welt das Recht besitzt, sich frei über Grenzen zu bewegen, und wer nicht, wer also überall hineindarf und wer draußen bleiben muss, gehören zu den drängendsten und bedeutendsten Fragen der heutigen Zeit und können ohne den Begriff des Rassismus nicht hinlänglich beantwortet werden, wie der Politikwissenschaftler Volker M. Heins und der Historiker Frank Wolff in ihrer Monographie *Hinter Mauern* argumentieren.[7] Europäische und auch deutsche Einwanderungskontrollen folgen bei ihrer Entscheidung, wer einreisen und bleiben darf, einer alten rassistischen Logik, die, wie Volker M. Heins und Frank Wolff zusammenfassen, Migrant*innen, denen das vorläufige Recht verliehen wird, in die Nationalstaaten einzureisen, in drei Kategorien teilt:

> *(1) Migranten werden ins Land gelassen und eingebürgert, weil und insofern die Politik ihnen zuschreibt, dass sie kulturell als weiß gelten und somit zur einheimischen sesshaften Bevölkerungsmehrheit passen;*
> *(2) Migranten werden ins Land gelassen, obwohl sie als nicht-*weiß *bzw. kulturell ›unpassend‹ wahrgenommen werden, während ihnen aber zugetraut wird, sich durch Assimilation und Integration anpassen zu können (ohne darum unbedingt gleichberechtigt zu werden);*
> *(3) Migranten werden ins Land gelassen, um zu arbeiten, aber an der vollen Teilhabe – vom sozialen Aufstieg bis zur Wahrnehmung von Grundrechten – gehindert, weil sie zwar als wirtschaftlich nützlich gelten, ihnen aber als nicht-weißen Menschen abgesprochen wird, dass sie jemals kulturell zur Mehrheit passen könnten.*[8]

Alle anderen werden durch die Grenze aussortiert. Sie dürfen es gar nicht erst bis zu den europäischen und deutschen Grenzen schaffen; hierfür wurden ausgeklügelte Gesetze erlassen und Verträge mit Drittstaaten geschlossen, die, wie die Türkei, die Schutzsuchenden davon abhalten sollen, sich überhaupt auf den Weg in Richtung der Festungsmauern Europas zu begeben. Dieses Europa, das doch so viel auf seine Werte gibt.

Was passiert mit einer Gesellschaft, die sich durch Gewalt abschottet? Diese Frage ist für Heins und Wolff von zentraler Bedeutung. Denn Grenzen wirken nicht nur auf jene, die sie vom Passieren abhalten, sondern auch auf jene, die innerhalb der umzäunten Gebiete leben: »Die hochgerüsteten Grenzen der Gegenwart sind keineswegs nur ›Sortiermaschinen‹, die allein den anderen, den Aussortierten, schaden. Sie sind auch Disziplinierungsmaschinen, die die Gesellschaft zur Akzeptanz von Gewalt und Ausschluss erziehen.«[9] Heins und Wolff zitieren in ihrer Monographie Politiker wie den ehemaligen Außenminister Heiko Maas (SPD), der 2021 erklärte, dass »wir« die Bilder von leidenden Menschen an Europas Grenzen »aushalten« müssten.[10] Eine Erziehung zur Kälte aus Selbstschutz vor den Schutzsuchenden. Heins und Wolff können sehr genau erahnen, was mit einer Gesellschaft passiert, die sich innerhalb ihrer Grenzen einschließen möchte: »In Wirklichkeit verkümmert eine Gesellschaft, jedenfalls die demokratische Gesellschaft, wenn sie sich radikal nach außen abgrenzt. Mauern machen etwas mit denen, die sich hinter ihnen verschanzen und ängstlich auf die Welt jenseits der Grenzen blicken. Wer hinter Mauern lebt, lebt zunehmend von ihnen bestimmt.«[11] Das ist das Paradoxe am Sicherheitsdenken, es führt nicht zu mehr Sicherheit, sondern intensiviert das Gefühl der Unsicherheit und schürt letztendlich Ängste.

Die »Versicherheitlichung ist ein Taschenspielertrick« von Regierungen, die kein Interesse daran haben, »die Ängste ihrer Bürger zu besänftigen«, wie Zygmunt Bauman erklärt. Vielmehr liegt ihnen daran, »die Angst zu schüren, die aus der Ungewissheit der Zukunft und dem ständigen, allgegenwärtigen Unsicherheitsgefühl erwächst«.[12] Die deutsche Einwanderungspolitik und Asylpraxis prägt und intensiviert Ängste – sowohl in der hier lebenden Bevölkerung als auch bei all jenen Menschen, die die Mauern nach Deutschland überwinden müssen oder schon vor Jahren überwunden haben. Regierungen kann die Instrumentalisierung der Angst jedoch dabei helfen, den Fokus von Problemen, die sie »nicht zu lösen vermag (oder gar nicht erst angehen möchte)«, zu verschieben, hierzu zählen laut Bauman »so wichtige Faktoren der *conditio humana* wie hochwertige Arbeitsplätze, Zuverlässigkeit und Stabilität des sozialen Status, effektiver Schutz vor sozialem Abstieg und Sicherheit vor Verletzungen der Würde«.[13] Der Blick soll auf jene gerichtet werden, welche die Regierung auserkoren hat, um sie indirekt für Wohnungsnot oder verlorenes Sicherheitsgefühl verantwortlich zu machen: »Flüchtlinge« vor allem aus islamisch geprägten Ländern.

Abschottung und Abschreckung

Anfang November 2023 trafen sich die Regierungsparteien SPD, FDP und die Grünen mit der CDU/CSU, die gemeinsam die größte Opposition im Bundestag bilden, um über eine künftige Asyl- und Migrationspolitik zu beraten und sich auf eine Richtung zu einigen. Beschlossen wurde, wie der Journalist Mark Schieritz zusammenfasst, das Folgende: »Leistungskürzungen für Flüchtlinge, schärfere Grenzkontrollen, schnellere Asylverfahren, erweiterte Durchgriffsrechte der Polizei bei Abschiebungen, Verhandlungen über Rückführungsabkommen mit den wichtigsten Herkunftsstaaten, ein Prüfauftrag für Aufnahmezentren in afrikanischen Ländern«.[14] Dreißig Jahre nach dem »Asylkompromiss« gelang es der sogenannten Ampel-Regierung, die Einwanderungsgesetze noch weiter zu verschärfen. »Es ist nicht mehr viel übrig von der liberalen Asylpolitik des Jahres 2015«, resümiert Schieritz. Das Jahr 2015 bildet in der Geschichte der Einwanderungspolitik der Bundesrepublik eine Anomalie; ein kurzer Moment der Menschlichkeit, der Weichheit. Der humanitäre Impuls der damaligen Kanzlerin Angela Merkel, die Grenze zu Österreich nicht zu schließen und damit den ankommenden Menschen aus Ungarn – und von noch viel weiter weg – die Gelegenheit zu bieten, nach Deutschland einzureisen, führte langfristig jedoch nicht zu einem Umdenken in der Asyl- und Migrationspolitik. Vielmehr »reagierten die politisch Verantwortlichen mit alten Handlungsmustern«,[15] also mit weiteren Verschärfungen der Asylpraxis.

Im Herbst 2015 wurde das »Asylpaket I« verabschiedet, im Frühjahr das »Asylpaket II«. Diese Gesetzespakete hatten u. a. Auswirkungen auf die Verfahren und die Leistungen, die jeder Schutz suchenden Person zustanden: Die Liste der »sicheren Herkunftsstaaten« wurde erweitert (hinzu kamen Albanien, Kosovo und Montenegro), Asylbewerber*innen, die sich in Erstaufnahmeeinrichtungen befinden, sollten nur Sachleistungen beziehen können, Eilverfahren sollten über Asylsuchende aus den sogenannten sicheren Herkunftsländern entscheiden, und schließlich sollten Abschiebungen erleichtert werden. In den Jahren 2017 und 2019 wurden weitere Gesetzesveränderungen vorgenommen, um vor allem Abschiebungen zu erleichtern. Das Thema Flucht und Migration rückte angesichts der durch den Corona-Virus ausgelösten Pandemie in den Jahren 2020 und 2021 weitestgehend in den Hintergrund; Politik, Medien und Gesellschaft verloren zeitweilig das Interesse daran. Das änderte sich mit dem Angriff Russlands auf die Ukraine im Februar 2022. Millionen Menschen flohen in die

Nachbarländer und auch nach Deutschland, wo sie genau wie zu Beginn der »Flüchtlingskrise« 2015 mit offenen Armen empfangen wurden. Doch im Gegensatz zu den flüchtenden Syrer*innen, Iraker*innen und Afghan*innen wurden die Schutz suchenden Ukrainer*innen unbürokratisch aufgenommen. Sie mussten gemäß der eigens für die Geflüchteten aus der Ukraine von Deutschland und anderen EU-Staaten erlassenen »Massenzustrom-Richtlinie« keinen Asylantrag stellen, sich keinem Prüfverfahren über ihre Fluchtgründe unterziehen und erhielten Leistungen in Höhe des Bürgergeldes.

Die Situation im Jahr 2022 unterschied sich jedoch auch in anderer Hinsicht von jener im Jahr 2015. Wie der Journalist Daniel Bax in einem Artikel für die *taz* richtig zusammenfasste, verlief die Debatte über Flucht und Migration ganz anders als vor sieben Jahren. Das lag jedoch nicht an den positiven Auswirkungen eines progressiven Normenwandels. »Der Grund dafür ist Rassismus«, wie Bax erklärte.[16] Und er führte weiter aus:

> *Und nun erleben wir mit der Massenflucht aus der Ukraine eine vergleichbare Krise wie zwischen 2014 und 2016, als Hunderttausende vor den Kriegen in Syrien, Irak und Afghanistan nach Europa flohen. Aber niemand kritisiert, Scholz habe »die Grenzen geöffnet«, oder zieht in Zweifel, dass ihre Aufnahme grundsätzlich »zu schaffen« ist. Niemand fordert eine »Obergrenze« für Geflüchtete aus der Ukraine. Nicht einmal von einer »Flüchtlingskrise« ist die Rede – und das, obwohl allein aus der Ukraine schon jetzt mehr neue Flüchtlinge in Deutschland gezählt wurden als zwischen 2014 und 2016 zusammen.*

[…]
Und auch jetzt regt sich mancherorts Unmut und rechter Protest. Aber im Vergleich zu 2015 verläuft die Debatte vernünftig, rational und gesittet – ganz anders als zwischen 2014 und 2016, als Gewalt und Untergangsstimmung herrschten.[17]

Dass der Wandel in der Wahrnehmung Geflüchteter rein gar nichts mit einem progressiven Normenwandel, sondern vielmehr mit Rassismus zusammenhängt, zeigen auch die Entwicklungen im Oktober und November 2023: Politik, Medien und Gesellschaft fielen (zumindest zum größten Teil) aus Furcht vor steigenden »Flüchtlingszahlen« (aus Ländern wie Afghanistan, Irak oder Syrien) in den Modus von 2015 zurück, in eine Zeit, in der Deutschland nicht von einer »Flüchtlingskrise«, sondern, wie Daniel Bax konstatiert, von einer »Rassismuskrise« erschüttert wurde.[18]

Antisemitismusbekämpfung und neue Rückführungspläne

Am 7. Oktober 2023 überfielen etwa »zweitausendfünfhundert bewaffnete Terroristen« (bestehend aus »Mitgliedern der Qassam-Brigaden der Hamas, der Al-Quds-Brigaden des Islamischen Dschihad und weiterer Milizen aus dem Gazastreifen«), »gefolgt von einem Mob aus mehreren Hundert Zivilisten«, das israelische Grenzgebiet zu Gaza.[19] Gemeinsam stürmten sie »knapp ein Dutzend israelische Militärbasen und fast dreißig Gemeinden und richteten ein verheerendes

Blutbad an«.[20] Die Brutalität, mit der sie vorgingen, und die Gräuel, die sie anrichteten, lassen sich kaum beschreiben. Auch vor Kindern und Säuglingen machten sie nicht halt. Sie »erschossen und massakrierten mehr als dreihundert israelische Soldatinnen und Soldaten und rund fünfhundert Zivilisten«.[21] Auf einem Musikfestival, das in Grenznähe stattfand, ermordeten sie mehr als dreihundertfünfzig Feiernde. Anschließend verschleppten sie aus den verschiedenen Orten über zweihundertfünfzig Menschen nach Gaza.

In Deutschland wurden diese Nachrichten überwiegend mit großer Erschütterung und Anteilnahme aufgenommen, einige reagierten mit Sprachlosigkeit und Schweigen, andere mit lautem Getöse und Antisemitismus. Kurz nach Bekanntwerden der Anschläge verteilten Islamisten in Berlin-Neukölln Baklava, einige Wohnungen von Jüdinnen und Juden wurden mit Davidsternen markiert, auf die Außenmauer einer Synagoge in Berlin-Mitte wurde ein Brandsatz geworfen, und auf propalästinensischen Demonstrationen wurden judenfeindliche Parolen skandiert. Angst machte sich unter deutschen Jüdinnen und Juden breit, das Gefühl der Sicherheit ging verloren: »85 Jahre nach der Reichspogromnacht fühlten sich Juden in die 1930er Jahre zurückversetzt.«[22] Doch es war nicht nur die Angst, die Jüdinnen und Juden befiel, sondern auch das Gefühl, mit ihren Sorgen, mit ihrem Kummer allein gelassen worden zu sein; das Gefühl mangelnder Empathie. Deutsche Politiker*innen und Journalist*innen versuchten, darauf angemessen zu reagieren. Es galt, das Gefühl der Sicherheit wiederherzustellen und für mehr Mitgefühl zu sorgen. Begleitet wurden ihre Mühen von der Frage: Wer sind die schlimmsten Antisemiten im Land? Schnell gerieten »Muslime« in den Fokus von Politik und großen Teilen der Medien; schließlich waren sie es ja, die sich lautstark auf propalästinensischen Demos antisemitisch äußerten. Die eher leise jauchzenden und frohlockenden Rechten fanden hingegen weniger Beachtung.[23]

Für Jasper von Altenbockum war schnell klar, wer die größten Antisemiten des Landes sind und wer die Schuld an der ganzen Misere trägt: die linke Willkommenskultur, Migranten aus muslimischen Ländern und der »importierte Antisemitismus«.[24] Und seine Lösung fiel ebenso klar aus: Deutschland müsse seine Einwanderungspolitik umstellen, schließlich ließe sich die »Einwanderung von Antisemitismus […] nur verhindern, indem er nicht einwandern darf«.[25] In seinem Artikel für die *Frankfurter Allgemeinen Zeitung* verlangte von Altenbockum »Kontingente« und »ein vertretbares Maß an Einwanderung aus muslimischen Ländern«.[26] Politiker der CDU/CSU gingen noch einen Schritt weiter und sprachen von Abschiebungen und der Aberkennung von Aufenthaltstiteln. Doch das dürfte niemanden überraschen. Für ein gewisses Maß an Desillusionierung – zumindest bei mir – sorgten hingegen Stellungnahmen aus der Regierung. In einer von vielen gefeierten Videobotschaft (sogar Armin Nassehi fand sie »grandios«[27]) adressierte der Vizekanzler und Wirtschaftsminister Robert Habeck, im Bemühen um die Wiederherstellung des Sicherheitsgefühls bei Jüdinnen und Juden und um die Einforderung von Empathie, die in Deutschland lebenden Muslim*innen mit folgenden Worten:

> *Die hier lebenden Muslime haben Anspruch auf Schutz vor rechtsextremer Gewalt – zu Recht. Wenn sie angegriffen werden, muss dieser Anspruch eingelöst werden, und das Gleiche müssen sie jetzt einlösen, wenn Jüdinnen und Juden*

angegriffen werden. Sie müssen sich klipp und klar von Antisemitismus distanzieren, um nicht ihren eigenen Anspruch auf Toleranz zu unterlaufen. Für religiöse Intoleranz ist in Deutschland kein Platz. Wer hier lebt, lebt hier nach den Regeln dieses Landes, und wer hierherkommt, muss wissen, dass das so ist und so auch durchgesetzt werden wird. Unsere Verfassung schützt und gibt Rechte. Sie legt aber auch Pflichten auf, die von jedem und jeder erfüllt werden müssen. Beides kann man nicht voneinander trennen. Toleranz kann an dieser Stelle keine Intoleranz vertragen. Das ist der Kern unseres Zusammenlebens in dieser Republik. Das heißt, das Verbrennen von israelischen Fahnen ist eine Straftat, das Preisen des Terrors der Hamas auch. Wer Deutscher ist, wird sich dafür vor Gericht verantworten müssen, wer kein Deutscher ist, riskiert außerdem seinen Aufenthaltsstatus. Wer noch keinen Aufenthaltstitel hat, liefert einen Grund, abgeschoben zu werden.[28]

Der Vizekanzler nahm bei seiner Adressierung keine Unterscheidung zwischen Islamist*innen und Muslim*innen vor, sondern subsumierte alle Menschen islamischen Glaubens (und all jene, die er und seine Berater*innen dafür halten) unter dem Begriff »Muslime« und konstruierte damit eine ethnisierte und essentialisierte Gruppe. Sie alle müssten sich vom Antisemitismus und der Hamas distanzieren. Damit blieb er nicht allein, nur eine Woche nachdem die Videobotschaft Habecks online gegangen war, wandte sich Bundespräsident Frank-Walter Steinmeier an »die Menschen mit palästinensischen oder arabischen Wurzeln« und bat sie: »Lassen Sie sich von den Helfershelfern der Hamas nicht instrumentalisieren! Sprechen Sie für sich selbst! Erteilen

Sie dem Terror eine Absage!«[29] Der Paternalismus und die Uninformiertheit des Präsidenten verärgerten und verletzten einen so verdienten Journalisten wie Yassin Musharbash derart, dass er nicht anders konnte, als darauf mit folgenden Worten zu reagieren:

> *Sie [die Worte Steinmeiers] verkennen, wie viele von uns »Menschen mit palästinensischen und arabischen Wurzeln in Deutschland« mit der Hamas nichts zu tun haben wollen. Dass viele von uns potenzielle (oder tatsächliche) Opfer von Islamisten sind. Weil wir queer sind oder weil wir trinken, weil wir selbstständig denken, weil wir für Kunst-, Meinungs- und Pressefreiheit eintreten, weil wir jüdische und/oder israelische Freundinnen und Freunde haben, weil wir Christen sind oder Atheisten, weil wir wählen, weil wir glücklich sind, nicht unter der Hamas leben zu müssen.*[30]

Musharbash führt weiter aus:

> *Stell dich nicht so an! Ihr seid ja nicht gemeint! – so antworten einige, wenn ich sage, dass ich mich vom Bundespräsidenten unverstanden fühle. Aber was soll das heißen? Dass die guten Araber in das große, kuschelige Wir eingeschlossen sind? Als bestünde mein Problem darin, dass ich gerne dazugehören würde, aber jemand hält die Tür zu. Ich gehöre dazu. Aber ausgerechnet mein Bundespräsident sagt mir, ich soll mir erst mal die Hände waschen, bevor ich mich an den Tisch setze.*[31]

Es ist genau diese Mischung aus Paternalismus und Uninformiertheit – oder: hegelsche Herabsetzung –, mit der deutsche Politiker die Zugehörigkeit von »Muslimen« oder »Arabern« oder »Türken« zu Deutschland und die Toleranz, mit der ihnen begegnet werden sollte, auf eine Art Gratifikation für gutes Benehmen reduzieren und damit das Gefühl der Exklusion vertiefen – und sich anschließend gegenseitig auf die Schultern klopfen.

Wenige Wochen bevor im November 2023 Regierung und Opposition zusammenkamen, um über den neuen Kurs in der Asyl- und Migrationspolitik zu beraten und folgenschwere Entscheidungen zu treffen, veröffentlichte der *Spiegel* ein Interview mit Bundeskanzler Olaf Scholz, in dem dieser sich zu einer Situation äußerte, die erneut als »Krise« eingestuft wurde, zumindest rhetorisch. Auf die Frage der *Spiegel*-Redakteure Christoph Hickmann und Dirk Kurbjuweit, ob »Deutschland stärker darauf achten [muss], wer hierherkommt und bleiben darf?«, erwidert der Kanzler:

> *Das tun wir längst. Einerseits geht es um Zuwanderung von Arbeitskräften, die wir brauchen. Und es geht um jene, die Asyl suchen, etwa weil sie politisch verfolgt werden. Anderseits heißt es aber: Wer weder zu der einen noch zu der anderen Gruppe gehört, kann nicht bei uns bleiben. Deshalb begrenzen wir die irreguläre Migration nach Deutschland – es kommen zu viele.*[32]

Scholz hebt jenen Wert von Migrant*innen hervor, der für Deutschland wirklich von Bedeutung ist: den Gebrauchswert für die Wirtschaft. Der humanitäre Gedanke, der sich einst hinter dem Satz »Politisch Verfolgte genießen Asylrecht« verbarg, spielt heute keine Rolle mehr. Dieser Gedanke wurde bereits in den 1980er Jahren verworfen und mit dem »Asylkompromiss« von 1993 offiziell zu Grabe getragen. In dem Satz, hervorgehoben durch einen einleitenden Gedankenstrich, »es kommen zu viele«, soll eine Überforderung zum Ausdruck gebracht werden, die Angst macht, Angst vor einer »Flut« von Fremden aus überwiegend islamisch geprägten Ländern. Der Bundeskanzler hat jedoch eine Lösung: »Wir müssen hart sein, wenn jemand keinen Anspruch hat zu bleiben. Wir müssen zugleich offen und modern sein, weil wir Arbeitskräfte aus anderen Ländern bei uns brauchen.«[33] Deutschland ist modern und offen für jene, die ins Land gelassen werden, um sie als Glieder einer Wertschöpfungskette in die sozialen Systeme zu integrieren, kalt und hart hingegen gegenüber all denjenigen, die keinen Gebrauchswert haben; für sie gilt die alte Asyl- und Migrationspolitik der Ära Kohl: Abschottung, Abschreckung und Abschiebung. Denn was der Kanzler nicht zugibt, ist, dass es ungemein schwierig geworden ist, Asyl als politisch Verfolgte zu bekommen. Dafür hat nicht nur der »Asylkompromiss« gesorgt, sondern auch die sich darauf beziehenden Gesetzespakete der vergangenen Jahre. Ganz im Geist dieser Gesetze erklärt der Kanzler:

> *Wir kontrollieren die Grenzen zu unseren Nachbarstaaten nun schärfer, das haben wir Brüssel mitgeteilt. Und wir wollen Anreize dafür senken, sich hier irregulär bei uns aufzuhalten. Wenn die Länder jetzt sagen, wir wollen Sachleistungen statt Geld anbieten, unterstützen wir das. Wenn sie eine Bezahlkarte für Asylsuchende einführen wollen, ebenfalls. Außerdem finden wir es richtig, Asylsuchenden gemeinnützige Arbeit anzubieten.*[34]

Und er wird noch deutlicher:

> *Wer keine Bleibeperspektive in Deutschland hat, weil er sich nicht auf Schutzgründe berufen kann, muss zurückgehen. […] Die Verfahren müssen schneller werden, indem schon in der Erstaufnahmeeinrichtung Asylantrag samt Anhörung stattfinden. Und auch die Gerichtsverfahren müssen zügiger ablaufen. In manchen Bundesländern braucht die erste Instanz in einem Abschiebungsverfahren 4 Monate, in anderen 39. Das geht nicht. Wir müssen mehr und schneller abschieben.*[35]

Im Grunde unterstellt die Regierung zunächst einmal allen Asylsuchenden, dass sie das Asylrecht missbrauchen möchten. Es obliegt dann ihnen, die Regierung vom Gegenteil zu überzeugen.

Christoph Hickmann und Dirk Kurbjuweit vermuten in dem von ihnen geführten Interview, dass der neue, harte Ton in der Migrationspolitik der Bundesregierung auf die »Ergebnisse der AfD bei den Landtagswahlen in Bayern und Hessen« zurückzuführen ist.[36] In Bayern kam die AfD mit 14,6 % auf den dritten Platz (mit nur 0,2 % hinter den Grünen), und in Hessen wurde sie mit 18,4 % sogar zur zweitstärksten Partei. In bundesweiten Umfragen kam die zum Teil rechtsradikale Partei im Herbst 2023 sogar auf über 20 %. Die Annahme, dass die AfD die Ampel-Regierung vor sich hertrieb, lag demnach doch recht nahe. Scholz widerspricht dem im *Spiegel*-Interview jedoch vehement: »Ihr Eindruck ist falsch.«[37] Hickmann und Kurbjuweit fällt es jedoch schwer, der Aussage des Kanzlers Glauben zu schenken. Aber letztendlich ist die Frage, woher der scharfe

Schwenk in der Migrationspolitik kommt, nur zweitrangig. Die bedeutendere Frage ist vielmehr, was diese neue Härte und Kälte mit großen Teilen der Gesellschaft anrichten. Patrice Poutrus gibt in einem Interview mit *Zeit-Online* einen Vorgeschmack. Auf die Frage, ob die Umfragewerte der AfD mit einer härteren Gangart in Sachen Migrationspolitik wieder sinken würden, ähnlich wie jene der rechtsradikalen Parteien nach dem Asylkompromiss 1993, erwidert der Historiker:

> *Nein, denn in den Jahren danach erstarkten besonders im Osten dafür die NPD und DVU. Die hysterische Abwehr von Flüchtlingen, wie sie damals die Debatte bestimmte, delegitimiert letztlich auch die Anwesenheit jener Menschen mit Migrationsgeschichte, die schon da sind. Das sind allerbeste Voraussetzungen für einen florierenden Rassismus. In Rostock-Lichtenhagen waren nach den Asylbewerbern vor allem ehemalige vietnamesische Vertragsarbeiter das Ziel. Die lebten und arbeiteten dort schon seit Jahren. Hier liegt auch der Zusammenhang zwischen 1993 und dem NSU. Diese Mordbande radikalisierte sich nach dem Asylkompromiss und nahm dabei an, staatliche Institutionen und Teile der Gesellschaft stünden heimlich auf ihrer Seite – womit sie ja lange Zeit auch durchaus recht hatte.*[38]

Am Ende gewinnt die AfD. Genauer: Sie hat schon gewonnen, weil die Regierung ihre Themen und Lösungen zum großen Teil übernommen hat. Die Migrationspolitik der Ampel-Regierung (bestehend aus SPD, FDP und Grünen), die tatkräftig von der CDU/CSU unterstützt wird (obschon die Maßnahmen der Regierung der größten Oppositionspartei im Bundestag nicht weit genug gehen), führt am Ende nur dazu, dass Härte und Kälte normalisiert werden. Härte und Kälte, Hass und Ekel gegen ankommende Fremde richten sich schnell gegen jene, die bereits lange hier leben und als fremd wahrgenommen werden, wie Poutrus erklärt. Schon heute sprechen ranghohe Parteifunktionäre der CDU/CSU wie Abgeordnete der AfD. Jens Spahn, einst Gesundheitsminister und derzeit stellvertretender Unionsfraktionsvorsitzender, erklärte auf dem Nachrichtenportal *The Pioneer*, dass »irreguläre Migrationsbewegungen« gegebenenfalls mit »physischer Gewalt« aufzuhalten seien.[39] Der *Frankfurter Allgemeinen Zeitung* gegenüber wiederholte und bekräftigte der CDU-Politiker seine Aussagen und machte damit unmissverständlich klar, dass es sich mitnichten um eine »unglückliche Formulierung« gehandelt hatte: »Es ist etwas Selbstverständliches – deswegen wundere ich mich ein bisschen über die Debatte –, dass der Staat, wenn er Recht durchsetzt, das im Zweifel auch durch physische Gewalt macht«.[40]

Dieser neue Ton in der Migrationspolitik ist nicht neu, es ist der Sound der 1990er Jahre. Und in diesem Sound wird der Zorn besungen, mit diesem Sound werden Ressentiments geweckt, Hass geschürt und Angst verbreitet – Angst in allen Teilen der Gesellschaft. Angst vor Migrationsbewegungen auf der einen, Angst vor Exklusion und rechtsradikaler Gewalt auf der anderen Seite. Und wenn ein Politiker wie Jens Spahn schon so redet, als möchte er Alice Weidel Konkurrenz machen, dann sollte es uns nicht wundern, wenn wieder Gruppen durchs Land ziehen und »Taten statt Worte« einfordern. Die Verantwortung hierfür läge dann nicht mehr allein bei der AfD, sondern auch bei der CDU/

CSU sowie der Ampel-Regierung. Und Herrn Spahn, der sich hinter den Mauern seiner schönen Villa vor den Verdammten dieser Welt zu verbarrikadieren wünscht, möchte ich folgende Zeilen ans Herz legen, sie stammen von Volker M. Heins und Frank Wolff:

> *Mauern und andere Grenzanlagen verankern die Grenze im Inneren des Landes und in den Köpfen der Einheimischen als Kulisse für das Theater der Migrationsabwehr. An der Grenze wird die Verteidigung von Staat und Gesellschaft so aufgeführt, dass das Theater um die Grenze herum die Aufmerksamkeitsökonomie der Medien und Zuschauer bestimmt. Die langfristigen Folgen der sowohl praktizierten als auch inszenierten Migrationsabwehr geraten dabei völlig aus dem Blick. Eine Folge besteht darin, dass rassistische Ideologen und Politiker ihre Anhängerschaft mobilisieren und gemeinsam hoffen, dass ihre Stimmen immer lauter werden und immer normaler erscheinen. Statt um effektive Migrationspolitik geht es ihnen darum, den Willen zu festigen, die Gesellschaft zu schließen, zum einen durch Stigmatisierung der Gegenstimmen in Politik, Zivilgesellschaft und Wirtschaft, zum anderen durch die immer intensivere Kontrolle und Einschüchterung der nicht-*weißen *oder migrantischen Bevölkerung im Innern.*[41]

Anfang Januar 2024 veröffentlichte *Correctiv*, ein Bündnis aus Investigativjournalist*innen mit Sitz in Essen und Berlin, die Ergebnisse einer Recherche im rechtsradikalen Milieu, in der von einem konspirativen Treffen von Mitgliedern der Neuen Rechten, der Werteunion sowie der AfD berichtet wurde.[42] Das übergeordnete Thema dieses Treffens war die »Remigration«, also die Rückführung von in Deutschland lebenden Migrant*innen. Martin Sellner, Anführer der rechtsextremen »Identitären Bewegung« und eingeladener Redner des Abends, erklärte in seinem Vortrag, »wie das, was mit dem harmlos klingenden Wort [Remigration] beschrieben ist, umzusetzen sei: eine Massenverdrängung all jener, die nach rechtsextremer Ideologie nicht zum deutschen Volk gehören – und deswegen nicht in Deutschland leben sollen«.[43] Sellners Plan schloss nicht nur Menschen mit Migrationshintergrund ein, die, wie die Journalistin Ann-Katrin Müller zusammenfasst, »keinen rechtlichen Anspruch auf Asyl haben und tatsächlich abgeschoben werden können«, sondern auch all jene, »die hierzulande geduldet werden. Oder die, die bereits einen deutschen Pass bekommen haben, sich aber nach rechtsextremer Ansicht ›nicht assimiliert‹ haben. Ihnen solle das Leben in Deutschland schwergemacht werden«.[44] Mit anderen Worten: An diesem Abend wurden Pläne entworfen, um den Worten Taten folgen zu lassen.

Nach Bekanntwerden der Pläne wurde die Zivilgesellschaft aktiv, es bildeten sich breite Bündnisse gegen den Rechtsextremismus und gegen die AfD. Hundertausende Menschen überall in Deutschland gingen auf die Straßen und kamen zu großen und auch kleineren Demonstrationen zusammen. Nur die Politik blieb lange seltsam still. Keine markigen Worte von Merz oder Spahn, kein Video von Habeck.

Epilog

Seine ersten politisch-melancholischen Lieder sollen ihn ins Gefängnis des Schah-Regimes gebracht haben, so erzählte es mir mein Vater. Dariush Eghbali, den alle Iraner*innen nur Dariush nennen, zählt zu den bekanntesten und zu den beliebtesten Sängern Irans. Noch während der Wirren der Revolution, die in ihren Anfängen noch keine »islamische« war, floh Dariush nach Los Angeles, wo er nicht nur politisch aktiv blieb, sondern auch weiterhin Lieder sang und produzierte. Einen der nachrevolutionären Höhepunkte seiner musikalischen Karriere bildet das 1995 veröffentlichte Album *Bachehaye Iran (Kinder Irans)*, das kurz nach Erscheinen von meinen und den Eltern meiner iranischen Freunde in Hamburg auf und ab gespielt wurde. Kein Lied wurde öfter wiederholt als »Be Bachehamoun Chi Begeem« (»Was sagen wir unseren Kindern« bzw. »Was wir unseren Kindern erzählen«). In und mit diesem Lied hält Dariush Gericht über sich und seine Generation, ihre Verantwortung für die Revolution und die Zeit, die darauf folgte. Was erzählen wir unseren heranwachsenden Kindern, fragt Dariush, wenn sie wissen möchten, woher sie kommen, wo sie zur Welt gekommen sind? Was wäre unsere Antwort, was unsere Rechtfertigung? Was wird aus dem

Haus, das in Trümmern liegt? Dariush singt von einer Schuld, die ihnen, also jener Generation, die 1978/79 in der Hoffnung auf Veränderung auf die Straßen gegangen ist, auf den Schultern lastet. Er beklagt den Austausch alter gegen neue Götzen und verweist damit auf die zerstörten Hoffnungen und Träume seiner Generation, der auch meine Eltern angehören. Was sagen wir unseren Kindern? Sagen wir ihnen, dass wir keine Identität haben? Sagen wir ihnen, dass wir vor den Toren der Fremde um unser Recht betteln?[45]

Dariush hören wir, um ausgiebig zu weinen, um uns der Melancholie gänzlich auszuliefern und dadurch einen kurzen Moment Freiheit zu erfahren, wie bei einem Sprung aus über zehn Meter Höhe. Vermutlich können dies nur Iraner*innen so empfinden. Obwohl ich einer Generation angehöre, die nicht unbedingt mit seiner Musik aufgewachsen ist, kommen mir auch heute noch die Tränen, wenn ich seine Lieder höre. Auch unserem Sohn, der gerade erst ein paar Monate alt ist, spiele ich zuweilen die Lieder Dariushs vor, singe laut mit und schluchze demonstrativ. Seine Mutter, eine waschechte Schwäbin, und ich haben beschlossen, ihn zweisprachig aufwachsen zu lassen. Daher habe ich mir angewöhnt, mit ihm Farsi zu sprechen und iranische Lieder für ihn zu singen. Meine Muttersprache, die ich leider nicht so gut beherrsche wie die deutsche Sprache, und Dariushs Lieder möchte ich ihm mit auf seinen Weg geben, sie sollen den Grundstein seines Migrationserbes bilden. Und natürlich frage auch ich mich, was ich ihm antworten könnte, wenn er als Heranwachsender fragen sollte, woher er kommt. Die Antwort wäre zunächst simpel: Er ist in Berlin geboren, er hat die deutsche Staatsangehörigkeit (und zwar nur diese), und ein Teil seiner Familie lebt im nördlichen Schwarzwald.

Der andere Teil jedoch ist verteilt auf Hamburg, Kalifornien und Iran. Er trägt den Familiennamen seiner Mutter, wird aber (danach sieht es zumindest gerade aus) mir ähnlich sehen, was bedeutet, dass ihm ab einem bestimmten Punkt bewusstwerden wird, dass ihn ein Teil der Gesellschaft, der er seit seiner Geburt angehört, als fremd und vielleicht sogar – aufgrund der ihm zugeschriebenen Herkunft und Religion – als gefährlich wahrnehmen und dementsprechend abwerten und ausgrenzen wird.

Was heute schon feststeht, ist, dass er nicht die Migrationserfahrungen machen muss, die seine iranischen Großeltern und sein Vater durchgemacht haben. Er wird nicht in Unterkünften für Asylbewerber*innen übernachten müssen, wird nicht gezwungen sein, sich frühmorgens vor Ausländerbehörden anzustellen, muss niemals Angst davor haben, abgeschoben zu werden. Er wird in vielerlei Hinsicht privilegiert aufwachsen, ihm wird ein zum Teil hohes kulturelles, soziales und hoffentlich auch ökonomisches Kapital zur Verfügung stehen. Er wird ganz andere Emotionskonzepte entwickeln als sein Vater. Er wird in einer Welt aufwachsen, in der er sein Geschlecht selbst bestimmen kann und in der er seine sexuelle Identität und Orientierung so ausleben kann, wie er es möchte. Und dennoch, trotz alldem, wird er vermutlich eines Tages die Erfahrung machen, dass er aufgrund seines Aussehens, seines Namens und der Herkunft seines Vaters vom Mitspielen ausgeschlossen wird, dass er bei gleicher Leistung in der Schule schlechtere Bewertungen bekommt als seine *weißen* deutschen Mitschüler*innen, dass es für ihn schwieriger sein wird, eine Wohnung zu finden oder einen Arbeitsplatz. Wie können wir verhindern, dass er mit dem Gefühl der Exklusion aufwächst? Und wie können wir verhindern, dass die Bitterkeit sich in seinem Körper festsetzt? Die traurige Wahrheit ist, dass wir ihm die diskriminierenden Erfahrungen, die er vermutlich sammeln wird, nicht werden ersparen können. Denn sie gehören zum Alltag all jener Menschen, die zu Fremden gemacht werden, auch wenn die Fremde längst zu ihrer Heimat geworden ist oder nie etwas anderes war als Heimat. Daran wird sich in den nächsten Jahren wohl kaum etwas ändern. Wir werden nicht einfach morgen im Einwanderungsland Deutschland aufwachen, in dem rassistische Diskriminierungen suspendiert sind. Wer dies glaubt, vergisst oder ignoriert die »geradezu veränderungsresistente Trägheit«[46] der Gesellschaft, wie Armin Nassehi so schön schreibt. Gesellschaften verändern sich nicht disruptiv, sondern evolutionär.[47]

Unser Sohn wird die Perspektive, mit der seine Umwelt ihn betrachtet, nicht verändern können, jedoch hat er Einfluss darauf, wie er selbst auf die Umwelt blickt, sie wahrnimmt und einordnet. Letztendlich trägt er die Verantwortung dafür, wie er emotional auf seine Umwelt reagiert oder, genauer, wie er die Gefühle, die für ihn lebensnotwendig sind, konstruiert.[48] Ich wünsche ihm, dass er seinen eigenen Wert kennt, dass er jene Form der Selbstachtung entwickelt, von der Joan Didion schreibt:

> *Ein Gefühl für den eigenen inneren Wert zu haben, das ist es, was Selbstachtung ausmacht und was im Grunde schon heißt, alles Notwendige zu haben: die Fähigkeit zum Urteilen, zur Liebe und zur Gleichgültigkeit. Es nicht zu haben, heißt, in sich selbst eingeschlossen zu sein, paradoxerweise weder in der Lage zu lieben, noch gleichgültig zu bleiben.*[49]

Ich wünsche unserem Sohn, dass er seiner Umwelt mit Geduld, Neugier und Mitgefühl begegnet. Ich wünsche ihm, dass er, wie Cynthia Fleury mit Rückgriff auf Gilles Deleuze schreibt, »die Fähigkeit zum Staunen *(admiratio)* oder zum Hinterfragen, frei von jeder Versuchung der Herabwürdigung«, entwickelt.[50] Es ist leicht, die Menschen zu beleidigen, die dich beleidigen. Es ist leicht, die zu verachten und zu hassen, die dich verachten und hassen. Es ist leicht, andere abzuwerten, anstatt ihnen mit Neugier zu begegnen. Es ist leicht, zornig und gekränkt durch die Welt zu laufen. Staunen bzw. Bewunderung hingegen sind harte Arbeit, die sich jedoch lohnt. Denn während »die Bewunderung dem Subjekt eine recht unbestimmte Fähigkeit zur Erweiterung seines Geistes und Handlungsbereichs verleiht, bewirkt das Ressentiment umgekehrt eine ebenso undifferenzierte Verengung der Seele«.[51] Menschen des Ressentiments leben in einer Welt, die täglich kleiner zu werden scheint: »Alles wird klein, selbst das Unglück wird klein, insofern es nur zur Schuld eines anderen wird.«[52] Ich möchte hingegen, dass seine Welt keine Mauern hat und keine Grenzen kennt. Ich möchte, dass er sich an die Worte Achille Mbembes erinnert: »Ein Mensch in der Welt zu werden ist keine Frage der Geburt und keine Frage der Herkunft […]. Es ist eine Sache des Weges, der Zirkulation und der Verwandlung.«[53]

Und schließlich wünsche ich ihm, dass er die Fähigkeit zur Dankbarkeit entwickelt; die Fähigkeit, dankbar zu sein, auch dann, wenn er zornig, gekränkt oder ängstlich ist. Die Fähigkeit, Dankbarkeit zu empfinden; eine Dankbarkeit ohne Tauschlogik, d. h. dankbar sein zu können, ohne insgeheim eine Gegenleistung zu fürchten oder zu erwarten. Eine Dankbarkeit, die den eigenen Wert kennt. Das Gegenteil einer solchen Dankbarkeit ist die Erwartung, dass dir die Welt auf halbem Wege entgegenkommen muss oder dir gar etwas schuldet. Es ist der Gedanke und das dringliche Gefühl, dass dir etwas vorenthalten wird, was dir zusteht, auf das du ein naturgegebenes Recht hast. Also der Gedanke und das Gefühl, dass deine Umwelt, deine Eltern, das Land, in dem du lebst, deine Freund*innen, Bekannte, Kolleg*innen oder wahllos fremde Menschen dir etwas schulden: Zugehörigkeit, Respekt, Anerkennung, einen Job, der dir deiner Meinung nach zusteht, eine Sprache, die deine Gefühle nicht verletzt – überhaupt der Gedanke, dass du ein Recht darauf hast, dass deine Gefühle nicht verletzt werden. Ich kenne niemanden, der dieses Zusammenwirken von Dankbarkeit und Selbstachtung besser beschrieben hat, als Sylvester Stallone (dessen schauspielerische Intelligenz oft unterschätzt wird) im letzten Teil der *Rocky*-Saga, in dem er sich als Robert »Rocky« Balboa sen. an seinen Sohn Robert »Robby« Balboa jr. richtet.

Wie hoffentlich alle wissen, handelt die *Rocky*-Reihe von einem italo-amerikanischen Boxer, der aus ärmlichen Verhältnissen stammt und sich durch seine Sturheit und Hartnäckigkeit an die Spitze der Boxwelt kämpft, Freunde und Kämpfe gewinnt, Freunde und Kämpfe verliert. Im sechsten Teil der Reihe mit dem Titel *Rocky Balboa* hat er seine geliebte Frau Adrian verloren, lebt bescheiden in seinem Heimatviertel in Philadelphia und leitet ein Restaurant, bis er, inspiriert durch ein mediales Ereignis, den Entschluss fasst, noch ein letztes Mal in den Ring zu steigen. Sein Sohn Robby versucht derweil, sich ein Leben jenseits des großen Namens seines Vaters (des »großen Schattens«) aufzubauen. Diesen Versuch sieht Robby durch den neuen Rummel um Rockys bevorstehenden Kampf bedroht. Der Sohn sucht den Vater auf und bittet ihn, auf den Kampf zu verzichten, denn es könne nur schlecht enden – für den Vater wie für den Sohn. In dieser Sequenz befinden sich Rocky und Robby in der Nähe des Restaurants, es ist Nacht (ich empfehle allen, sich diese Sequenz auf *YouTube* anzuschauen, und zwar in dem offiziellen, von den MGM Studios hochgeladenen Ausschnitt, und da das amerikanische Original viel klüger klingt als die deutsche Übersetzung, zitiere ich beide Versionen):

> *You ain't gonna believe this but you used to fit right here [Rocky zeigt auf die Innenfläche seiner rechten Hand]. I'd hold you up and say to your mother: »This kid's gonna be the best kid in the world. This kid's gonna be somebody better than anybody ever knew.« And you grew up good and wonderful. It was great just watching. Every day was like a privilege. Then the time come for you to be your own man and take on the world, and you did. But somewhere along the line you changed. You stopped being you. You let people stick a finger in your face and tell you you're no good and when things got hard you started looking for something to blame. Like a big shadow.*
> *[Kurze Atempause]*
> *Let me tell you something you already know. The world ain't all sunshine and rainbows. It's a very mean and nasty place and I don't care how tough you are, it will beat you to your knees and keep you there permanently if you let it. You, me, or nobody is going to hit as hard as life. But it ain't about how hard you hit, it's about how hard you can get hit and keep moving forward. How much you can take and keep moving forward. That's how winning is done. Now if you*

know what you're worth, then go out and get what you're worth! But you got to be willing to take the hits and not pointing fingers saying you ain't where you want to be because of him, or her, or anybody. Cowards do that and that ain't you. You're better than that.
[Kurze Atempause]
I'm always gonna love you no matter what. No matter what happens. You're my son you're my blood. You're the best thing in my life. But until you start believing in yourself, you're ain't gonna have a life.[54]

Du wirst es nicht glauben, aber du hast mal hier reingepasst. [Rocky zeigt auf die Innenfläche seiner rechten Hand.] Ich hab dich hoch genommen und zu deiner Mutter gesagt: »Dieser Kleine wird mal der beste Junge der Welt. Der Kleine wird mal so gut, wie es überhaupt noch niemand war.« Und du bist groß geworden, hast dich prima entwickelt. Es war toll, das mit anzusehen, jeder Tag war ein besonderes Geschenk. Die Zeit verging, und plötzlich warst du ein Mann. Du musstest dich der Welt stellen; das hast du getan. Aber irgendwo unterwegs hast du dich verändert. Du hast aufgehört, du selbst zu sein. Du lässt es zu, dass man mit dem Finger auf dich zeigt und dir sagt, dass du zu nichts taugst. Und wenn es hart auf hart kommt, willst du die Schuld dafür anderen geben: einem großen Schatten.
[Kurze Atempause]
Ich werd dir jetzt etwas sagen, was du schon weißt: Die Welt besteht nicht nur aus Sonnenschein und Regenbogen. Sie ist

oft ein gemeiner und hässlicher Ort, und es ist mir egal, wie stark du bist, sie wird dich in die Knie zwingen und dich zermalmen, wenn du es zulässt. Du und ich und auch sonst niemand kann so hart zuschlagen wie das Leben. Aber der Punkt ist nicht der, wie hart einer zuschlagen kann. Es zählt bloß, wie hart man getroffen werden kann und ob man trotzdem weitermacht, wie viel man einstecken kann und trotzdem weitermacht. Nur so gewinnt man. Wenn du weißt, was du wert bist, dann geh hin und hol es dir, aber nur, wenn du bereit bist, die Schläge einzustecken. Zeig nicht mit dem Finger auf andere und sag, du bist nicht da, wo du hinwolltest, wegen ihm oder wegen ihr oder sonst jemandem. Schwächlinge tun das, und das bist du nicht! Du bist besser!
[Kurze Atempause]
Ich werde dich immer lieben, egal, was passiert, völlig egal was. Du bist mein Sohn, und du bist mein Blut. Du bist das Beste in meinem Leben. Aber wenn du nicht anfängst, an dich zu glauben, dann hast du kein Leben.[55]

Anhang

Anmerkungen

Prolog

1 Der Krieg zwischen Irak und Iran von 1980 bis 1988, auch bekannt als Erster Golfkrieg.

2 Bei der Verwendung des Ländernamens »Iran« werde ich nicht die geläufige und m. E. falsche Variante mit einem vorangestellten Artikel verwenden. Die Bezeichnung »Iran« wurde 1935 als Bezeichnung des Landes von Reza Schah eingeführt und sollte »Persien« ersetzen. Da es sich hierbei um einen echten Ländernamen wie »England«, »Frankreich« oder »Deutschland« handelt, sollte er möglichst nicht mit einem Artikel gebraucht werden: »Keiner der Gründe, aus denen im Deutschen in Ausnahmefällen Länderbezeichnungen mit dem Artikel zu benutzen sind, trifft hier zu. Der Fehler hat sich wohl durch eine mangelhafte Übersetzung aus dem Französischen, wo man Ländernamen mit dem Artikel zu benutzen pflegt, eingeschlichen und ist durch die Parallele mit ›der Irak‹ (hier ist die Verwendung des Artikels sinnvoll, weil dieses Land im Arabischen mit dem Artikel benannt wird und die Bezeichnung zudem nicht nur Eigenname ist, sondern ursprünglich ›die Ebene‹ bedeutet) verstärkt worden.« Schaf, Kurt: Nachwort, in: Ders. (Hg.): Die schönsten Gedichte aus dem klassischen Persisch. Übertragen von Cyrus Atabay, München 1998, S. 179–217, hier: S. 179.

3 Kurze Anmerkung bezüglich des Genderns: Im Allgemeinen möchte ich, dass sich selbstverständlich alle Geschlechter ange-

sprochen fühlen. Aus diesem Grund verwende ich dort, wo es m. E. Sinn macht, das sogenannte Gendersternchen (*). An einigen Stellen jedoch werde ich entweder das generische Maskulinum oder ein generisches Femininum verwenden. Ich erachte eine gendergerechte Sprache gesellschaftlich und politisch für überaus wichtig, und gleichzeitig denke ich, dass es zuweilen genauso wichtig ist, Kontext und Regeln der deutschen Sprache zu berücksichtigen und einen reflektierten Umgang mit gendergerechter Sprache zu pflegen.

4 Die Begriffe Flucht und Migration verwende ich zwar nicht synonym, dennoch verzichte ich auf eine trennscharfe Unterscheidung. In der Migrationsforschung wird zuweilen von Zwang und Gewalt gesprochen, wenn es darum geht, diese Begriffe voneinander zu differenzieren. Ich habe mich jedoch dazu entschlossen, in diesem Buch darauf zu verzichten. Bei welchen Graden von Zwang und Gewalt sprechen wir von Flucht und nicht von Migration? Und die Wege, auf denen die Menschen ihre Heimatländer verlassen müssen? Welche Rolle spielen sie bei der Definition? Während meiner Mitarbeit am *Archiv der Flucht* habe ich gelernt, dass Menschen sowohl zu Fuß über die Balkanroute nach Deutschland gelangt sind als auch mit dem Flugzeug. Der Weg definiert nicht, ob es sich dabei um Flucht oder Migration handelt. Aus diesen und vielen anderen Gründen nehme ich mir die Freiheit, nicht genau zu definieren, wann es sich um eine Flucht und wann um Migration handelt, und verwende beide Begriffe gleichzeitig, außer es wird in den Quellen ausdrücklich von Flucht oder Migration gesprochen. In diesen Fällen verwende ich den Begriff, der von den Geflüchteten oder Migrant*innen benutzt wird.

5 Das Bundesamt für die Anerkennung ausländischer Flüchtlinge (BAFL) wurde im Jahr 2005 im Rahmen der Verabschiedung des Zuwanderungsgesetzes erweitert und in *Bundesamt für Migration und Flüchtlinge (BAMF)* umbenannt.

6 Ben Jelloun, Tahar: Verlassen, Berlin 2008, S. 19.

7 Dadaab, dessen Größe etwa dem Stadtgebiet von Zürich entspricht, liegt nahe der Grenze zwischen Kenia und Somalia, wo es seit über 25 Jahren existiert. Zwischenzeitlich wohnen dort rund eine halbe Million geflüchteter Menschen vorwiegend aus Somalia, aber auch aus dem Sudan, Uganda, Kongo und sogar aus Burundi und Ruanda.

8 Vgl. Rawlence, Ben: Stadt der Verlorenen. Leben im größten Flüchtlingslager der Welt, München 2016, S. 214.
9 Ebd.
10 Nassehi, Armin: Die letzte Stunde der Wahrheit. Kritik der komplexitätsvergessenen Vernunft, Hamburg 2017, S. 8.
11 Ebd., S. 21.

Emotionen der Ausgrenzung

1 Archiv der Flucht: Ahmad Hussainy im Interview mit Charlene Lynch, T: 1:47:08; URL: https://archivderflucht.hkw.de/ahmad-hussainy/
2 Beim *Archiv der Flucht* handelt es sich um ein Oral-History-Projekt zur Geschichte der Flucht und Migration nach Deutschland. Für nähere Informationen siehe: https://www.hkw.de/de/programm/projekte/2021/archiv_der_flucht/start.php
3 Eribon, Didier: Rückkehr nach Reims, Berlin 2016, S. 12.
4 Ebd.
5 Den Zusammenhang zwischen Habitus und Gefühl werde ich im dritten Kapitel genauer erläutern und betrachten.
6 »Empathie überträgt sich«, in: Süddeutsche Zeitung Magazin, Nr. 35, 3. September 2021, S. 20–25.
7 Ebd., S. 25.
8 SAID (Künstlername) wurde am 27. Mai 1947 in Teheran geboren. Ab 1965 lebte und arbeitete er in München. SAID war von 2000 bis 2002 Präsident des Deutschen PEN-Zentrums und erhielt für sein Werk und Engagement zahlreiche Preise, darunter die Goethe-Medaille, das Bundesverdienstkreuz am Bande und den Friedrich-Rückert-Preis. SAID starb am 15. Mai 2021 in München.
9 SAID: »friedrich hölderlin empfängt niemanden mehr« (Hörspiel), eine Produktion des Südwestrundfunks Stuttgart, 2001.
10 Nussbaum, Martha C.: Politische Emotionen. Warum Liebe für die Gerechtigkeit wichtig ist, Berlin 2014, S. 11.
11 Jensen, Uffa: Zornpolitik, Berlin 2017, S. 12.
12 Yaghoobifarah, Hengameh: All cops are berufsunfähig, in: taz, URL: https://taz.de/Abschaffung-der-Polizei/!5689584/ (zuletzt aufgerufen am 29. April 2022)
13 Yücel, Deniz: Kein Mensch ist Müll, in: Welt, URL: https://www.

welt.de/kultur/plus210079227/Deniz-Yuecel-Kein-Mensch-ist-Muell.html (zuletzt aufgerufen am 29. April 2022).

14 Posener, Alan: Polizisten auf die Müllhalde. Sprachliche Verrohung gefährdet die Pressefreiheit, in: Die WELT, URL: https://www.welt.de/debatte/kommentare/article215451022/Polizisten-auf-die-Muellhalde-Sprachliche-Verrohung-gefaehrdet-Presse freiheit.html (zuletzt aufgerufen am 29. April 2022).

15 Vgl. z. B.: Hödl, Saskia: Wer spricht? Wer schweigt?, in: taz, URL: https://taz.de/taz-Debatte-ueber-Muell-Kolumne/!5690982/ (zuletzt aufgerufen am 29. April 2022).

16 Vgl. Frevert, Ute: Mächtige Gefühle. Von A wie Angst bis Z wie Zuneigung, Deutsche Geschichte seit 1900, Frankfurt am Main 2020, S. 12.

17 Vgl. ebd., S. 13.

18 Ebd., S. 14.

19 Näheres zum Forschungsbereich »Geschichte der Gefühle« ist auf der Website des Max-Planck-Instituts für Bildungsforschung zu finden: https://www.mpib-berlin.mpg.de/forschung/forschungs bereiche/geschichte-der-gefuehle

20 Vgl. Jensen, Zornpolitik, S. 10–11.

21 Ebd., S. 14.

22 Ebd., S. 15.

23 Eribon, Rückkehr, S. 89.

24 Bassani, Giorgio: Die Brille mit dem Goldrand, Berlin 2007, S. 32.

25 Archiv der Flucht: Bashar Taha im Interview mit Carolin Emcke, T: 28:57–31:20; URL: https://archivderflucht.hkw.de/bashar-taha/

26 Ebd., T: 1:53:00–1:57:54.

27 Ebd., T: 1:58:33

28 Eribon, Didier: Grundlagen eines kritischen Denkens, Wien 2018, S. 176.

29 Ebd., S. 176–177.

30 Ebd., S. 177.

31 Ebd., S. 179.

32 Güngör, Dilek: Ich bin Özlem, Berlin 2019, S. 95.

33 Ebd, S. 96.

34 Ebd.

35 Ebd., S. 131.

36 Ebd.

37 Ebd., S. 127 und 128.

38 Didion, Joan: »Über Selbstachtung«, in: Dies.: Wir erzählen uns Geschichten, um zu leben, Berlin 2009, S. 113.
39 Archiv der Flucht: Lucía Muriel im Interview mit Carolin Emcke, T: 29:10–35:19; URL: https://archivderflucht.hkw.de/lucia-muriel/
40 Ebd., T: 29:29–30:12.
41 Ebd., T: 31:30–31:56.

Wir tragen Geschichte im Körper

1 Der YouTube-Kanal der Datteltäter: https://www.youtube.com/c/dattelt%C3%A4ter
2 Online-Medienangebot der öffentlich-rechtlichen Sender ARD und ZDF.
3 Tucholsky, Kurt: »Was darf Satire?« Erschienen unter dem Pseudonym Ignaz Wrobel, Berliner Tageblatt Nr. 36, 27. Januar 1919.
4 Siehe z. B. Datteltäter: *Wenn Migranten-Kids das sagen, was Deutsche sagen*, YouTube, URL: https://www.youtube.com/watch?v=mVPGUOOPBwM
5 Datteltäter: *Battle der Emotionen – Kanak vs. Alman*, YouTube, URL: https://www.youtube.com/watch?v=vNpHZI319aY
6 Ich verwende die Begriffe Emotionen und Gefühle synonym.
7 Der Einfachheit halber werde ich in diesem Buch die unterkomplexen Begriffe Deutsche und Migrant*innen gebrauchen, um diese Gruppen voneinander zu unterscheiden. Selbstverständlich ist mir bewusst, dass viele migrantische Personen Staatsangehörige dieses Landes sind und sich nicht nur rechtlich, sondern auch emotional als Deutsche betrachten. Ihnen soll mit diesen Begriffen nicht die Zugehörigkeit abgesprochen werden. Im Verlauf des Buchs werde ich weitere Begriffe benutzen, z. B. Ausländer, die als abwertende Fremdzuschreibung gewertet werden könnten. Eine Abwertung ist jedoch nicht beabsichtigt, vielmehr möchte ich sie durch die Verwendung als Eigenzuschreibung positiv besetzen.
8 Russell, James A. / Barrett, Lisa Feldman: Core Affect, Prototypical Emotional Episodes, and Other Things Called *Emotion*: Dissecting the Elephant, in: Journal of Personality and Social Psychology, 1999 (76/5), S. 805–819.
9 Jensen, Uffa / Schüler-Springorum, Stefanie: Gefühle gegen Juden.

Die Emotionsgeschichte des modernen Antisemitismus, in: Geschichte und Gesellschaft 39 (2013), S. 413–442, hier: S. 434.

10 Russell, James A.: Core Affect and the Psychological Construction of Emotion, in: Psychological Review, 2003 (110/1), S. 145–172, hier: S. 145. »Most major topics in psychology and every major problem faced by humanity involve emotion.« (Übersetzung MS)

11 Vgl. ebd. Russell bezieht sich hier auf: James, William: What is an Emotion?, in: Mind 9 (1884), S. 188–205.

12 Aristoteles: Rhetorik, hrsg. von Gernot Krapinger, Stuttgart 2018.

13 Descartes, René: Leidenschaften der Seele, hrsg. von Klaus Hammacher, Hamburg 1996.

14 Hume, David: Ein Traktat über die menschliche Natur, hrsg. von Horst D. Brandt, Hamburg 2013. Smith, Adam: Theorie der ethischen Gefühle, hrsg. von Horst D. Brandt, Hamburg 2010.

15 Elias, Norbert: Über den Prozeß der Zivilisation. Soziogenetische und psychogenetische Untersuchungen, Erster Band: Wandlungen des Verhaltens in den westlichen Oberschichten des Abendlandes, Frankfurt am Main 1997. Elias, Norbert: Über den Prozeß der Zivilisation. Soziogenetische und psychogenetische Untersuchungen, Zweiter Band: Wandlungen der Gesellschaft. Entwurf zu einer Theorie der Zivilisation, Frankfurt am Main 1997.

16 Shklar, Judith N.: Der Liberalismus der Furcht, Berlin 2020.

17 Nussbaum, Martha C: Königreich der Angst. Gedanken zur aktuellen politischen Krise, München 2020. Illouz, Eva: Gefühle in Zeiten des Kapitalismus, Frankfurter Adorno-Vorlesungen 2004, Frankfurt am Main 2021. Illouz, Eva: Undemokratische Emotionen. Das Beispiel Israel, Berlin 2023.

18 Darwin, Charles: Der Ausdruck der Gemüthsbewegung bei dem Menschen und den Tieren, Stuttgart 1877.

19 Vgl. Plamper, Jan: Geschichte und Gefühl. Grundlagen der Emotionsgeschichte, München 2012, S. 202–203.

20 Plamper, Jan: Vergangene Gefühle. Emotionen als historische Quelle, in: APuZ. Aus Politik und Zeitgeschichte, Bundeszentrale für politische Bildung (bpb), URL: https://www.bpb.de/shop/zeitschriften/apuz/165747/vergangene-gefuehle-emotionen-als-historische-quellen/ (zuletzt aufgerufen am 19. Juli 2022).

21 Plamper, Geschichte und Gefühl, S. 16.

22 Vgl. Hartmann, Martin: Gefühle. Wie die Wissenschaften sie erklären, Frankfurt am Main 2005, S. 39.

23 William James zit. nach Plamper, Geschichte und Gefühl, S. 209. James, William: What is an Emotion?, in: Mind, Band 9 (1884), Heft 34, S. 188–205. (Hervorhebung im Original)

24 Ebd., S. 210. Weil der dänische Psychologe Carl Georg Lange beinahe zeitgleich, jedoch unabhängig von James, zu ähnlichen Ergebnissen gekommen war wie der Amerikaner, spricht die Forschung heute von der James-Lange-Theorie.

25 Vgl. ebd., S. 51. Cannons Kritik ist auch als Cannon-Bard-Theorie bekannt, da diese in Zusammenarbeit mit Philip Bard entstand.

26 Vgl. Plamper, Geschichte und Gefühl, S. 239–241.

27 Ebd., S. 240.

28 Schachter, Stanley / Singer, Jerome E.: The Interaction of Cognitive and Physiological Determinants of Emotion State, in: Berkowitz, Leonard (Hg.): Advances in Experimental Social Psychology, New York 1964, S. 49–80. Schachter, Stanley / Singer, Jerome E.: Cognitive, Social, and Psychological Determinats of Emotion State, in: Psychological Review 69 (1962), S. 379–399.

29 Vgl. ebd., S. 179. Ekman, Paul: An Argument for Basic Emotions, in: Cognition and Emotion, 1992, 6 (3/4), S. 169–200. Ekman, Paul: basic emotion, in: Sander, David / Scherer, Klaus R. (Hg.): The Oxford Companion to Emotion and the Affective Sciences, New York (NY) 2009, S. 69–72.

30 Barbara Rosenwein zit. nach Plamper, Jan: Wie schreibt man die Geschichte der Gefühle? William Reddy, Barbara Rosenwein und Peter Stearns im Gespräch mit Jan Plamper, Werkstatt Geschichte, Heft 54 (2010), S. 39–69, hier: S. 62.

31 Vgl. ebd., S. 63.

32 Russell / Barrett: Core Affect, Prototypical Emotional Episodes, and Other Things Called Emotion, S. 805–819.

33 Vgl. Jensen, Zornpolitik, S. 14.

34 Jensen / Schüler-Springorum, Gefühle gegen Juden, hier: S. 434.

35 Russell / Barrett, Core Affect, S. 806: »[…] waking up feeling chipper (or tense or depressed or relaxed) for no apparent reason.« (Übersetzung MS)

36 Ebd.: »When mild, core affect can fade into the background of consciousness, but it can be overpoweringly salient when intense.« (Übersetzung MS)

37 Ebd.: »[…] not necessarily consciously directed at anything […].« (Übersetzung MS)

38 Barrett, Lisa Feldman: Wie Gefühle entstehen. Eine neue Sicht auf unsere Emotionen, Hamburg 2023.

39 Ebd., S. 16.

40 Vgl. ebd., S. 112–113.

41 Ebd., S. 130.

42 Vgl. Frevert, Ute: Was haben Gefühle in der Geschichte zu suchen?, in: Geschichte und Gesellschaft 35 (2009), S. 183–208, hier: S. 207.

43 Kermani, Navid: Wer ist Wir? Deutschland und seine Muslime, München 2009, S. 9.

44 Ören, Aras: Wir neuen Europäer. Ein Lesebuch, Berlin 2017, S. 63.

45 Barbara Rosenwein zit. nach Jan Plamper, Wie schreibt man die Geschichte der Gefühle?, S. 55–56. Hierbei handelt es sich um eine Übersetzung Plampers. Das Original erschien im *American Historical Review*: Rosenwein, Barbara H.: Worrying about Emotions in History, in: The American Historical Review, June 2002 (107/3), S. 821–845, hier: S. 842.

46 Barbara Rosenwein zit. nach Jan Plamper, Wie schreibt man die Geschichte der Gefühle?, S. 56.

47 Ebd., S. 60.

48 Ebd.

49 In ihrer *Emotionologie* beschäftigen sich die Historiker*innen Carol und Peter Stearns mit Gefühlsnormen und deren zeitlichem Wandel. Der Historiker William Reddy entwickelte das Konzept der *emotives*, in welchem er emotional codierte Äußerungen und deren Einfluss auf subjektiv erlebte Emotionen untersuchte.

50 Eitler, Pascal / Scheer, Monique: Emotionsgeschichte als Körpergeschichte. Eine heuristische Perspektive auf religiöse Konversionen im 19. und 20. Jahrhundert, in: Geschichte und Gesellschaft 35 (2009), S. 282–313, hier: S. 283.

51 Vgl. Eitler/Scheer, Emotionsgeschichte als Körpergeschichte, S. 292.

52 Bourdieu, Pierre: Sozialer Sinn. Kritik der theoretischen Vernunft, Frankfurt am Main 2018, S. 129.

53 Vgl. Eitler/Scheer, Emotionsgeschichte als Körpergeschichte, S. 290.

54 Frevert, Ute: Vergängliche Gefühle, Göttingen 2013, S. 7.

55 Vgl. ebd., S. 8–9.

56 Vgl. ebd., S. 75.
57 Vgl. Frevert, Mächtige Gefühle, S. 18.
58 Ebd., S. 143.
59 Ebd., S. 144.

Von Flucht und Migration erzählen

1 Elysium, Regie: Neill Bloomkamp, USA 2013.
2 Ex 13,4.
3 Gen 13.
4 Vgl. Najem Wali: Die Balkanroute, Berlin 2017, S. 15–32.
5 Ther, Philipp: Die Außenseiter. Flucht, Flüchtlinge und Integration im modernen Europa, Berlin 2017, S. 33.
6 Vgl. Seghers, Anna: Transit, Berlin 2018. Sperber, Manès: Wie eine Träne im Ozean, München 2006. Döblin, Alfred: Schicksalsreise. Bericht und Bekenntnis, München 1996. Mann, Klaus: Der Wendepunkt, Reinbek bei Hamburg 2002.
7 Özdamar, Emine Sevgi: Die Brücke am Goldenen Horn, Köln 2002. SAID: Der lange Arm der Mullahs. Notizen aus meinem Exil, München 1996. Schami, Rafik: Ich wollte nur Geschichten erzählen. Mosaik der Fremde, Berlin 2017. Al Shahmani, Usama: In der Fremde sprechen die Bäume arabisch, Zürich 2022.
8 Eggers, Dave: Weit Gegangen. Das Leben des Valentino Achak Deng, Köln 2012, S. 51–52.
9 Gessen, Masha: Leben mit Exil. Über Migration sprechen, Berlin 2020, S. 75.
10 Ebd., S. 74.
11 Ebd., S. 73.
12 Arendt, Hannah: Wir Flüchtlinge, Stuttgart 2016, S. 22.
13 Kertész, Imre: Dossier K. Eine Ermittlung, Reinbek bei Hamburg 2006, S. 12.
14 Vgl. Schacter, Daniel L.: Wir sind Erinnerung. Gedächtnis und Persönlichkeit, Reinbek bei Hamburg 2001, S. 19.
15 Shaw, Julia: Das trügerische Gedächtnis. Wie unser Gehirn Erinnerungen fälscht, München 2016, S. 14.
16 Kertész, Dossier K., S. 13.
17 Ebd.
18 Beckett, Samuel: Molloy, in: Ders.: Drei Romane: Molloy, Malone stirbt, Der Namenlose, Frankfurt am Main 2005, S. 7–243, hier:

S. 243. Die zitierte Passage erscheint in leicht verkürzter Form (wobei auch einige Satzzeichen weggelassen wurden) als Motto in: Kertész, Imre: Liquidation, Frankfurt am Main 2003, S. 7.

19 Vargas Llosa, Mario: Die Wahrheit der Lügen, in: Ders.: Die Wahrheit der Lügen. Essays zur Literatur, Frankfurt am Main 1994, S. 7–20, hier: S. 7.

20 Al Shahmani, Usama: Im Fallen lernt die Feder fliegen, Zürich 2021.

21 SAID: Landschaften einer fernen Mutter, München 2001, S. 94.

22 Ebd.

23 Barbara Rosenwein zit. nach Plamper, Wie schreibt man die Geschichte der Gefühle?, S. 56.

24 Obertreis, Julia: Oral History – Geschichte und Konzeption, in: Dies. (Hg.): Oral History, Stuttgart 2012, S. 7–28, hier: S. 8.

25 Wierling, Dorothee: Oral History und Zeitzeugen in der politischen Bildung. Kommentar zu einem Spannungsverhältnis, in: Ernst, Christian (Hg.): Geschichte im Dialog? ›DDR-Zeitzeugen‹ in Geschichtskultur und Bildungspraxis, Schwalbach 2014, S. 99–107, hier: S. 100.

26 Ebd.

27 Baer, Ulrich: Einleitung, in: Ders. (Hg.): ›Niemand zeugt für den Zeugen‹. Erinnerungskultur nach der Shoah, Frankfurt am Main 2000, S. 7–52, hier: S. 7.

28 Assmann, Aleida: Vier Grundtypen von Zeugenschaft, in: Elm, Michael / Kößler, Gottfried (Hg.): Zeugenschaft des Holocaust. Zwischen Trauma, Tradierung und Ermittlung, Frankfurt am Main 2007, S. 33–51, hier: S. 44.

29 Am 7. Oktober 1944 gelang dem sogenannten jüdischen Sonderkommando von Auschwitz-Birkenau ein mehrstündiger Aufstand gegen die SS. Im Zuge dessen zerstörten die Häftlinge des Sonderkommandos das Krematoriumsgebäude IV. Bei dem jüdischen Sonderkommando handelte es sich um jüdische Gefangene, die von der SS zur Zwangsarbeit in den Krematorien selektiert und in regelmäßigen Abständen hingerichtet wurden.

30 Laub, Dori: Zeugnis ablegen oder Die Schwierigkeiten des Zuhörens, in: Baer, Ulrich (Hg.): ›Niemand zeugt für den Zeugen‹, S. 68–83, hier: S. 71.

31 Vgl. Neumärker, Uwe / Baumann, Ulrich: Einleitung, in: Baranowski, Daniel (Hg.): ›Ich bin die Stimme der sechs Millionen‹.

Das Videoarchiv im Ort der Information, Berlin/Bautzen 2009, S. 9–14, hier: S. 10.

32 Vgl. Benhabib, Seyla: Die Erzählerin als moralisches Zeugnis, in: Friedenspreis des Deutschen Buchhandels 2016, Carolin Emcke, Ansprachen aus Anlass der Verleihung, Frankfurt am Main 2016, S. 29–39.

33 Emcke, Carolin: Weil es sagbar ist. Über Zeugenschaft und Gerechtigkeit, Frankfurt am Main 2013.

34 »Empathie überträgt sich«, S. 21.

35 Ebd.

36 Gouma, Vinda: »Ich bin die Flüchtlinge«, Leserbrief, in: Tagesspiegel, 27. Januar 2019; zit. nach: Kossert, Andreas: Flucht. Eine Menschheitsgeschichte, München 2022, S. 16–17.

37 Vgl. Obertreis, Oral History, S. 14.

38 Wierling, Oral History und Zeitzeugen in der politischen Bildung, S. 100.

39 Ende, Michael: Momo, oder Die seltsame Geschichte von den Zeit-Dieben und von dem Kind, das den Menschen die gestohlene Zeit zurückbrachte, Stuttgart 2022, S. 17.

40 Laub, Zeugnis ablegen, S. 68.

41 Friedländer, Saul: Wenn die Erinnerung kommt, München 2007, S. 188.

42 Ebd., S. 25.

43 Vgl. Plamper, Geschichte und Gefühl, S. 341.

44 Gammerl, Benno: Erinnerte Liebe. Was kann eine Oral History zur Geschichte der Gefühle und der Homosexualität beitragen?, in: Geschichte und Gesellschaft 35 (2009), S. 314–345.

45 Plamper, Geschichte und Gefühl, S. 342.

46 Wildt, Michael: Zerborstene Zeit. Deutsche Geschichte 1918–1945, München 2022, S. 16.

47 Mbembe, Achille: Politik der Feindschaft, Berlin 2017, S. 233.

48 Der Begriff *Märtyrer* hat seinen Ursprung im altgriechischen Wort *μάρτυς (mártys)* und bedeutet »Zeuge«; *μαρτύριον (martýrion)* heißt übersetzt »Zeugnis«. Daraus leiteten sich später die lateinischen Wörter *martys* für »Blutzeugen« und *martyrium* für »Blutzeugenschaft« ab. Im Mittelhochdeutschen bezeichneten die vom Altgriechischen und Lateinischen geprägten Begriffe *marter, martere, martel* u. a. »Blutzeugnis, Passion, Qual, Pein, Verfolgung, Folter« und *marteraere, martelaere* u. a. »Märtyrer, Blut-

zeuge, qualvoll Leidender« sowie *marteraerinne* »Märtyrerin, Blutzeugin«.

49 Lethen, Helmut: Der Sommer des Großinquisitors. Über die Faszination des Bösen, Berlin 2022, S. 50.

50 Nassehi, Armin: Muster. Theorie der digitalen Gesellschaft, München 2019, S. 48.

51 Bourdieu, Pierre: Wie die Kultur zum Bauern kommt. Über Bildung, Schule & Politik, Schriften zu Politik und Kultur 4, Hamburg 2001, S. 21.

Soziale Exklusion

1 Ich paraphrasiere die Rede des damaligen Bürgermeisters aus dem Gedächtnis und aus meinen Notizen.

2 Vgl. Ranan, David: Muslimischer Antisemitismus. Eine Gefahr für den gesellschaftlichen Frieden in Deutschland?, Bonn 2018, S. 9–23.

3 Kermani, Navid: Bibel, Bush und Berlusconi – Der Islam wird schuld, in: Ders.: Strategien der Eskalation. Der Nahe Osten und die Politik des Westens, Göttingen 2005, S. 35.

4 Ebd.

5 Amir-Moazami, Schirin: Einleitung, in: Dies. (Hg.): Der inspizierte Muslim. Zur Politisierung der Islamforschung in Europa, Bielefeld 2018, S. 9–34, hier: S. 9.

6 Ebd.

7 Jikeli, Günther: Antisemitismus und Diskriminierung junger Muslime in Europa. Ergebnisse einer Studie unter jungen muslimischen Männern, Essen 2012, S. 34.

8 Vgl. Arnold, Sina / Jikeli, Günther: Judenhass und Gruppendruck – Zwölf Gespräche mit jungen Berlinern palästinensischen und libanesischen Hintergrunds, in: Jahrbuch für Antisemitismusforschung 17, hg. von Wolfgang Benz, Berlin 2008, S. 105–128. Vgl. Arnold, Sina / König, Jana: Antisemitismus im Kontext von Willkommens- und Ablehnungskultur. Einstellungen Geflüchteter zu Juden, Israel und dem Holocaust, in: Jahrbuch für Antisemitismusforschung 26, hg. von Stefanie Schüler-Springorum, Berlin 2017, S. 303–326. Vgl. Berek, Mathias: Importierter Antisemitismus? Zum Zusammenhang von Migration, Islam und Antisemitismus in Deutschland, in: Jahrbuch für Antisemitismus-

forschung 26, hg. von Stefanie Schüler-Springorum, Berlin 2017, S. 327–360.

9 Josef Joffe, der Herausgeber der Wochenzeitschrift *Die Zeit* (Herausgeberschaft ruht seit Mai 2022), war sich beispielsweise im Jahr 2018 nicht zu schade dafür, in einem Artikel zu lamentieren, dass, nachdem, wie er meint, die Deutschen »den klassischen Antisemitismus« nach 1945 »weitgehend eingehegt« hätten, dieser nun als »Import« wieder zurückkomme: https://www.zeit.de/2018/18/antisemitismus-deutschland-berlin-angriff (zuletzt aufgerufen am 30. Januar 2023). Und noch vier Jahre später ist das Narrativ des »muslimischen Antisemitismus« aktuell: https://www.welt.de/politik/deutschland/article239004145/Felix-Klein-Muslimischer-Antisemitismus-Darf-bei-Benennung-keine-falsche-Scheu-geben.html (zuletzt aufgerufen am 30. Januar 2023). Nach dem grausamen Massaker der Hamas an der israelischen Zivilbevölkerung am 7. Oktober 2023 und den islamistischen Beifallsbekundungen auf Berlins Straßen erfuhr die Debatte eine erneute Aktualisierung. Doch dazu später mehr.

10 Arnold, Sina: Antisemitismus unter Menschen mit Migrationshintergrund und Muslim*innen. Eine Expertise für den Mediendienst Integration, Berlin 2023, S. 16; URL: https://mediendienst-integration.de/fileadmin/Dateien/MEDIENDIENST-Expertise_Antisemitismus_unter_Menschen_mit_Migrationshintergrund_und_Muslimen.pdf

11 Vgl. Arnold, Sina / Kiefer, Michael: Muslimischer/arabischer/islamisierter/islamistischer Antisemitismus, in: Was ist Antisemitismus? Begriffe und Definitionen von Judenfeindschaft, hg. von Peter Ullrich et al., Göttingen 2024, S. 39–42.

12 Vgl. Arnold, Antisemitismus unter Menschen mit Migrationshintergrund und Muslim*innen, S. 2.

13 Schäfer, Peter: Kurze Geschichte des Antisemitismus, München 2020, S. 120.

14 Ebd., S. 283.

15 Vgl. Reemtsma, Jan Philipp: Vertrauen und Gewalt. Versuch über eine besondere Konstellation der Moderne, Hamburg 2009, S. 108.

16 Vgl. Cheema, Saba-Nur: Gleichzeitigkeiten: Antimuslimischer Rassismus und islamisierter Antisemitismus – Anforderungen an die Bildungsarbeit, in: Mendel, Meron / Messerschmidt, Astrid (Hg.):

Fragiler Konsens. Antisemitismuskritische Bildung in der Migrationsgesellschaft, Bonn 2018, S. 61–76, hier: S. 68.

17 Hermsen, Joke J.: Melancholie in unsicheren Zeiten, Hamburg 2021, S. 15.

18 Földényi, László F.: Dostojewski liest Hegel in Sibirien und bricht in Tränen aus, Berlin 2008, S. 5.

19 Es gibt unterschiedliche Schreibweisen dieses Namens. Ich halte mich an die von Übersetzerin Swetlana Geier verwendete Variante.

20 Vgl. Guski, Andreas: Dostojewskij. Eine Biographie, München 2021, S. 61–62.

21 Vgl. ebd., S. 100.

22 Ebd., S. 82.

23 Vgl. Zamoyoski, Adam: Phantome des Terrors. Die Angst vor der Revolution und die Unterdrückung der Freiheit, 1789–1848, München 2016, S. 20–46.

24 Benannt nach dem Begründer Michaíl Wassíljewitsch Petraschéwskij (1821–1866).

25 Vgl. Dostojewski [sic!], Fjodor M.: Gesammelte Briefe 1833–1881, München 1986, S. 76–77.

26 Vgl. Dostojewskij, Fjodor: Der Idiot. Übersetzung von Swetlana Geier, Frankfurt am Main 2005, S. 87–97.

27 Dostojewski: Gesammelte Briefe, S. 98.

28 Földényi, Dostojewski, S. 15.

29 Hegel, Georg Wilhelm Friedrich: Vorlesungen über die Philosophie der Geschichte, Werke 12, Frankfurt am Main 2019, S. 130.

30 Földényi, Dostojewski, S. 16.

31 Ebd., S. 9.

32 Bude, Heinz: Die Ausgeschlossenen. Das Ende vom Traum einer gerechten Gesellschaft, München 2008, S. 13.

33 Ebd.

34 Ebd., S. 14.

35 Kronauer, Martin: »Exklusion« als Kategorie einer kritischen Gesellschaftsanalyse. Vorschläge für eine anstehende Debatte, in: Bude, Heinz / Willisch, Andreas (Hg.): Das Problem der Exklusion, Hamburg 2006, S. 27–45, hier: S. 29.

36 Vgl. Kneer, Georg / Nassehi, Armin: Niklas Luhmanns Theorie sozialer Systeme, Paderborn 2000, S. 43. Sollte Armin Nassehi dieses Buch jemals in den Händen halten, so möchte ich ihn im Vor-

aus um Entschuldigung dafür bitten, dass ich eine so komplexe Theorie derart unterkomplex und verkürzt wiedergebe.

37 Ebd., S. 132.

38 »Von Inklusion kann man also sinnvoll nur sprechen, wenn es Exklusion gibt.« Luhmann, Niklas: Soziologische Aufklärung 6: Die Soziologie und der Mensch, Wiesbaden 2005, S. 229.

39 Vgl. Nassehi, Armin: Unbehagen. Theorie der überforderten Gesellschaft, München 2021, S. 135.

40 Nassehi, Armin: Die paradoxe Einheit von Inklusion und Exklusion. Ein systemtheoretischer Blick auf die »Phänomene«, in: Bude, Heinz / Willisch, Andreas (Hg.): Das Problem der Exklusion, Hamburg 2006, S. 46–69, hier: S. 50.

41 Nassehi, Die paradoxe Einheit von Inklusion und Exklusion, S. 57.

42 Nassehi, Unbehagen, S. 27.

43 Ebd., S. 132–133.

44 Ebd., S. 131.

45 Nassehi, Die paradoxe Einheit von Inklusion und Exklusion, S. 68.

46 Ebd.

47 SAID: In Deutschland leben. Ein Gespräch mit Wieland Freund, München 2004, S. 32.

Hoffnung

1 Archiv der Flucht: Ahmad Hussainy im Interview mit Charlene Lynch, T: 33:03–33:38; URL: https://archivderflucht.hkw.de/ahmad-hussainy/

2 Archiv der Flucht: Mouna Aleek im Interview mit Ethel Matala de Mazza, T: 1:01:14–1:01:24; URL: https://archivderflucht.hkw.de/mouna-aleek/

3 Archiv der Flucht: Yasmin Merei im Interview mit Joseph Vogl, T: 30:00–31:36; URL: https://archivderflucht.hkw.de/yasmin-merei/

4 Ebd., T: 30:30–31:36.

5 Kracht, Christian: 1979, München 2006, S. 22.

6 Ignatieff, Michael: Über den Trost in dunklen Zeiten, Berlin 2021, S. 22.

7 Rawlence, Stadt der Verlorenen, S. 214.

8 Oum Ahmed im Gespräch mit Mari, in: Kollektiv Polylog (Hg.): Das ist meine Geschichte. Frauen im Gespräch über Flucht und Ankommen, Münster 2019, S. 172.

9 Archiv der Flucht: Hayyan Al Yousouf im Interview mit Mohammad A. S. Sarhangi, T: 58:40–1:01:34; URL: https://archivderflucht.hkw.de/hayyan-al-yousouf/

10 Ebd.

11 Poutrus, Patrice G.: Umkämpftes Asyl. Vom Nachkriegsdeutschland bis in die Gegenwart, Berlin 2019, S. 12.

12 Václav Havel zit. nach Ignatieff, Über den Trost in dunklen Zeiten, S. 277.

13 Vgl. Eagleton, Terry: Hoffnungsvoll, aber nicht optimistisch, Berlin 2016, S. 13.

14 Ebd., S. 132.

15 SAID, Der lange Arm der Mullahs, München 1996, S. 33.

16 Poutrus, Umkämpftes Asyl, S. 80.

17 Ebd.

18 Ebd., S. 61.

19 Ebd., S. 72.

20 Alexopoulou, Maria: Deutschland und die Migration. Geschichte einer Einwanderungsgesellschaft wider Willen, Stuttgart 2020, S. 128.

21 Vgl. ebd., S. 73–75.

22 Ebd., S. 76.

23 Ebd., S. 78.

24 Alexopoulou, Deutschland und die Migration, S. 137.

25 Poutrus, Umkämpftes Asyl, S. 90.

26 Franz Josef Strauß zit. nach Meier-Braun, Karl-Heinz: Schwarzbuch Migration. Die dunkle Seite der Flüchtlingspolitik, München 2018, S. 76.

27 Alexopoulou, Deutschland und die Migration, S. 186.

28 Poutrus, Umkämpftes Asyl, S. 92.

29 Ebd., S. 90.

30 Ebd., S. 97.

31 Ebd., S. 171.

32 Vgl. ebd., S. 176–180.

33 Kermani, Navid: Zum 65. Jahrestag der Verkündigung des Grundgesetzes, in: Ders.: Morgen ist da. Reden, München 2019, S. 159–167, hier: S. 164.

34 Kermani, Navid: Einbruch der Wirklichkeit. Auf dem Flüchtlingstreck durch Europa, München 2016, S. 5.

35 Vgl. Meier-Braun, Schwarzbuch Migration, S. 18–26.

36 Bloch, Ernst: Das Prinzip Hoffnung. In fünf Teilen, Kapitel 1–32, Frankfurt am Main 2022, S. 1.

37 Ebd.

38 Ebd.

39 Ören, Aras: Berlin Savignyplatz, in: Ders.: Wir neuen Europäer, S. 147–148, hier: S. 147.

40 Güçyeter, Dinçer: Unser Deutschlandmärchen, Berlin 2022, S. 88.

41 El-Mafaalani, Aladin: Das Integrationsparadox. Warum gelungene Integration zu mehr Konflikten führt, Köln 2018, S. 77.

42 Ebd., S. 78.

43 Aydemir, Fatma: Arbeit, in: Dies. / Yaghoobifarah, Hengameh (Hg.): Eure Heimat ist unser Albtraum, Berlin 2022, S. 27–37, hier: S. 36–37.

44 Reckwitz, Andreas: Die Gesellschaft der Singularitäten. Zum Strukturwandel der Moderne, Berlin 2017, S. 274. Reckwitz bezeichnet mit dem Begriff der »neuen Mittelklasse« das Milieu jener, »die formal gesehen über ein hohes kulturelles Kapital von meist akademischen Bildungsabschlüssen verfügen und im Feld der Wissens- und Kulturökonomie arbeiten« (ebd.). »Die neue Mittelklasse ist in diesem Sinne ein Milieu von Akademikern, sie ist eine *akademische* Mittelklasse oder kurz: die Akademikerklasse.« (Ebd.)

45 Ebd., S. 7.

46 Vgl. ebd., S. 9.

47 Vgl. Nassehi, Unbehagen, S. 66–79. Nach Armin Nassehi erfolgen gesellschaftliche Veränderungen bzw. Transformationen sowie Werte- bzw. Normwandlungen nicht disruptiv (also von heute auf morgen), sondern evolutionär, d. h. über einen langen Zeitraum und meist unmerklich (vgl. ebd.). Mit Blick auf die von Aladin El-Mafaalani aufgestellte These des Integrationsparadoxes erläutert Nassehi diese Entwicklung wie folgt: »Dass die Belange und Interessen von Migrantinnen und Migranten überhaupt gehört werden, hat nach dieser Auffassung damit zu tun, dass erst jetzt Nachkommen von Einwandererfamilien einen sozialen Aufstieg erfahren haben, der sie zu Konkurrenten auf Arbeits-, Aufmerksamkeits- und Deutungsmärkten gemacht hat. […] Aber der *evolutionäre,* nachgerade unmerkliche, auch unmerklich erfolgreiche Integrationsprozess, der erst die Sprecherpositionen geschaffen hat, fällt kaum auf. Das liegt daran, dass solche Veränderungen

nur wenig Informationswert erzeugen, sondern sich eben evolutionär in der Zeit zu Gewohnheiten stabilisieren können. Dass unsere Gesellschaft seit den 1970er Jahren recht erfolgreich war, sozialen Aufstieg durch Bildungsteilhabe, durch einen Wandel in der Arbeitswelt, auch durch eine gewisse normative Sensibilität für Gerechtigkeitsfragen zu ermöglichen, ist dagegen kaum aufgefallen.« (S. 72)

48 Amlinger, Carolin / Nachtwey, Oliver: Gekränkte Freiheit. Aspekte des libertären Autoritarismus, Berlin 2022, S. 98. Progressiver Normwandel: »Zahlreiche Formen der Diskriminierung gelten nicht länger als legitim (auch wenn der Kampf um neue Normen bisweilen moralisch überschießen kann). Der soziale und politische Raum wird insgesamt offener und egalitärer. Exklusion aufgrund zugeschriebener Merkmale wie Geschlecht oder Ethnie werden heute weniger toleriert als noch vor zwanzig Jahren.« (Ebd.)

49 Yaghoobifarah, Hengameh: Blicke, in: Aydemir / Dies. (Hg.): Eure Heimat ist unser Albtraum, Berlin 2022, S. 69–81, hier: S. 71–72.

50 Vgl. Archiv der Flucht: Fatuma Musa Afrah im Interview mit Eva Gilmer, T: 1:13:54–1:15:13; URL: https://archivderflucht.hkw.de/fatuma-musa-afrah/

51 Archiv der Flucht: Moro Yapha im Interview mit Carolin Emcke, URL: https://archivderflucht.hkw.de/moro-yapha/

52 Ebd., T: 20:20–21:09.

53 Frevert, Mächtige Gefühle, S. 198. Vgl. dazu Bloch, Das Prinzip Hoffnung, S. 1.

54 Archiv der Flucht: Bino Byansi Byakuleka im Interview mit Joseph Vogl, URL: https://archivderflucht.hkw.de/bino-byansi-byakuleka/

55 Archiv der Flucht: Muhammed Lamin Jadama im Interview mit Amir Theilhaber, URL: https://archivderflucht.hkw.de/muhammed-lamin-jadama/

56 Moro Yapha zit. nach: Empowerment auf Sendung, nd. Die Woche, 13./14. August 2022, S. 16.

57 Bloch, Das Prinzip Hoffnung, S. 1602.

Geborgenheit

1 Archiv der Flucht: Saideh Saadat-Lendle im Interview mit Carolin Emcke, T: 1:46:08–1:46:21, URL: https://archivderflucht.hkw.de/saideh-saadat-lendle/

2 Ebd., T: 1:46:24–1:46:56.
3 Ebd., T: 41:26–1:46:06.
4 Ebd., T: 1:48:55–1:49:33.
5 Archiv der Flucht: Nadja Salzmann im Interview mit Gabriele von Arnim, T: 1:27:06–1:27:26, URL: https://archivderflucht.hkw.de/nadja-salzmann/
6 Archiv der Flucht: Sasha Marianna Salzmann im Interview mit Ethel Matala de Mazza, T: 1:08:37–1:08:43, URL: https://archivderflucht.hkw.de/sasha-marianna-salzmann/
7 Archiv der Flucht: Nadja Salzmann im Interview mit Gabriele von Arnim, T: 1:27:29–1:28:46.
8 Archiv der Flucht: Sasha Marianna Salzmann im Interview mit Ethel Matala de Mazza, T: 1:08:43–1:08:45.
9 Ebd., T: 1:08:46–1:09:25.
10 Nassehi, Unbehagen, S. 115.
11 Frevert, Mächtige Gefühle, S. 143.
12 Ebd.
13 Dante Alighieri: Die Göttliche Komödie. Übersetzung von Hermann Gmelin, Stuttgart 1996, Paradies, Siebzehnter Gesang, V. 58–69, S. 331.
14 Claudel, Philippe: Monsieur Linh und die Gabe der Hoffnung, Berlin 2006, S. 10.
15 Ebd., S. 11.
16 Archiv der Flucht: Nadja Salzmann im Interview mit Gabriele von Arnim, T: 1:00:53–1:02:04.
17 »Nirgends konnten wir Oliven finden«. Lebensgeschichtliches Interview mit Frau K. (46), in: »… da sind wir keine Ausländer mehr«. Eingewanderte ArbeiterInnen in Berlin 1961–1993, hrsg. von der Berliner Geschichtswerkstatt e. V., Berlin 1993, S. 29–31, hier: S. 29.
18 Ebd.
19 Güçyeter, Unser Deutschlandmärchen, S. 29.
20 Frevert, Mächtige Gefühle, S. 157.
21 Vgl. Gün, Ali Kemal: »Gastarbeiter«. Gäste, die arbeiten müssen – Arbeiter, die Gäste sind. Eine Paradoxie mit Folgen für alle Beteiligten, in: Celik, Hidir (Hg.): 60 Jahre Arbeitsmigration aus der Türkei in die Bundesrepublik Deutschland. Erfahrungen – Aspekte – Perspektiven, Bonn 2021, S. 96–146, hier: S. 100.
22 Vgl. ebd., S. 101.
23 Ebd., S. 102.

24 Huneke, Dorte / Goddar, Jeanette: Einleitung, in: Dies. (Hg.): Auf Zeit. Für Immer. Zuwanderer aus der Türkei erinnern sich, Bonn 2011, S. 9–25, hier: S. 12.
25 Özdamar, Die Brücke am Goldenen Horn, S. 14.
26 Vgl. Huneke / Goddar, Einleitung, S. 15.
27 Vgl. Özdamar, Die Brücke am Goldenen Horn, S. 16.
28 Huneke / Goddar, Einleitung, S. 16.
29 Özdamar, Die Brücke am Goldenen Horn, S. 19.
30 Gün, »Gastarbeiter«, S. 107.
31 Özdamar, Die Brücke am Goldenen Horn, S. 18–19.
32 Vgl. Güçyeter, Unser Deutschlandmärchen, S. 28.
33 Ebd., S. 31.
34 Ebd., S. 32.
35 Ebd., S. 33.
36 Ebd., S. 34.
37 Ebd., S. 85.
38 Ertan, Semra: Mein Name ist Ausländer. Gedichte, Münster 2020, S. 176.
39 Gün, »Gastarbeiter«, S. 97.
40 Poutrus, Umkämpftes Asyl, S. 93.
41 Alexopoulou, Deutschland und die Migration, S. 201.
42 Frevert, Mächtige Gefühle, S. 162.
43 Vgl. ebd., S. 125–127.
44 Ebd.
45 Ebd.
46 Kohl zit. nach Poutrus, Umkämpftes Asyl, S. 92.
47 Schultz, Tanjev: NSU. Der Terror von rechts und das Versagen des Staates, München 2018, S. 12.
48 Kermani, Navid: Vergesst Deutschland! Eine patriotische Rede, Zur Eröffnung der Hamburger Lessingtage 2012, Berlin 2012, S. 23.
49 Zit. nach Schultz, NSU, S. 16.
50 Vgl. ebd.
51 Vgl. Kermani, Vergesst Deutschland, S. 34.
52 Vgl. Schultz, NSU, S. 37–38.
53 Ebd., S. 38.
54 Kermani, Vergesst Deutschland!, S. 34.
55 Vgl. Weiß, Volker: Die autoritäre Revolte. Die NEUE RECHTE und der Untergang des Abendlandes, Stuttgart 2017, S. 24.

56 Kermani, Vergesst Deutschland!, S. 36.

57 Vgl. Wildt, Michael: Volk, Volksgemeinschaft, AfD, Hamburg 2017, S. 65.

58 Ebd.

59 Vgl. Bahners, Patrick: Die Wiederkehr. Die AfD und der neue deutsche Nationalismus, Stuttgart 2023, S. 95.

60 Ebd., S. 97.

61 Zu sehen und zu hören ist diese Rede auf dem YouTube-Kanal des Deutschen Bundestags, URL: https://www.youtube.com/watch?v=Vc8Ra3FmE2Y (zuletzt aufgerufen am 21. Juni 2023).

62 Ebd., T: 7:00–7:15.

63 Ebd., T: 7:16–7:52.

64 Nussbaum, Politische Emotionen, S. 19.

65 Vgl. Shklar, Der Liberalismus der Furcht, S. 43.

66 Ebd., S. 44.

67 Vgl. Frevert, Mächtige Gefühle, S. 143.

68 Ataman, Ferda: »Das ist auch unsere Heimat, Herr Heimatminister«, in: Spiegel Kultur, URL: https://www.spiegel.de/kultur/gesellschaft/horst-seehofer-das-ist-auch-unsere-heimat-herr-heimatminister-kolumne-a-1213241.html (zuletzt aufgerufen am 25. Juni 2023).

69 Aydemir / Yaghoobifarah: Vorwort, in: Dies. (Hg.): Eure Heimat ist unser Albtraum, S. 9–12, hier: S. 11.

70 Ayivi, Simone Dede: Zusammen, in: Aydemir / Yaghoobifarah (Hg.): Eure Heimat ist unser Albtraum, S. 182–194, hier: S. 194.

71 Salzmann, Sasha Marianna: Sichtbar, in: Aydemir / Yaghoobifarah (Hg.): Eure Heimat ist unser Albtraum, S. 13–26.

72 SAID, Landschaften einer fernen Mutter, S. 107.

73 Kermani, Wer ist wir?, S. 133.

74 Ebd.

75 Jaraba, Mahmoud: Shisha Bars – zwischen Safer Space und Razzien, URL: https://www.ufuq.de/aktuelles/shisha-bars/ (zuletzt aufgerufen am 27. Juni 2023).

76 Ebd.

77 Ebd.

78 Reemtsma, Vertrauen und Gewalt, S. 113.

79 Vgl. ebd., S. 108.

80 Illouz, Undemokratische Emotionen, S. 117.

81 Jensen, Zornpolitik, S. 59.

82 Ebd., S. 80.
83 Illouz, Undemokratische Emotionen, S. 86.
84 Ebd.
85 Ebd., S. 116–117.
86 Vgl. Alexopoulou, Deutschland und die Migration, S. 13–15.
87 Vgl. Jensen, Zornpolitik, S. 11.

Intermezzo – oder: Pierre Bourdieus Habitus-Konzept ...

1 Bourdieu, Pierre: Ein soziologischer Selbstversuch, Frankfurt am Main 2002, S. 11.
2 Nassehi, Die letzte Stunde der Wahrheit, Hamburg 2017, S. 10.
3 Vgl. Barlösius, Eva: Pierre Bourdieu, Frankfurt am Main 2011, S. 94–99.
4 Nassehi, Armin: Gesellschaft der Gegenwarten. Studien zur Theorie der modernen Gesellschaft, Frankfurt am Main 2011, S. 114.
5 Vgl. ebd., S. 116.
6 Bourdieu, Pierre: Sozialer Raum und ›Klassen‹. Leçon sur la leçon, Zwei Vorlesungen, Frankfurt am Main 2016, S. 69.
7 Ebd.
8 Bourdieu, Pierre: Meditationen. Zur Kritik der scholastischen Vernunft, Frankfurt am Main 2017, S. 20.
9 Vgl. ebd., S. 177–178.
10 Barrett, Wie Gefühle entstehen, Hamburg 2023, S. 268.
11 Bourdieu, Ein soziologischer Selbstversuch, S. 100.
12 Bourdieu, Meditationen, S. 181.
13 Vgl. Barrett, Wie Gefühle entstehen, S. 117.
14 Ebd., S. 129.
15 Ebd.
16 Eribon, Grundlagen eines kritischen Denkens, S. 178–179.
17 Nassehi, Die letzte Stunde der Wahrheit, S. 17.
18 Barrett, Wie Gefühle entstehen, S. 150.
19 Ebd., S. 159. Das Zitat »blühende, brodelnde Konfusion«, das Barrett verwendet, stammt von William James.
20 Vgl. Ströhle, Andreas / Plag, Jens: Keine Panik vor der Angst! Angsterkrankungen verstehen und besiegen, München 2020, S. 29.
21 Vgl. Barrett, Wie Gefühle entstehen, S. 83.

22 Ebd., S. 173.
23 Ebd., S. 196.
24 Ebd., S. 199.
25 Plamper, Geschichte und Gefühl, S. 12.
26 Vgl. ebd.
27 Ebd., S. 13.
28 Barrett, Wie Gefühle entstehen, S. 198–199.
29 Vgl. ebd., S. 198.
30 Ebd., S. 191.
31 Ebd., S. 247.
32 Ebd.
33 Vgl. ebd., S. 225.
34 Hamvas, Béla: Die Melancholie der Spätwerke, Berlin 2008, S. 39.
35 Vgl. Eribon, Rückkehr nach Reims, S. 12. Vgl. dazu auch Bourdieu, Ein soziologischer Selbstversuch, S. 116.
36 Hamvas, Die Melancholie der Spätwerke, S. 23.
37 Földényi, László F.: Melancholie, Berlin 2004, S. 346.
38 Bourdieu, Ein soziologischer Selbstversuch, S. 121.
39 Didion, Über Selbstachtung, S. 114
40 Ebd., S. 115
41 Ebd., S. 116.
42 Ebd., S. 117.
43 Barrett, Wie Gefühle entstehen, S. 246.
44 Ören, Aras: Gegen die Kränkung, die uns in den Kleidern steckt, in: Frankfurter Allgemeine Zeitung, Nr. 180, 5. August 2023, S. 16. Hierbei handelt es sich um die gekürzte Fassung einer Rede, die Aras Ören zur Eröffnung des Festivals »Assemblage Berlin« im *Literarischen Colloquium Berlin* gehalten hat.
45 Ebd.
46 Die Philosophin und Psychoanalytikerin Cynthia Fleury gebraucht »Bitterkeit« als Schlüsselbegriff, um mit Rückgriff auf Max Scheler die »Dynamik des Ressentiments« zu erklären: »[…] das wiederholte Durch- und Nachleben, etwas, das durchgekaut und wiedergekäut wird, übrigens mit der charakteristischen Bitterkeit einer vom Kauen ausgelutschten Speise.« (Fleury, Cynthia: Hier liegt Bitterkeit begraben. Über Ressentiments und ihre Heilung, Berlin 2023, S. 19).

Wut, Zorn und Ressentiment

1 Ayivi, Zusammen, S. 186.
2 Ebd.
3 Ippolito Enrico: Beleidigung, in: Aydemir / Yaghoobifarah (Hg.): Eure Heimat ist unser Albtraum, S. 82–100, hier: S. 97.
4 Siehe hierzu: »Es ist gut, zornig zu sein« – Ein Interview mit dem österreichischen Politikwissenschaftler Rami Ali; URL: https://www.ufuq.de/aktuelles/es-ist-gut-zornig-zu-sein-ein-interview-mit-dem-oesterreichischen-politikwissenschaftler-rami-ali/
5 Ebd.
6 Ebd. Siehe dazu die Videoclips der ersten Staffel (Teil 1: Mein Weg: Jamal al-Khatib; Teil 2: Heimat; Teil 3: Jihad an-Nafs; Teil 4: Mein Bruder) auf dem YouTube-Kanal *Jamal al-Khatib – Meine Welt*, URL: https://www.youtube.com/@JamalalKhatib/videos
7 https://www.ufuq.de/aktuelles/es-ist-gut-zornig-zu-sein-ein-interview-mit-dem-oesterreichischen-politikwissenschaftler-rami-ali/
8 Vgl. Frevert, Mächtige Gefühle, S. 398–399.
9 Ebd.
10 Vgl. Jensen, Zornpolitik, S. 12.
11 Ebd., S. 113.
12 Ebd., S. 114.
13 Ebd., S. 11.
14 Barrett, Wie Gefühle entstehen, S. 69–70.
15 Lehmann, Johannes F.: Im Abgrund der Wut. Zur Kultur- und Literaturgeschichte des Zorns, Freiburg i.Br./Berlin/Wien 2012, S. 47.
16 Vgl. ebd.
17 Vgl. Roth, Philip: Der menschliche Makel, Reinbek bei Hamburg 2003, S. 12–13.
18 Lehmann, Im Abgrund der Wut, S. 48.
19 Vgl. Homer: Ilias. Übersetzung von Roland Hampe, Stuttgart 2022, S. 3–6, Erster Gesang, Verse 11–115 und Verse 6–10.
20 Ebd., S. 6, Erster Gesang, Verse 118–119.
21 Vgl. ebd., S. 7–8, Erster Gesang, Verse 149–171.
22 Vgl. ebd., S. 12–13, Erster Gesang, Verse 318–348.
23 Roth, Der menschliche Makel, S. 13.
24 Homer, Ilias, S. 13, Erster Gesang, Verse 349–350.

25 Aristoteles: Rhetorik. Griechisch/Deutsch, Übersetzung von Gernot Krapinger, Stuttgart 2018, S. 151–153, Zweites Buch, 2 [1378a–1378b].

26 Ebd., S. 153, Zweites Buch, 2 [1378a–1378b].

27 Cicero: Tusculanae disputationes / Gespräche in Tusculum. Lateinisch/Deutsch, Übersetzung von Ernst Alfred Kirfel, Stuttgart 1997, S. 317, Viertes Buch, 21.

28 Seneca: De ira / Über die Wut. Lateinisch/Deutsch, Übersetzung von Jula Wildberger, Stuttgart 2007, S. 13, Erstes Buch, 2 (3b).

29 Ebd., S. 15, Erstes Buch, 3 (3).

30 Ebd., S. 7, Erstes Buch 1 (1).

31 Vgl. Aristoteles, Rhetorik, S. 163–167, Zweites Buch, 2 [1380a–1380b].

32 Bacon, Francis: Über den Zorn, in: Ders.: Essays, oder praktische und moralische Ratschläge, Stuttgart 1993, S. 189.

33 Ebd.

34 Vgl. Aristoteles, Rhetorik, S. 163–167, Zweites Buch, 2 [1380a–1380b].

35 Vgl. Seneca, Über die Wut, S. 21, Erstes Buch, 5 (2).

36 Locke, John: Versuch über den menschlichen Verstand, Band I: Buch I und II, Hamburg 2006, S. 274, Erstes Buch, Kap. XX.

37 Montaigne, Michel de: Vom Zorn, in: Ders.: Die Essais [Auswahl], Stuttgart 1992, S. 266, Zweites Buch, 31. Kapitel.

38 Aristoteles: Nikomachische Ethik. Übersetzung von Franz Dirlmeier, Stuttgart 2001, S. 76–77, Buch III, 11 (3) [1116a 36–1117a 11].

39 Kant, Immanuel: Anthropologie in pragmatischer Hinsicht, Hamburg 2000, S. 174, Erster Teil, Drittes Buch, § 76.

40 Ebd., S. 181, Erster Teil, Drittes Buch, § 78.

41 Vgl. Lehmann, Im Abgrund der Wut, S. 16 (Fußnote 18).

42 Ören, Gegen die Kränkung, die uns in den Kleidern steckt, S. 16.

43 Barrett, Wie Gefühle entstehen, 15.

44 Ebd., S. 16.

45 Ebd.

46 Ebd., S. 83.

47 Ayivi, Zusammen, S. 184.

48 Als Ungerechtigkeit (bzw. »Scheiße«) bezeichnet Ayivi das Folgende: »Scheiße sind Rape Culture und Rechtsruck. Naziaufmärsche, Polizeigewalt, Klimawandel und Tote im Mittelmeer. Alles scheiße. Genauso wie: rechter Terror, Racial Profiling, Mietsteige-

rungen, Catcalling und ein Stundenlohn, den ich mir nicht mehr ausrechnen mag. Alles Themen, die brennen. Ungerechtigkeiten, die wütend machen.« (Ebd., S. 182.)

49 Vgl. ebd., S. 186.

50 Vgl. Lehmann, Im Abgrund der Wut, S. 48.

51 Güngör, Ich bin Özlem, S. 57–59.

52 Ippolito, Beleidigung, S. 82.

53 Ebd., S. 84.

54 Ebd., S. 93.

56 Ebd., S. 104–105.

57 Eribon, Didier: Betrachtungen zur Schwulenfrage, Berlin 2019, S. 101.

58 Heimat – Mein Weg: Jamal al-Khatib (Teil 2 von 4), URL: https://www.youtube.com/watch?v=sJkBZRn82kY (zuletzt besucht am 14. September 2023).

59 Sloterdijk, Peter: Zorn und Zeit, Politisch-psychologischer Versuch, Frankfurt am Main 2019, S. 344.

60 Ebd.

61 Ebd.

62 Ebd., S. 348.

63 Ebd. Sloterdijk leiht sich den Begriff aus Gunnar Heinsohns Buch: Söhne und Weltmacht. Terror im Aufstieg und Fall der Nationen, Zürich 2003.

64 Sloterdijk, Zorn und Zeit, S. 346.

65 Jensen, Zornpolitik, S. 122.

66 Sloterdijk zit. nach Jensen, Zornpolitik, S. 122. Original stammt aus: »Es gibt keine moralische Pflicht zur Selbstzerstörung«, Interview mit Peter Sloterdijk, in: Cicero 2 (2016).

67 Heimat – Mein Weg: Jamal al-Khatib.

68 Ebd.

69 Ebd.

70 Früchtl, Josef: Demokratie der Gefühle. Ein ästhetisches Plädoyer, Hamburg 2021, S. 19.

71 Kant, Anthropologie in pragmatischer Hinsicht, S. 174, Erster Teil, Drittes Buch, § 76.

72 Güngör, Ich bin Özlem, S. 121.

73 Vgl. Aristoteles, Nikomachische Ethik, S. 76–77, Buch III, 11 (3) [1116a 36–1117a 11].

74 Ayivi, Zusammen, S. 185.

75 Ebd., S. 187.
76 Ebd., S. 186.
77 Seneca, Über die Wut, S. 21, Erstes Buch, 5 (2).
78 Nussbaum, Politische Emotionen, S. 74.
79 Ebd., S. 251.
80 Ebd., S. 572–573.
81 Illouz, Undemokratische Emotionen, S. 214.
82 Ebd., S. 215.
83 Ebd., S. 216–217.
83 Ebd., S. 217–218.
84 Ebd., S. 223.
85 Sennett, Richard: Zusammenarbeit. Was unsere Gesellschaft zusammenhält, München 2014, S. 10.
86 Ebd., S. 34–35.
87 Bourdieu, Pierre et al.: Das Elend der Welt. Zeugnisse und Diagnosen alltäglichen Leidens an der Gesellschaft, Köln 2017, S. 788.
88 Ebd., S. 788–791.
89 Sennett, Zusammenarbeit, S. 38.
90 Homer, Ilias, a. a. O., S. 379–380, Achtzehnter Gesang, Verse 107–116.
91 Aristoteles, Rhetorik, S. 153, Zweites Buch, 2 [1378a–1378b].
92 Scheler, Max: Das Ressentiment im Aufbau der Moralen, Frankfurt am Main 2004, S. 2–4.
93 Vgl. Nietzsche, Friedrich: Zur Genealogie der Moral, in: Ders.: Jenseits von Gut und Böse / Zur Genealogie der Moral, hg. von Colli, Giorgio / Montinari, Mazzino, München 2002, S. 270.
94 Scheler, Das Ressentiment im Aufbau der Moralen, S. 2–3.
95 Fleury, Hier liegt Bitterkeit begraben, S. 19.
96 Ebd., S. 24–25.
97 Cicero, Gespräche in Tusculum, S. 371, Viertes Buch, 37.
98 Ebd., S. 347, Viertes Buch, 23.

Ein kurzes und persönliches Kapitel über Angst

1 Hierbei handelt es sich um die Abwandlung des berühmten ersten Satzes aus Leo Tolstois Roman Anna Karenina: »Alle glücklichen Familien sind einander ähnlich, jede unglückliche Familie ist unglücklich auf ihre Weise.« Tolstoi, Lew: Anna Karenina. Roman in acht Teilen, München 2022, S. 7.

2 Voigt, Daniel: Ängste, Panik, Sorgen. Störungen systemisch behandeln, Band 18, Heidelberg 2022, S. 19.
3 Barrett, Wie Gefühle entstehen, S. 366.
4 Vgl. Frevert, Mächtige Gefühle, S. 34. Vgl. dazu auch Stowasser, J. / Petsching, M. / Skutsch, F.: Stowasser. Lateinisch-Deutsches Schulwörterbuch, München 2004, S. 36.
5 Frevert, Mächtige Gefühle, S. 34–35.
6 Jensen, Zornpolitik, S. 98.
7 Voigt, Ängste, Panik, Sorgen, S. 19.
8 Ebd.
9 Ebd., S. 39.
10 Vgl. ebd., S. 22.
11 Bauman, Zygmunt: Liquid Fear. Fließende Angst, Wien/Hamburg 2021, S. 185–186.
12 Voigt, Ängste, Panik, Sorgen, S. 19.
13 Ebd., S. 16.
14 Bauman, Liquid Fear, S. 192.
15 Jensen, Zornpolitik, S. 98.
16 Voigt, Ängste, Panik, Sorgen, S. 85.
17 Ebd., S. 86.
18 Vgl. ebd., S. 87.
19 Cyrulnik, Boris: Die mit den Wölfen heulen. Warum Menschen der totalitären Versuchung so schwer widerstehen können, München 2023, S. 16.
20 Vgl. Barrett, Wie Gefühle entstehen, S. 173.
21 Eribon, Gesellschaft als Urteil, Berlin 2017, S. 48.
22 Ebd.
23 Luhmann, Niklas: Vertrauen. Ein Mechanismus der Reduktion sozialer Komplexität, München 2014, S. 1.
24 Reemtsma, Vertrauen und Gewalt, S. 33.
25 Hobbes, Thomas: Leviathan. Erster und zweiter Teil, Stuttgart 2010, S. 116.
26 Nassehi, Die letzte Stunde der Wahrheit, S. 21.
27 Ebd.

Kalkulierte Kälte

1 Und worüber denken Sie gerade nach, Achille Mbembe?, in: Die Zeit, Nr. 44, 25. Oktober 2018, S. 45.

2 Ebd.
3 Mbembe, Politik der Feindschaft, S. 229–230.
4 Und worüber denken Sie gerade nach, Achille Mbembe?, S. 45.
5 Mau, Steffen: Sortiermaschinen. Die Neuerfindung der Grenze im 21. Jahrhundert, München 2021, S. 14.
6 Ebd., S. 20.
7 Heins, Volker M. / Wolff, Frank: Hinter Mauern. Geschlossene Grenzen als Gefahr für die offene Gesellschaft, Berlin 2023, S. 12.
8 Ebd., S. 30.
9 Ebd., S. 15.
10 Vgl. ebd., S. 9.
11 Ebd., S. 10.
12 Bauman, Zygmunt: Die Angst vor den anderen. Ein Essay über Migration und Panikmache, Berlin 2016, S. 33.
13 Ebd., S. 33–34.
14 Schieritz, Mark: Scharfer Schwenk, in: Die Zeit, Nr. 47, 9. November 2023, S. 1.
15 Poutrus, Umkämpftes Asyl, S. 193.
16 Bax, Daniel: Krise, welche Krise?, in: taz, 21.03.2023, S. 12. Auf diesen Zusammenhang machen auch Volker M. Heins und Frank Wolff aufmerksam, vgl. Heins/Wolff, Hinter Mauern, S. 11–12.
17 Bax, Krise, welche Krise?, S. 12.
18 Vgl. ebd.
19 Croitoru, Joseph: Die Hamas. Herrschaft über Gaza, Krieg gegen Israel, München 2024, S. 7.
20 Ebd.
21 Ebd.
22 Becker, Kim Björn / Feuerbach, Leonie / Grosse, Gregor / Ripperger, Anna-Lena: Angstland, in: Frankfurter Allgemeine Zeitung, Nr. 261, 9. November 2023, S. 3.
23 Vgl. Weiß, Volker: Wenn Rechte jauchzen. Deutschlands Rechte, der 7. Oktober und der Antisemitismus, in: Martini, Tania / Klaus Bittermann (Hg.): Nach dem 7. Oktober. Essays über das genozidale Massaker und seine Folgen, Berlin 2024, S. 139–146.
24 Altenbockum, Jasper von: Ergebnis linker Willkommenskultur, in: Frankfurter Allgemeine Zeitung, Nr. 244, 20. Oktober 2023, S. 1.
25 Ebd.
26 Ebd.

27 Nassehi, Armin: Die Nebelkerzen des Krieges, in: Martini / Bittermann (Hg.): Nach dem 7. Oktober. Essays über das genozidale Massaker und seine Folgen, Berlin 2024, S. 86–91, hier: S. 89.
28 Robert Habeck on Israel and Antisemitism, auf: YouTube, URL: https://www.youtube.com/watch?v=MdZvkkpJaVI
29 Frank-Walter Steinmeier zit. nach: Musharbash, Yassin: »Herr Präsident, ich bin wütend und verletzt«, in: Die Zeit, Nr. 48, 16. November 2023, S. 9.
30 Ebd.
31 Ebd.
32 »Es kommen zu viele«, in: Der Spiegel, Nr. 43, 21. 10. 2023, S. 18.
33 Ebd., S. 20.
34 Ebd., S. 18.
35 Ebd.
36 Ebd.
37 Ebd.
38 »Das grenzt an Geschichtsklitterung«, Zeit-Online, URL: https://www.zeit.de/gesellschaft/zeitgeschehen/2023–10/asylpolitik-geschichte-asylkompromiss-patrice-poutrus
39 Jens Spahn will irreguläre Migration notfalls mit Gewalt aufhalten, Zeit-Online, URL: https://www.zeit.de/politik/deutschland/2023–10/migrationspolitik-jens-spahn-gewalt-pro-asyl
40 Spahn verteidigt Aussage über physische Gewalt, in: Frankfurter Allgemeine Zeitung, Nr. 251, 28. 10. 2023, S. 6.
41 Heins/Wolff, Hinter Mauern, S. 152–153.
42 Näheres dazu auf der Website von Correctiv: https://correctiv.org/themen/geheimplan-recherche/
43 Müller, Ann-Katrin: Völkischer Plan, in: Der Spiegel, Nr. 3, 13. 01. 2024, S. 18.
44 Ebd.

Epilog

1 Be Bachehamoun Chi Begeem, aus dem Album: Dariush: Bachehaye Iran, Caltex Records 1994. Meine Übersetzung ist recht frei und bestimmt nicht frei von kleinen Fehlern. Ich bitte, dies zu verzeihen.
2 Nassehi, Muster. Theorie der digitalen Gesellschaft, München 2019, S. 48.

3 Vgl. Nassehi, Unbehagen, S. 64–84.

4 Vgl. Barrett, Wie Gefühle entstehen, S. 269.

5 Didion, Wir erzählen uns Geschichten, um zu leben, S. 118.

6 Fleury, Hier liegt Bitterkeit begraben, S. 80.

7 Ebd.

8 Ebd.

9 Mbembe, Politik der Feindschaft, S. 231.

10 Rocky Balboa, Regie: Sylvester Stallone, USA 2006; Ausschnitt (offiziell, MGM Studios) auf YouTube; URL: https://www.youtube.com/watch?v=kyQrl7AWeXg (zuletzt besucht am 26. 09. 2023).

11 Zit. nach der deutschen Synchronfassung von Rocky Balboa.

Literaturverzeichnis

Romane, Sachbücher und Monographien

Al Shahmani, Usama: Im Fallen lernt die Feder fliegen, Zürich 2021.

Al Shahmani, Usama: In der Fremde sprechen die Bäume arabisch, Zürich 2022.

Alexopoulou, Maria: Deutschland und die Migration. Geschichte einer Einwanderungsgesellschaft wider Willen, Stuttgart 2020.

Amir-Moazami, Schirin (Hg.): Der inspizierte Muslim. Zur Politisierung der Islamforschung in Europa, Bielefeld 2018.

Amlinger, Carolin / Nachtwey, Oliver: Gekränkte Freiheit. Aspekte des libertären Autoritarismus, Berlin 2022.

Arendt, Hannah: Wir Flüchtlinge, Stuttgart 2016.

Aristoteles: Rhetorik. Griechisch/Deutsch, Übersetzung von Gernot Krapinger, Stuttgart 2018.

Aristoteles: Nikomachische Ethik. Übersetzung von Franz Dirlmeier, Stuttgart 2001.

Aydemir, Fatma / Yaghoobifarah, Hengameh (Hg.): Eure Heimat ist unser Albtraum, Berlin 2022.

Bacon, Francis: Essays, oder praktische und moralische Ratschläge, Stuttgart 1993.

Baer, Ulrich (Hg.): ›Niemand zeugt für den Zeugen‹. Erinnerungskultur nach der Shoah, Frankfurt am Main 2000.

Bahners, Patrick: Die Wiederkehr. Die AfD und der neue deutsche Nationalismus, Stuttgart 2023.

Barlösius, Eva: Pierre Bourdieu, Frankfurt am Main 2011.

Barrett, Lisa Feldman: Wie Gefühle entstehen. Eine neue Sicht auf unsere Emotionen, Hamburg 2023.

Bassani, Giorgio: Die Brille mit dem Goldrand, Berlin 2007.

Bauman, Zygmunt: Die Angst vor den anderen. Ein Essay über Migration und Panikmache, Berlin 2016.

Bauman, Zygmunt: Liquid Fear. Fließende Angst, Wien/Hamburg 2021.

Beckett, Samuel: Drei Romane: Molloy, Malone stirbt, Der Namenlose, Frankfurt am Main 2005.

Ben Jelloun, Tahar: Verlassen, Berlin 2008.

Bloch, Ernst: Das Prinzip Hoffnung. In fünf Teilen, Frankfurt am Main 2022.

Bourdieu, Pierre et al.: Das Elend der Welt. Zeugnisse und Diagnosen alltäglichen Leidens an der Gesellschaft, Köln 2017.

Bourdieu, Pierre: Ein soziologischer Selbstversuch, Frankfurt am Main 2002.

Bourdieu, Pierre: Meditationen. Zur Kritik der scholastischen Vernunft, Frankfurt am Main 2017.

Bourdieu, Pierre: Sozialer Raum und ›Klassen‹. Leçon sur la leçon, Zwei Vorlesungen, Frankfurt am Main 2016.

Bourdieu, Pierre: Sozialer Sinn. Kritik der theoretischen Vernunft, Frankfurt am Main 2018.

Bourdieu, Pierre: Wie die Kultur zum Bauern kommt. Über Bildung, Schule & Politik, Schriften zu Politik und Kultur 4, Hamburg 2001.

Bude, Heinz: Die Ausgeschlossenen. Das Ende vom Traum einer gerechten Gesellschaft, München 2008.

Cicero: Tusculanae disputationes / Gespräche in Tusculum. Lateinisch/ Deutsch, Übersetzung von Ernst Alfred Kirfel, Stuttgart 1997.

Claudel, Philippe: Monsieur Linh und die Gabe der Hoffnung, 2006.

Croitoru, Joseph: Die Hamas. Herrschaft über Gaza, Krieg gegen Israel, München 2024.

Cyrulnik, Boris: Die mit den Wölfen heulen. Warum Menschen der totalitären Versuchung so schwer widerstehen können, München 2023.

Dante Alighieri: Die Göttliche Komödie. Übersetzung von Hermann Gmelin, Stuttgart 1996.

Darwin, Charles: Der Ausdruck der Gemüthsbewegung bei dem Menschen und den Tieren, Stuttgart 1877.

Descartes, René: Leidenschaften der Seele, hrsg. von Klaus Hammacher, Hamburg 1996.

Didion, Joan: Wir erzählen uns Geschichten, um zu leben, Berlin 2009.

Döblin, Alfred: Schicksalsreise. Bericht und Bekenntnis, München 1996.

Dostojewski [sic!], Fjodor M.: Gesammelte Briefe 1833–1881, München 1986.

Dostojewskij, Fjodor: Der Idiot. Übersetzung von Swetlana Geier, Frankfurt am Main 2005.

Eagleton, Terry: Hoffnungsvoll, aber nicht optimistisch, Berlin 2016.

Eggers, Dave: Weit Gegangen. Das Leben des Valentino Achak Deng, Köln 2012.
El-Mafaalani, Aladin: Das Integrationsparadox. Warum gelungene Integration zu mehr Konflikten führt, Köln 2018.
Elias, Norbert: Über den Prozeß der Zivilisation. Soziogenetische und psychogenetische Untersuchungen, Erster Band: Wandlungen des Verhaltens in den westlichen Oberschichten des Abendlandes, Frankfurt am Main 1997.
Elias, Norbert: Über den Prozeß der Zivilisation. Soziogenetische und psychogenetische Untersuchungen, Zweiter Band: Wandlungen der Gesellschaft. Entwurf zu einer Theorie der Zivilisation, Frankfurt am Main 1997.
Emcke, Carolin: Weil es sagbar ist. Über Zeugenschaft und Gerechtigkeit, Frankfurt am Main 2013.
Ende, Michael: Momo, oder Die seltsame Geschichte von den Zeit-Dieben und von dem Kind, das den Menschen die gestohlene Zeit zurückbrachte, Stuttgart 2022.
Eribon, Didier: Betrachtungen zur Schwulenfrage, Berlin 2019.
Eribon, Didier: Gesellschaft als Urteil, Berlin 2017.
Eribon, Didier: Grundlagen eines kritischen Denkens, Wien 2018.
Eribon, Didier: Rückkehr nach Reims, Berlin 2016.
Ertan, Semra: Mein Name ist Ausländer. Gedichte, Münster 2020.
Fleury, Cynthia: Hier liegt Bitterkeit begraben. Über Ressentiments und ihre Heilung, Berlin 2023.
Földényi, László F.: Dostojewski liest Hegel in Sibirien und bricht in Tränen aus, Berlin 2008.
Frevert, Ute: Mächtige Gefühle. Von A wie Angst bis Z wie Zuneigung, Deutsche Geschichte seit 1900, Frankfurt am Main 2020.
Frevert, Ute: Vergängliche Gefühle, Göttingen 2013.
Friedländer, Saul: Wenn die Erinnerung kommt, München 2007.
Früchtl, Josef: Demokratie der Gefühle. Ein ästhetisches Plädoyer, Hamburg 2021.
Gessen, Masha: Leben mit Exil. Über Migration sprechen, Berlin 2020.
Güçyeter, Dinçer: Unser Deutschlandmärchen, Berlin 2022.
Güngör, Dilek: Ich bin Özlem, Berlin 2019.
Guski, Andreas: Dostojewskij. Eine Biographie, München 2021
Hamvas, Béla: Die Melancholie der Spätwerke, Berlin 2008.
Hartmann, Martin: Gefühle. Wie die Wissenschaften sie erklären, Frankfurt am Main 2005.

Hegel, Georg Wilhelm Friedrich: Vorlesungen über die Philosophie der Geschichte, Werke 12, Frankfurt am Main 2019.
Heins, Volker M. / Wolff, Frank: Hinter Mauern. Geschlossene Grenzen als Gefahr für die offene Gesellschaft, Berlin 2023.
Hermsen, Joke J.: Melancholie in unsicheren Zeiten, Hamburg 2021.
Hobbes, Thomas: Leviathan. Erster und zweiter Teil, Stuttgart 2010.
Homer: Ilias. Übersetzung von Roland Hampe, Stuttgart 2022.
Hume, David: Ein Traktat über die menschliche Natur, hrsg. von Horst D. Brandt, Hamburg 2013.
Huneke, Dorte / Goddar, Jeanette: Auf Zeit. Für Immer. Zuwanderer aus der Türkei erinnern sich, Bonn 2011.
Ignatieff, Michael: Über den Trost in dunklen Zeiten, Berlin 2021.
Illouz, Eva: Gefühle in Zeiten des Kapitalismus, Frankfurter Adorno-Vorlesungen 2004, Frankfurt am Main 2021.
Illouz, Eva: Undemokratische Emotionen. Das Beispiel Israel, Berlin 2023.
Jensen, Uffa: Zornpolitik, Berlin 2017.
Jikeli, Günther: Antisemitismus und Diskriminierung junger Muslime in Europa. Ergebnisse einer Studie unter jungen muslimischen Männern, Essen 2012.
Kant, Immanuel: Anthropologie in pragmatischer Hinsicht, Hamburg 2000.
Kermani, Navid: Einbruch der Wirklichkeit. Auf dem Flüchtlingstreck durch Europa, München 2016.
Kermani, Navid: Morgen ist da. Reden, München 2019.
Kermani, Navid: Strategien der Eskalation. Der Nahe Osten und die Politik des Westens, Göttingen 2005.
Kermani, Navid: Vergesst Deutschland! Eine patriotische Rede, Zur Eröffnung der Hamburger Lessingtage 2012, Berlin 2012.
Kermani, Navid: Wer ist Wir? Deutschland und seine Muslime, München 2009.
Kertész, Imre: Dossier K. Eine Ermittlung, Reinbek bei Hamburg 2006.
Kertész, Imre: Liquidation, Frankfurt am Main 2003.
Kneer, Georg / Nassehi, Armin: Niklas Luhmanns Theorie sozialer Systeme, Paderborn 2000.
Kollektiv Polylog (Hg.): Das ist meine Geschichte. Frauen im Gespräch über Flucht und Ankommen, Münster 2019.
Kossert, Andreas: Flucht. Eine Menschheitsgeschichte, München 2022.
Kracht, Christian: 1979, München 2006.

Lehmann, Johannes F.: Im Abgrund der Wut. Zur Kultur- und Literaturgeschichte des Zorns, Freiburg i.Br./Berlin/Wien 2012.
Lethen, Helmut: Der Sommer des Großinquisitors. Über die Faszination des Bösen, Berlin 2022.
Locke, John: Versuch über den menschlichen Verstand, Band I: Buch I und II, Hamburg 2006.
Luhmann, Niklas: Soziologische Aufklärung 6: Die Soziologie und der Mensch, Wiesbaden 2005.
Luhmann, Niklas: Vertrauen. Ein Mechanismus der Reduktion sozialer Komplexität, München 2014.
Mann, Klaus: Der Wendepunkt, Reinbek bei Hamburg 2002.
Mau, Steffen: Sortiermaschinen. Die Neuerfindung der Grenze im 21. Jahrhundert, München 2021.
Mbembe, Achille: Politik der Feindschaft, Berlin 2017.
Meier-Braun, Karl-Heinz: Schwarzbuch Migration. Die dunkle Seite der Flüchtlingspolitik, München 2018.
Montaigne, Michel de: Die Essais [Auswahl], Stuttgart 1992.
Nassehi, Armin: Die letzte Stunde der Wahrheit. Kritik der komplexitätsvergessenen Vernunft, Hamburg 2017.
Nassehi, Armin: Gesellschaft der Gegenwarten. Studien zur Theorie der modernen Gesellschaft, Frankfurt am Main 2011.
Nassehi, Armin: Muster. Theorie der digitalen Gesellschaft, München 2019.
Nassehi, Armin: Unbehagen. Theorie der überforderten Gesellschaft, München 2021.
Nietzsche, Friedrich: Jenseits von Gut und Böse / Zur Genealogie der Moral, hrsg. von Colli, Giorgio / Montinari, Mazzino, München 2002.
Nussbaum, Martha C.: Königreich der Angst. Gedanken zur aktuellen politischen Krise, München 2020.
Nussbaum, Martha C.: Politische Emotionen. Warum Liebe für die Gerechtigkeit wichtig ist, Berlin 2014.
Obertreis, Julia (Hg.): Oral History, Stuttgart 2012.
Ören, Aras: Wir neuen Europäer. Ein Lesebuch, Berlin 2017.
Özdamar, Emine Sevgi: Die Brücke am Goldenen Horn, Köln 2002.
Plamper, Jan: Geschichte und Gefühl. Grundlagen der Emotionsgeschichte, München 2012.
Poutrus, Patrice G.: Umkämpftes Asyl. Vom Nachkriegsdeutschland bis in die Gegenwart, Berlin 2019.

Ranan, David: Muslimischer Antisemitismus. Eine Gefahr für den gesellschaftlichen Frieden in Deutschland?, Bonn 2018.

Rawlence, Ben: Stadt der Verlorenen. Leben im größten Flüchtlingslager der Welt, München 2016.

Reckwitz, Andreas: Die Gesellschaft der Singularitäten. Zum Strukturwandel der Moderne, Berlin 2017.

Reemtsma, Jan Philipp: Vertrauen und Gewalt. Versuch über eine besondere Konstellation der Moderne, Hamburg 2009.

Roth, Philip: Der menschliche Makel, Reinbek bei Hamburg 2003.

SAID: Der lange Arm der Mullahs. Notizen aus meinem Exil, München 1996.

SAID: In Deutschland leben. Ein Gespräch mit Wieland Freund, München 2004.

SAID: Landschaften einer fernen Mutter, München 2001.

Schacter, Daniel L.: Wir sind Erinnerung. Gedächtnis und Persönlichkeit, Reinbek bei Hamburg 2001.

Schaf, Kurt (Hg.): Die schönsten Gedichte aus dem klassischen Persisch. Übertragen von Cyrus Atabay, München 1998.

Schäfer, Peter: Kurze Geschichte des Antisemitismus, München 2020, S. 120.

Schami, Rafik: Ich wollte nur Geschichten erzählen. Mosaik der Fremde, Berlin 2017.

Scheler, Max: Das Ressentiment im Aufbau der Moralen, Frankfurt am Main 2004.

Schultz, Tanjev: NSU. Der Terror von rechts und das Versagen des Staates, München 2018.

Seghers, Anna: Transit, Berlin 2018.

Seneca: De ira / Über die Wut. Lateinisch/Deutsch, Übersetzung von Jula Wildberger, Stuttgart 2007.

Sennett, Richard: Zusammenarbeit. Was unsere Gesellschaft zusammenhält, München 2014.

Shaw, Julia: Das trügerische Gedächtnis. Wie unser Gehirn Erinnerungen fälscht, München 2016.

Shklar, Judith N.: Der Liberalismus der Furcht, Berlin 2020.

Sloterdijk, Peter: Zorn und Zeit, Politisch-psychologischer Versuch, Frankfurt am Main 2019.

Smith, Adam: Theorie der ethischen Gefühle, hrsg. von Horst D. Brandt, Hamburg 2010.

Sperber, Manés: Wie eine Träne im Ozean, München 2006.

Ströhle, Andreas / Plag, Jens: Keine Panik vor der Angst! Angsterkrankungen verstehen und besiegen, München 2020.

Ther, Philipp: Die Außenseiter. Flucht, Flüchtlinge und Integration im modernen Europa, Berlin 2017.

Tolstoi, Lew: Anna Karenina. Roman in acht Teilen, München 2022.

Vargas Llosa, Mario: Die Wahrheit der Lügen. Essays zur Literatur, Frankfurt am Main 1994.

Voigt, Daniel: Ängste, Panik, Sorgen. Störungen systemisch behandeln, Band 18, Heidelberg 2022.

Wali, Najem: Die Balkanroute, Berlin 2017.

Weiß, Volker: Die autoritäre Revolte. Die NEUE RECHTE und der Untergang des Abendlandes, Stuttgart 2017.

Wildt, Michael: Volk, Volksgemeinschaft, AfD, Hamburg 2017.

Wildt, Michael: Zerborstene Zeit. Deutsche Geschichte 1918–1945, München 2022.

Zamoyoski, Adam: Phantome des Terrors. Die Angst vor der Revolution und die Unterdrückung der Freiheit, 1789–1848, München 2016.

Wissenschaftliche Aufsätze

»Nirgends konnten wir Oliven finden«. Lebensgeschichtliches Interview mit Frau K. (46), in: »… da sind wir keine Ausländer mehr«. Eingewanderte ArbeiterInnen in Berlin 1961–1993, hrsg. von der Berliner Geschichtswerkstatt e. V., Berlin 1993, S. 29–31.

Arnold, Sina / Jikeli, Günther: Judenhass und Gruppendruck – Zwölf Gespräche mit jungen Berlinern palästinensischen und libanesischen Hintergrunds, in: Jahrbuch für Antisemitismusforschung 17, hrsg. von Wolfgang Benz, Berlin 2008, S. 105–128.

Arnold, Sina / Kiefer, Michael: Muslimischer/arabischer/islamisierter/islamistischer Antisemitismus, in: Was ist Antisemitismus? Begriffe und Definitionen von Judenfeindschaft, hrsg. von Peter Ullrich et al., Göttingen 2024, S. 39–42.

Arnold, Sina / König, Jana: Antisemitismus im Kontext von Willkommens- und Ablehnungskultur. Einstellungen Geflüchteter zu Juden, Israel und dem Holocaust, in: Jahrbuch für Antisemitismusforschung 26, hrsg. von Stefanie Schüler-Springorum, Berlin 2017, S. 303–326.

Assmann, Aleida: Vier Grundtypen von Zeugenschaft, in: Elm, Michael / Kößler, Gottfried (Hg.): Zeugenschaft des Holocaust.

Zwischen Trauma, Tradierung und Ermittlung, Frankfurt am Main 2007, S. 33–51.

Benhabib, Seyla: Die Erzählerin als moralisches Zeugnis, in: Friedenspreis des Deutschen Buchhandels 2016, Carolin Emcke, Ansprachen aus Anlass der Verleihung, Frankfurt am Main 2016, S. 29–39.

Berek, Mathias: Importierter Antisemitismus? Zum Zusammenhang von Migration, Islam und Antisemitismus in Deutschland, in: Jahrbuch für Antisemitismusforschung 26, hrsg. von Stefanie Schüler-Springorum, Berlin 2017, S. 327–360.

Cheema, Saba-Nur: Gleichzeitigkeiten: Antimuslimischer Rassismus und islamisierter Antisemitismus – Anforderungen an die Bildungsarbeit, in: Mendel, Meron / Messerschmidt, Astrid (Hg.): Fragiler Konsens. Antisemitismuskritische Bildung in der Migrationsgesellschaft, Bonn 2018, S. 61–76.

Eitler, Pascal / Scheer, Monique: Emotionsgeschichte als Körpergeschichte. Eine heuristische Perspektive auf religiöse Konversionen im 19. und 20. Jahrhundert, in: Geschichte und Gesellschaft 35 (2009), S. 282–313.

Ekman, Paul: An Argument for Basic Emotions, in: Cognition and Emotion, 1992, 6 (3/4), S. 169–200. Ekman, Paul: basic emotion, in: Sander, David / Scherer, Klaus R. (Hg.): The Oxford Companion to Emotion and the Affective Sciences, New York (NY) 2009, S. 69–72.

Frevert, Ute: Was haben Gefühle in der Geschichte zu suchen?, in: Geschichte und Gesellschaft 35 (2009), S. 183–208.

Gammerl, Benno: Erinnerte Liebe. Was kann eine Oral History zur Geschichte der Gefühle und der Homosexualität beitragen?, in: Geschichte und Gesellschaft 35 (2009), S. 314–345.

Gün, Ali Kemal: »Gastarbeiter«. Gäste, die arbeiten müssen – Arbeiter, die Gäste sind. Eine Paradoxie mit Folgen für alle Beteiligten, in: Celik, Hidir (Hg.): 60 Jahre Arbeitsmigration aus der Türkei in die Bundesrepublik Deutschland. Erfahrungen – Aspekte – Perspektiven, Bonn 2021, S. 96–146.

James, William: What is an Emotion?, in: Mind, Band 9 (1884), Heft 34, S. 188–205.

Jensen, Uffa / Schüler-Springorum, Stefanie: Gefühle gegen Juden. Die Emotionsgeschichte des modernen Antisemitismus, in: Geschichte und Gesellschaft 39 (2013), S. 413–442.

Kronauer, Martin: »Exklusion« als Kategorie einer kritischen Gesellschaftsanalyse. Vorschläge für eine anstehende Debatte, in: Bude,

Heinz / Willisch, Andreas (Hg.): Das Problem der Exklusion, Hamburg 2006, S. 27–45.
Nassehi, Armin: Die Nebelkerzen des Krieges, in: Martini, Tania / Klaus Bittermann (Hg.): Nach dem 7. Oktober. Essays über das genozidale Massaker und seine Folgen, Berlin 2024, S. 86–91.
Nassehi, Armin: Die paradoxe Einheit von Inklusion und Exklusion. Ein systemtheoretischer Blick auf die »Phänomene«, in: Bude, Heinz / Willisch, Andreas (Hg.): Das Problem der Exklusion, Hamburg 2006, S. 46–69.
Neumärker, Uwe / Baumann, Ulrich: Einleitung, in: Baranowski, Daniel (Hg.): ›Ich bin die Stimme der sechs Millionen‹. Das Videoarchiv im Ort der Information, Berlin/Bautzen 2009, S. 9–14.
Plamper, Jan: Wie schreibt man die Geschichte der Gefühle? William Reddy, Barbara Rosenwein und Peter Stearns im Gespräch mit Jan Plamper, Werkstatt Geschichte, Heft 54 (2010), S. 39–69.
Rosenwein, Barbara H.: Worrying about Emotions in History, in: The American Historical Review, June 2002 (107/3), S. 821–845.
Russell, James A. / Barrett, Lisa Feldman: Core Affect, Prototypical Emotional Episodes, and Other Things Called Emotion: Dissecting the Elephant, in: Journal of Personality and Social Psychology, 1999 (76/5), S. 805–819.
Russell, James A.: Core Affect and the Psychological Construction of Emotion, in: Psychological Review, 2003 (110/1), S. 145–172.
Schachter, Stanley / Singer, Jerome E.: Cognitive, Social, and Psychological Determinats of Emotion State, in: Psychological Review 69 (1962), S. 379–399.
Schachter, Stanley / Singer, Jerome E.: The Interaction of Cognitive and Physiological Determinants of Emotion State, in: Berkowitz, Leonard (Hg.): Advances in Experimental Social Psychology, New York 1964, S. 49–80.
Weiß, Volker: Wenn Rechte jauchzen. Deutschlands Rechte, der 7. Oktober und der Antisemitismus, in: Martini, Tania / Bittermann, Klaus (Hg.): Nach dem 7. Oktober. Essays über das genozidale Massaker und seine Folgen, Berlin 2024, S. 139–146.
Wierling, Dorothee: Oral History und Zeitzeugen in der politischen Bildung. Kommentar zu einem Spannungsverhältnis, in: Ernst, Christian (Hg.): Geschichte im Dialog? ›DDR-Zeitzeugen‹ in Geschichtskultur und Bildungspraxis, Schwalbach 2014, S. 99–107.

Zeitungsartikel und Online-Publikationen

»Das grenzt an Geschichtsklitterung«, Zeit-Online, URL: https://www.zeit.de/gesellschaft/zeitgeschehen/2023–10/asylpolitik-geschichte-asylkompromiss-patrice-poutrus

»Empathie überträgt sich«, in: Süddeutsche Zeitung Magazin, Nr. 35, 3. September 2021, S. 20–25.

»Es ist gut, zornig zu sein« – Ein Interview mit dem österreichischen Politikwissenschaftler Rami Ali; URL: https://www.ufuq.de/aktuelles/es-ist-gut-zornig-zu-sein-ein-interview-mit-dem-oesterreichischen-politikwissenschaftler-rami-ali/

»Es kommen zu viele«, in: Der Spiegel, Nr. 43, 21. 10. 2023, S. 18.

Altenbockum, Jasper von: Ergebnis linker Willkommenskultur, in: Frankfurter Allgemeine Zeitung, Nr. 244, 20. 10.2023, S. 1.

Arnold, Sina: Antisemitismus unter Menschen mit Migrationshintergrund und Muslim*innen. Eine Expertise für den Mediendienst Integration, Berlin 2023, S. 16; URL: https://mediendienst-integration.de/fileadmin/Dateien/MEDIENDIENST-Expertise_Antisemitismus_unter_Menschen_mit_Migrationshintergrund_und_Muslimen.pdf

Ataman, Ferda: »Das ist auch unsere Heimat, Herr Heimatminister«, in: Spiegel Kultur, URL: https://www.spiegel.de/kultur/gesellschaft/horst-seehofer-das-ist-auch-unsere-heimat-herr-heimatminister-kolumne-a-1213241.html

Bax, Daniel: Krise, welche Krise?, in: taz, 21.03.2023, S. 12.

Becker, Kim Björn / Feuerbach, Leonie / Grosse, Gregor / Ripperger, Anna-Lena: Angstland, in: Frankfurter Allgemeine Zeitung, Nr. 261, 9. November 2023, S. 3.

Empowerment auf Sendung, nd Die Woche, 13./14. August 2022, S. 16.

Gouma, Vinda: »Ich bin die Flüchtlinge«, Leserbrief, in: Tagesspiegel, 27. Januar 2019.

Hödl, Saskia: Wer spricht? Wer schweigt?, in: taz, URL: https://taz.de/taz-Debatte-ueber-Muell-Kolumne/!5690982/

Jaraba, Mahmoud: Shisha Bars – zwischen Safer Space und Razzien, URL: https://www.ufuq.de/aktuelles/shisha-bars/ (zuletzt aufgerufen am 27. Juni 2023).

Jens Spahn will irreguläre Migration notfalls mit Gewalt aufhalten, Zeit-Online, URL: https://www.zeit.de/politik/deutschland/2023–10/migrationspolitik-jens-spahn-gewalt-pro-asyl

Müller, Ann-Katrin: Völkischer Plan, in: Der Spiegel, Nr. 3, 13.01.2024, S. 18.

Musharbash, Yassin: »Herr Präsident, ich bin wütend und verletzt«, in: Die Zeit, Nr. 48, 16. November 2023, S. 9.

Ören, Aras: Gegen die Kränkung, die uns in den Kleidern steckt, in: Frankfurter Allgemeine Zeitung, Nr. 180, 5. August 2023, S. 16.

Plamper, Jan: Vergangene Gefühle. Emotionen als historische Quelle, in: APuZ. Aus Politik und Zeitgeschichte, Bundeszentrale für politische Bildung (bpb), URL: https://www.bpb.de/shop/zeitschriften/apuz/165747/vergangene-gefuehle-emotionen-als-historische-quellen/

Posener, Alan: Polizisten auf die Müllhalde. Sprachliche Verrohung gefährdet die Pressefreiheit, in: Die Welt, URL: https://www.welt.de/debatte/kommentare/article215451022/Polizisten-auf-die-Muellhalde-Sprachliche-Verrohung-gefaehrdet-Pressefreiheit.html

Schieritz, Mark: Scharfer Schwenk, in: Die Zeit, Nr. 47, 9. November 2023, S. 1.

Spahn verteidigt Aussage über physische Gewalt, in: Frankfurter Allgemeine Zeitung, Nr. 251, 28.10.2023, S. 6.

Tucholsky, Kurt: »Was darf Satire?« Erschienen unter dem Pseudonym Ignaz Wrobel, Berliner Tageblatt, Nr. 36, 27. Januar 1919.

Und worüber denken Sie gerade nach, Achille Mbembe?, in: Die Zeit, Nr. 44, 25. Oktober 2018, S. 45.

Yaghoobifarah, Hengameh: All cops are berufsunfähig, in: taz, URL: https://taz.de/Abschaffung-der-Polizei/!5689584/

Yücel, Deniz: Kein Mensch ist Müll, in: Die Welt, URL: https://www.welt.de/kultur/plus210079227/Deniz-Yuecel-Kein-Mensch-ist-Muell.html

Filme, Videos und andere Medien

Alice Weidels Rede im Deutschen Bundestags, YouTube, URL: https://www.youtube.com/watch?v=Vc8Ra3FmE2Y

Dariush: Bachehaye Iran, Caltex Records 1994.

Datteltäter: *Battle der Emotionen – Kanak vs. Alman,* YouTube, URL: https://www.youtube.com/watch?v=vNpHZI319aY

Datteltäter: *Wenn Migranten-Kids das sagen, was Deutsche sagen*, YouTube, URL: https://www.youtube.com/watch?v=mVPGUOOPBwM

Elysium, Regie: Neill Bloomkamp, USA 2013.

Heimat – Mein Weg: Jamal al-Khatib (Teil 2 von 4), YouTube URL: https://www.youtube.com/watch?v=sJkBZRn82kY

Robert Habeck on Israel and Antisemitism, YouTube, URL: https://www.youtube.com/watch?v=MdZvkkpJaVI

Rocky Balboa, Regie: Sylvester Stallone, USA 2006.

Rocky Balboa, MGM Studios; Ausschnitt auf YouTube; URL: https://www.youtube.com/watch?v=kyQrl7AWeXg

SAID: »friedrich hölderlin empfängt niemanden mehr« (Hörspiel), eine Produktion des Südwestrundfunks Stuttgart, 2001.

Websites

Archiv der Flucht: https://archivderflucht.hkw.de/

Correctiv: https://correctiv.org/themen/geheimplan-recherche/

Forschungsbereich »Geschichte der Gefühle« auf der Website des Max-Planck-Instituts für Bildungsforschung zu finden: https://www.mpib-berlin.mpg.de/forschung/forschungsbereiche/geschichte-der-gefuehle

YouTube-Kanal der Datteltäter: https://www.youtube.com/c/dattelt%C3%A4ter

YouTube-Kanal von *Jamal al-Khatib – Meine Welt*: https://www.youtube.com/@JamalalKhatib/videos